新装版
ミルトン・エリクソンの
催眠療法入門

Solution-Oriented Hypnosis : An Ericksonian Approach
William Hudson O'Hanlon and Michael Martin
W・H・オハンロン＋M・マーチン
宮田敬一＝監訳　津川秀夫＝訳

金剛出版

SOLUTION-ORIENTED HYPNOSIS
An Ericksonian Approach
by
William Hudson O'Hanlon
Michael Martin

Copyright © 1992 by William Hudson O'Hanlon and Michael Martin
Japanese translation rights arranged with W.W. Norton & Company, Inc.,
through Japan UNI Agency, Inc., Tokyo.
Printed in Japan

知り合って以来、ずっと私を素敵な気持ちにさせてくれたパットPatとパトリックPatrickに捧げる。そして、義理の父であり、優秀な催眠家であるロフトン・ハドソンR. Lofton Hudsonに捧げる。ただ彼がこの本に同意するところは、ほとんどないかもしれないが……。
　　　　　　　　　　　　　　　　──W・H・オハンロン

ベスティBestyとベッカBeccaに捧げる。
　　　　　　　　　　　　　　　　　　　　──M・マーチン

新装版の刊行にあたって

　この度,『ミルトン・エリクソンの催眠療法入門』の新装版が刊行されることになりました。初版の刊行からもう15年が経ったのですね。この間,たくさんの読者に支えていただきました。心より御礼申し上げます。一つ残念なのは,新装版の刊行を監訳者とともに喜べないことです。エリクソン研究の第一人者であった監訳者の宮田敬一先生は,2011年2月に逝去されました。まだまだこれからという年齢でした。もっと色々と教えていただきたかったですし,一緒に仕事もしたかったという思いでいっぱいです。それでも,宮田先生と過ごした証しがこのように書籍として残るのをありがたく思います。

　本書は,エリクソニアン催眠の入門書として刊行以来多くの方に活用されてきました。催眠の学術集会や研修会の場において,本書を携帯している方を見かけるのは決して珍しいことではありません。いくつもの付箋が貼られたもの,色とりどりのマーカーで線が引かれたもの,汚さぬように綺麗にカバーがかけられたもの,こういう本を見るたびに愛読してくださることへの感謝の気持ちが込み上げてきます。つい先日のことですが,エリクソンのアプローチを学びたいという他大学の学生が遠方より訳者の研究室を訪ねてきました。その手にも本書が大事そうに抱えられていました。有朋自遠方来。不亦楽乎。

　私自身がエリクソニアン・アプローチを学ぶ際にも,本書(原著)は大いに助けてくれました。エリクソンの事例を読んでも名人芸に圧倒されるばかりで,どういう意図でその介入を選び,何を狙ってその誘導をしたのか,分からないことだらけでした。本書のおかげで,多彩で柔軟なエリクソンの臨床を紐解いていくことができました。アリゾナのミルトン・H・エリクソン財団で研修を受けた際にも,本書をカバンに忍ばせていたのを思い出します。

新たな装丁になった本書も，エリクソンの世界へと読者の皆さまを導くものでありますように。そして，皆さまの関わっているクライエントの笑顔が広がりますように。

　2016年春

津川　秀夫

日本語版への序

　人間には驚くべき可能性が備わっている。私たちが可能性を信じるならば，その人が生活のなかで可能性を手にしていく方法を見出すことができる。

　1977年に精神科医ミルトン・エリクソンに私は学んだ。エリクソンは人の力を引き出す手段を見出していた。本書のなかには，私がエリクソンから学んだことや彼の手法を適用していくなかでクライエントから学んだことがおさめられている。この本は型通りのものではなく，通常の日本での（アメリカでも）教授スタイルとは大きく異なるものであろう。しかし，このスタイルの方が，読者は楽しく取り組めて，学んだことを役立てやすいのではないだろうか。

　私は何回か日本を訪れたが，心理療法の最新の技法や理論に関する日本のセラピストの知見の高さに常に感銘を受けてきた。本書を日本のセラピストへ伝えるために尽力してくださった津川秀夫さんと宮田敬一先生に対して深く感謝の意を捧げたい。

ビル・オハンロン
サンタフェ，ニューメキシコ，U.S.A.

本書の刊行に寄せて

　まず最初に，W・H・オハンロンO'HanlonがM・マーティンMartinの協力のもとで著した『ミルトン・エリクソンの催眠療法入門——解決志向アプローチSolution-oriented hypnosis : An Ericksonian approach』の翻訳書が刊行され，読者の目に触れることを私は心から嬉しく思っています。
　この刊行に当たって，宮田敬一さんの監訳のもとで，この領域について秀でている新進気鋭の研究者，そして実践家でもある津川秀夫さんが念には念をいれた努力をなさったことに畏敬の念を表します。
　著者オハンロン（通称：ビルBill）は，ミルトン・H・エリクソンが1980年に78歳で死去するわずか3年前，つまり1977年に弟子入りしています。当時もエリクソンの教えを請う精神科医や臨床心理などを専攻している取り巻きの人たちが絶え間なく出入りしていました。しかしその年代からの生え抜きはオハンロンであることを認めない人はいないでしょう。
　それは，オハンロンがエリクソンから学んだものを彼自身のものに消化しての臨床家としての多くの経験と熟練が大きくものをいっていることだけではなく，万事に要点を捉えるのに長じた彼の天稟が加勢していると，私なりに彼の臨床的資質を評価していました。
　因みにアーネスト・ロッシは1972年に，ジェフリー・ザイクが1973年からエリクソンの教えを受けています。このことからみてもわずか3年のエリクソンとの関わりで，上記先輩に伍するというか，今や肩を並べるエリクソニアン・アプローチを身につけているといっても過言ではないと思います。
　本書は，そのオハンロンが1987年に南カリフォルニアで行ったワークショップの記録です。
　それだけに話しコトバという語り口のために，読者はアメリカでのワークショップに参加している気分に浸れますし，オハンロンが彼なりに消化したミルトン・H・エリクソンを読者なりに自分自身のものとして身につけることができると思います。

話はいささか逸れますが，エリクソンについてエピソードをつけ加えておきましょう。

　1965年，私はアリゾナ州フェニックスの自宅に3泊したことがあります。その時，エリクソンの催眠療法を拝見させてもらいましたが，ペテン師ではないかと思うほど，患者が変化するのに驚いたものでした。それはともかく，エリクソンの奥様エリザベスが，彼のいない別室で次のようなことを私に言われたのをよく記憶しています。

　「ミルトンの治療を見て，教え子が『どうしてこんなに変化するのですか？理論として解説していただけないでしょうか』という質問には，彼はいつもうんざりしていました。臨床的な資質があると思われる人には，『だってそうなるでしょう』というだけでした。ミルトンは，それから彼なりに何らかを感じとるようにしたかったのでしょう」

　オハンロンは恐らくエリザベス夫人の言った「だってそうなるでしょう」組だったのではないかと，私は想像しています。

　本書では詳しく述べられていると思いますが，エリクソンの技法は，患者の本当の姿（心）を把握し，同じ目線に立っての対応であり，それこそ，理論による操作以前の技法であり，彼の巧みさは，ここに根本があると言えるでしょう。また，患者はもちろん治療者にも言語の底にはもう一つの言語があり，その底には言語をこえて，現実との感応をする音としぐさがあるということをエリクソンは心得ていた，それがエリクソニアン・アプローチの基本だと，私なりに考えています。

　それはさておき，聞くところによると，翻訳者の津川秀夫さんは，監訳者である宮田敬一さんの奉職先の新潟大学の宮田研究室で終日こもって訳の見直しをしたり，大変な翻訳作業であったと思います。その報いが本書の刊行によって読者の目に触れることによって満たされることを期待します。

柴田クリニック院長　柴田　出

序

　本書は，1989年の12月に南カリフォルニアのヒルトン・ヘッドで行われたワークショップの記録である。親友のマイケル・マーチンがその録音とテープおこしを担当した。彼はまた最初の編集も行った。

　私はこの本について相当の思い入れがある。というのは，熱意，おふざけ，ユーモア，そして，明快さといった私の教えるスタイルが表現された最初の本だと思うからである。たしかに，私は文章を書くことも好きであるが，書くよりも教えることの方がはるかに得意である。また，自分が教える雰囲気をそのまま表現として出せないので，常にいらだちを覚えていた。そういうわけで，これは紙面上で私が展開するワークショップなのである。この出来映えを少なからず自負している。というのも，プレゼンテーションの半分はショーであり，読者はここで行われている非言語的なやりとりまでもとらえることができるからである。もちろん，本書は直接参加することの次善の策であるのは言うまでもないことであろう。

　1992年1月

ビル・オハンロン

謝　辞

　サンディ・クトラー Sandy Kutler，ゲイル・ハルトマン Gail Hartman，メアリー・ニューマン Mary Neuman，そして，パット・ハドソン Pat Hudson の校正と示唆に感謝したい（私がすぐに人から影響を受けてしまうことを彼らはよく分かったことだろう）。また，全てのタイプ打ちを担当したボニー・フェルス Bonnie Ferus，催眠の誘導を編集している間，覚醒していなければならなかったノートン社のマーガレット・ファーレイ Margaret Farley に感謝したい。そして，スーザン・バローズ・ムンロ Susan Barrows Munro は私の精神的な支えとなり，マイケル Michael はこの企画の実現に貢献した。記して感謝の意としたい。

W・H・オハンロン

監訳者まえがき

　本書はオハンロンの解決志向催眠療法に関するワークショップ記録をまとめたものです。オハンロンは1970年代の終わり頃，ミルトン・エリクソンから直接指導を受けた，数少ない人の一人です。彼のワークショップは明解で，とても分かりやすいことで有名です。

　本書はエリクソンの催眠療法の本質を的確に提供していますが，催眠療法というより，むしろ，心理療法の本質を述べ，それを習得していくための具体的な方法を提示していると言えます。エリクソンの高弟，ジェイ・ヘイリーも，催眠は一つのコミュニケーション・スタイルであると述べています。どのオリエンテーションをもつ治療者であれ，いかにクライエントと効果的なコミュニケーションをするかが心理臨床の真髄だと考えていることでしょう。その点，エリクソンの催眠誘導の過程は，クライエントの考えや行動を尊重し，その人の動きに応じた柔軟な暗示を組み入れていく，失敗のない安全なコミュニケーションをその中核にしています。

　また，催眠体験はクライエントにとっても，自己に新しい変化への可能性を開くものです。さらに，催眠誘導後，治療者がいかにコミュニケーションを通して，解決を導く体験の喚起をクライエントにもたらすことができるかは，変化を志向するどの心理療法においても共通するものであり，本書の中には，その手がかりがたくさん埋め込まれています。

　本書を通して，効果的なコミュニケーションの過程を学習することが心理臨床の専門性をより高めてくれると思います。21世紀を迎えた今，日本の心理臨床において，本書が少なからず貢献できることを信じています。

　なお，催眠の学習については，日本催眠医学心理学会など，学会が主催する研修会に参加し，是非，研鑽を積んでほしいと思います。

　訳者の津川秀夫さんは，心理臨床における若手の新進気鋭の研究者であり，臨床家です。彼は，国内で開催されたエリクソン派のワークショップだけでなく，アメリカ，アリゾナ州にある，エリクソン財団のワークショップも積極的

に出かけて臨床研修を積んで来ています。その彼の努力で，本書はたいへん分かりやすい訳になっていると思います。

　本書の出版のために御尽力し，光栄にも筆者を監訳者としてご指名してくださった柴田出先生（柴田クリニック）にたいへん感謝しています。また，出版にあたり長い間，暖かいご支援をしてくださった，金剛出版の田中春夫社長さんにお礼を申し上げます。

2001年1月

監訳者　宮田 敬一

目　次

新装版の刊行にあたって◎津川秀夫 ..... 4／日本語版への序◎ビル・オハンロン ..... 6／本書の刊行に寄せて◎柴田 出 ..... 7／序 ..... 9／謝辞 ..... 10／監訳者まえがき◎宮田敬一 11

第1章
解決志向催眠の原則 19

はじめに ..... 19／伝統的アプローチとエリクソン派アプローチ ..... 21／利用アプローチ ..... 22／許容・関心・観察・利用 ..... 30／喚起と暗示――自然アプローチ ..... 32／前提・含意・文脈的合図 ..... 34／マッチング ..... 45／描写 ..... 46／許容的で力を与える言葉 ..... 47／録音テープ 1 ――基本的誘導（エリクソン） ..... 50／分割 ..... 51／連結 ..... 54／散在 ..... 56／録音テープ 2 ――会話による誘導（ザイク） ..... 60／混乱技法 62

第2章
催眠誘導の実際 64

デモンストレーション 1 ――基本的な誘導 ..... 64／ビデオテープ 1 ――前提を用いた誘導（エリクソン） ..... 76／ビデオテープ 2 ――喚起による誘導（エリクソン） ..... 78／練習 1 ――許容と分割を用いた誘導 ..... 80／録音テープ 3 ――許容と分割を用いた誘導（エリクソン） ..... 85／練習 2 ――アナロジーと逸話を用いたトランス誘導 93

第3章
トランス現象 100

デモンストレーション 2 ――トランス現象の促進 ..... 105／ビデオテープ 3 ――腕浮揚（エリクソン, 1958） ..... 121／ビデオテープ 4 ――腕浮揚（エリクソン, 1975） ..... 126／練習 3 ――腕浮揚の試み 130

第4章
なぜトランスを使うのか 136

練習 4 ――腕浮揚の喚起 150

第5章
問題のクラス・解決のクラス ……… 160

第6章
性的虐待の後遺症の治療 ……… 172
ビデオテープ⑤——性的虐待の後遺症への催眠療法（オハンロン）……174／練習⑤——相互の催眠 …… 193

第7章
痛みと身体の問題の治療 ……… 199
録音テープ④——痛みのコントロールのための散在技法（バーバー）…… 199／録音テープ⑤——耳なりと幻肢痛の治療（エリクソン）…… 201／デモンストレーション③——痛みと身体の問題の治療 …… 213／練習⑥——身体の解離 …… 223

第8章
私はただの催眠家です ……… 225

訳者あとがき◎津川秀夫 …… 229
エリクソン派アプローチ関連文献 …… 234
索引 …… 239

新装版
ミルトン・エリクソンの
催眠療法入門

第I章
解決志向催眠の原則

はじめに

　ビル・オハンロン Bill O'Hanlon です。今回は解決志向催眠 solution-oriented hypnosis のワークショップです。2日間の日程です。もしも今の皆さんが催眠について何も知らずに，催眠をブードゥー教のようなものと考えていたとしても，解決志向の催眠を行える能力を身につけていただきます。

　はじめに大胆な約束をしましょう。皆さんが練習にまじめに取り組んだとしますと，このワークショップが終わるまで，つまり，この2日後には十分にトランス誘導ができるようになります。こう言いますと，「私は催眠についてほとんど知りません。知らないどころか，催眠を信じているかどうかでさえ怪しいんですよ」と考える方もいるかもしれません。そういう方にとっては，今回はちょっとした飛躍の機会となるでしょう。長い間ワークショップで教えてきましたので，たとえ全くの素人や懐疑的な方にでも，私はこういう約束ができるのです。

　皆さんのなかには，すでに催眠について十分な背景のある方もいるでしょう。そういう方々には，このワークショップを通して，催眠というものについてより一層の明確化を試みていただきたいと思います。以前の私はワークショップ中毒でした。本当にたくさんのワークショップに出かけていったものです。しかし，しばらくしてからうんざりした感じを抱くようになりました。ワークショップに出かけていって，講師が3日間を費やして私をトランスに導いていきます。そして，意識の心と無意識の心について話しながら，私の目を意味ありげに見つめます。私は3日間をちょっとしたトランス状態で過ごして，その3日目の終わりに「そうだったのか。無意識が学ぼうとしている，無意識が学んでいると講師の先生はただ言い続けていただけなんだな」と考えました。し

かし，その後しばらくしてから，やっぱり**意識の心**で学びたかったんだ，自分は意識的に何かを**知る**ことを望む人間だから，ということを悟りました。以前にエリクソン派の他のワークショップに参加した方がおられるとしたなら，このワークショップの趣きがずいぶん異なっていることに気づかれるかもしれません。この点は後でもう少しはっきりしてくるでしょう。私はできるかぎり分かりやすく簡潔に説明していこうと思います。そして，皆さんは催眠についての知識を身につけるだけでなく，実際に催眠を使えるようになるでしょう。

　長い間ワークショップで教えてきましたので，ワークショップの進め方について，私は多少学んでいました。その経験を通して，学び方というものが十人十色であることに気づきました。そこで，このワークショップでは，できるかぎりいろいろな方法や手段を使って進めていこうと考えています。黒板に整理したり，ビデオテープや録音テープを使ったりする予定です。要約した資料もお配りしましょう。ですから，ノートをとるのが好きでない方は，ノートをとらなくて結構です。とりたいときにとればいいでしょう。けれども，もちろん資料には大切な点は載せてあります。それから実際に何回か皆さんに練習をしていただきます。私自身がここでデモンストレーションをすることもあるでしょう。「デモンストレーションをもっと見たい」「ビデオテープを見たい」「もっと実際の練習がしたい」「ワークショップの内容を要約した資料が欲しい」というような参加者の感想をたくさん読んで，自分の教え方を考えるための資料にしてきました。

　ですから，ここではそういう全ての方法を提供します。解決志向催眠の基礎を説明し，同時に皆さんには練習を積んでもらい，催眠誘導ができるようになっていただきます。初日は，まず催眠の誘導を中心にやっていきましょう。

　2日目は，催眠に関しての問題にとりかかるつもりです。その問題とは，「トランスに入れてから何をするのか」ということです。これは64,000ドルもかけて私が催眠を学んできた疑問なのです。エリクソン派には「無意識への信頼 trusting the unconscious」という考え方があります。ただ人をトランスに入れて，無意識が問題を解決してくれるのを信頼していればよいのでしょうか。あるいは，トランスに入れてからやはり実際に何かしなくてはならないのでしょうか。この問題への解答は明日お教えしましょう。もちろん，**私なりの答え**ですけれど。ただトランスに入れて，創造的な無意識がすることに任せておくこ

とよりも，また，肯定的な信念に再構成されるように任せておくことよりも，トランスに入れてからの働きかけには意味があると私は考えています。

「いつ催眠を用いればよいのか」ということも明日話します。というのも，皆さんのこれまでの臨床経験のなかには，催眠を使わなくても問題なくやってきたケースがあるでしょうから。それから，「トランスに入れてから**何を**すればよいか」についても話します。

さて，今日はどのような人に対しても，確実にトランスに誘導する方法をとりあげましょう。

伝統的アプローチとエリクソン派アプローチ

はじめに伝統的な催眠のアプローチとの対比から説明します。伝統的なアプローチは，エリクソン派や許容的アプローチ（両者は厳密には同じではありませんが，今日の私たちの目的から考えれば，十分に近いものでしょう）よりも，一般に権威的と言えるでしょう。

伝統的なアプローチでは，トランスに誘導できる人もいるし，できない人もいるとみなしています。被催眠性hypnotizabilityや被暗示性suggestibilityがある人もいれば，そうでない人もいるのだという立場をとっています。しかし，臨床場面でトランスを用いるときには，幅広い層の人に対して催眠を使えなくてはなりません。たとえその人が古典的な意味での被催眠性や被暗示性がなくても，催眠を用いなくてはならないのです。

エリクソン派のアプローチでは，全ての人をトランスに導くことができるとしています。誰でも催眠に入るのです。その人の反応性や被催眠性に応じた方法を皆さんが見つければよいだけの話です。

おそらく映画や舞台の出し物で見たり，本や何かで読んだりしたことがあると思いますが，ご承知のように伝統的なアプローチでは，催眠家は磁石のように人を吸いつけるような目をして「トランスに入り**なさい**。そして，私に従い**なさい**」と命令します。それには，「はい，ご主人様」というゾンビのような対応が期待されています。映画ほどドラマチックではないにしろ，依然として伝統的アプローチにはこういう要素が存在しています。誘導を行う人は，その相手を操り，何を**これから**体験して**今は何を**体験しているか話します。

伝統的な催眠家は，予言的で限定的な言葉を用いることが特徴です。人の感情，思考，体験，行動を限定するのです。「あなたの目は閉じてきます。まぶたがだんだん重くなって，とてもリラックスしてきます」「あなたはだんだんリラックスしてきて，深いトランスに入っていきます。深い深いトランスに入っていきます」というように，**これから起こることや現在起こっていること**を話します。こうなりますよと話したことは，実際にその人の行動や体験に起こるのです。

　たしかに，高い被催眠性と被暗示性を備えている25％の人たちには，このアプローチは有効でしょう。皆さんが「目が閉じてきます」と言って合図を与えると，実際に被験者の目は閉じて全てが順調に進みます。そして，50％の人はおそらくは**多少の**被催眠性や被暗示性を備えているでしょう。けれども，この人たちの反応はその時の状況や催眠家の技量によるものです。残りの25％の人は，伝統的な催眠の考え方においては被催眠性や被暗示性を備え**ていません**。ということは，本当の意味では，はじめの25％の人たちに限って，こういうアプローチは有効なのです。「あなたのまぶたは，だんだん重たくなってきます」と暗示すれば，その25％の人のまぶたは重たく感じはじめるでしょう。「深いトランスに入っていきます」と言えば，実際に彼らは深いトランスに入っていきます。全てが順調に進んでいきます。

　そのような伝統的アプローチに反応しない残りの25％の人たちが問題なのです。この場合は調子よく進んでくれません。「まぶたがだんだん重たくなっていきます」「あなたの目は閉じかけています」と語りかけても，彼らの目は大きく開いたままで，私は途方に暮れてしまうでしょう。普通こういう場合は，自分が優れた催眠家でないとか相手がよい被験者でないと結論づけるものです。この分野では，一般的にその相手がよい被験者ではなく抵抗を示していると結論づけます。こうすれば面子を保てますから。

利用アプローチ

　エリクソン派のアプローチでは，このような問題をいろいろな方法で避けようとします。その方法の一つは**許容語**permissive wordsを遣うことです。どのような方法をとるにしても，無理矢理させたり，自分の都合に合わせて無理強

いしたりして，失敗の可能性という扉を開けてはいけません。「……できるでしょうcould」「……できますcan」「……かもしれませんmay」というような許容語を遣います。「あなたの目は閉じて**いきます**」のかわりに，「目を閉じることもできる**でしょう**」「私には分かりませんが，あなたはご自分の目を閉じようとしている**のかもしれません**」と話すのです。つまり，相手の意志を尊重した言葉や許容的な言葉を遣えばよいのです。このアプローチでは，コントロールされることに対する人の抵抗を回避しようとします。クライエントであろうと一般の人であろうと，誰か他の人からコントロールされたがる人はいないのではないでしょうか。誰かが自分をコントロールしようとしているのではないかと被験者は心配しています。催眠によって自分がコントロールされることに不安を感じています。

　抵抗を避ける二つ目の方法は，選択肢や可能性を与えることです。トランスに入る方法をその人に決めてもらえばよいでしょう。「あなたは目を開けたままでもトランスに入れますし，目を閉じても入れます。あなた自身にとってより快適な方法をとれます」「**あちらの椅子**に座ってあなたはトランスに入りたいのでしょうか。それとも，他の椅子がよいでしょうか」というように選択肢を与えていけばよいのです。「私が話していることを聞いて気が散ったとしても，あなたはトランスに入ることができるでしょう。また，自分自身の考えのなかに漂うのかもしれません。私が話していることに注意を向けるかもしれないし，この部屋で起こっていることに注意を向けるかもしれません。あるいは，他の場所や他の時間に漂うかもしれません」。これはあらゆる可能性を網羅したものですね。つまり，「それをやり**なさい**」「そうする**べきです**」「そうしなければ**いけません**」というかわりに，多くの選択肢を提供するわけです。

　抵抗を除いて被験者との協力関係をつくりあげるための三つ目の方法は，その人が示したどのような反応でも，それに関心を向けて許容できるものとして有効に活用することです。かくあるべきだという皆さんの考えを強要するよりも，はるかに効果的です。部屋に入ることを拒んだり，椅子に腰掛けて手を膝の上におきリラックスするという決まりきったことを嫌ったりする人もいます。そういう人がトランスに入るには，こういう方法はふさわしいものとはいえません。実際にこの人たちはその正反対を忠実に行おうとします。緊張したままで，全くリラックスしないでしょう。

エリクソンは，ここであげたアプローチを彼自身「利用アプローチ utilization approach」と呼んでいました。利用アプローチというのは「治療場面で，その人が何をしてもそれを利用する」というちょっと変わった名称です。被験者が催眠状態でしたことは何でも利用するのです。被験者がしていることを認め，それをトランス誘導に役立てていきます。エリクソンはその人の症状をトランス誘導や治療技法として利用しました。抵抗も利用しました。信念や妄想さえも利用したのです。

　私はある女性を担当していたことがあります。その女性は自ら命を断てば，神様が自分を若返らせてくれて天国へ導いてくれると信じ込んでいました。何とかしてその信念システムを利用して，こういう人を出し抜かなくてはなりません。彼女は28歳という実際の年齢よりも，はるかに自分を若いと信じていました。心理療法を行うとき，そのような考え方と闘って治療者の信念システムと同じものを患者にもたせなくてはならないと考えたなら，その治療は困難な道のりになるでしょう。

　その人があらわした行動はどんなものでも，また，それ以外のどんなものであっても，使っていくことを利用アプローチでは勧めます。さらにまた，催眠の場合には，クライエントがトランス誘導の暗示に応じて，催眠状態で起こした反応を取捨選択せずに利用していきます。エリクソンが行った代表的な症例について考えてみましょう。

　　ある青年がエリクソンの診察室に入ってきました。部屋のなかを行ったり来たりしながら非常に早口でしゃべりはじめました。「今までに会った精神科医がしたように，あなたも私をここから追い出すんじゃないですか。なぜって，私は椅子に座ることができないし，自分の問題も話せないから。自由連想なんてとんでもない。何もできません。医者のところに行くと，いつだってとても緊張してしまう。だから，こういうように歩き回ることしかできません。私にできる唯一のことはこれだけです。椅子には座れません。自分の問題も話せません」。こういう症例のことを聞くと，彼が相当に神経質なのではないかと皆さんは思うかもしれません。
　ところが，エリクソンはこう話しかけます。「では，そのまま私の診察室を歩き回っていてもらって構わないでしょうか」「構わないかだって。私は

診察室のなかを歩き回るしかない，じっとしていられないって言いましたよ。ええ，構いませんとも」とその患者はこたえました。「いかがでしょう。あなたが歩き回っているときに話しかけても構いませんか」「いいですよ。あなたが私に話しかけるのも，私があなたに話すのも問題ありません。でもね，私に座れとか自分の問題を話せとかは言わないでください。自分の問題なんて話せません」。時おりその患者は休憩をとり，その間にエリクソンはいろいろと話しかけます。「この椅子に向かって歩いてきてくれませんか。そして，そこで方向を変えて，それから，こちらの椅子の方に来てください。そして，方向を変えて，それから，この椅子に歩いてきてください。そして，あの椅子の方に歩いていきます。それから，方向を変えてあの椅子に歩いていきます。そして，向きを変えてあの椅子の方に歩いていきます。それから，あっちを向いて，あの椅子に歩いていきます。それから，振り返ってこの椅子に歩いてきます。そして，その椅子に。それから，向きを変えてあの椅子に歩いていきます。そこに着いたら，向きを変えてあの椅子の方に向かいます。そして，あなたは今部屋の真ん中にいますね。それから，向きを変えてあの椅子の方に歩きます。はい，向きを変えて，部屋の真ん中の方に歩いていきます。そして，あの椅子の方にも。それから，方向を変えて，部屋の真ん中に歩いていって，あの椅子の方に歩いていきます。はい，向きを変えてこの椅子から歩いていきます。はい，そこに着きました，向きを変えはじめましょう。向きを変えます。そしてあの椅子の方に歩いていきます。はい，今半分来ました。それから，あの椅子の方に向きを変えます。あの椅子に歩いていきます」

　エリクソンは彼の歩き方に指示を出しはじめました。そして，その患者はその指示通りに動き，座らせたり問題を話させたりしない限りは，エリクソンの指示を受け入れたのです。

　エリクソンは間もなく二つのことを変えはじめました。一つは，自分の話すはやさを変化させたことです。はじめは，彼の話し方や歩き方のように非常にはやくしゃべりました。それから，少しずつ話し方をおそくしていきました。「そう。あなたはその椅子の方に歩いていくこともできるでしょう」。その患者は少しずつゆっくりと歩きはじめます。「はい，その椅子のところに着きました。それから，向きを変えて，あの椅子の方に歩き

はじめます。はい，部屋の真ん中に着きました。それから，あの椅子の方に歩いていきます。（少しの間）はい，そこに着きました。それから，向きを変えはじめます……」。エリクソンはこうしてさらに話し方をおそくしていきました。

エリクソンは同時にもう一つのことを行いました。その患者に次の指示を与える前にひと呼吸おいたのです。すると彼は，エリクソンが指示する方向を言うのを聞いてから歩くようになります。どこに行くかという指示がないときには歩きません。このように彼は次の指示を待ち，エリクソンは程よい具合でひと呼吸おきました。そして，彼は歩くことをためらうようになりました。「それから，あの椅子の方に歩いていきます。はい，そこに着きました。それから，向きを変えて，そう，向きを変えて，はい，あの椅子に歩いていきます。そうです。そこに着きました。それから向きを変えます。はい，向きを変えましょう。そして，あの椅子に歩いていきます。そう，着きました。（間）はい，向きを変えて，あの椅子に歩いていきます。はい，椅子のところに着きました。そこで向きを変えて，（間）あの椅子の方に歩いていきましょう」

エリクソンはさらにもう少し小さな変化も使いはじめます。「はい，半分来ましたね。そして，4分の3のところまで来ました。はい，向きを変えます」。エリクソンは意図的に患者をためらわせたのです。彼が4分の3のところまで来たときに「それから，あの椅子の方に歩きます」と話しかけます。少しずつ彼のパターンを崩していきました。

また，エリクソンは他の要素も使いはじめました。「そう，椅子を見て，どちらかの椅子の方に歩いていきます。それから，そのうちの片方を見て，嫌な感じが少ないと感じる椅子を決めましょう」。それから，その患者は数分間行ったり来たりしながら椅子を見比べて考えていました。そして，座るのに嫌な感じの少ない椅子を決めました。エリクソンはこう続けます。「では，座るのに嫌な感じの少ない方の椅子に歩いてきてください。はい，嫌な感じの少ない椅子から離れていきます。はい，この椅子に歩いてきて，座るのに嫌な感じの少ない椅子へ歩いていきます。それから，嫌な感じの少ない椅子から離れます。あの椅子の方に行って，座るのに嫌な感じの少ない椅子に向かいます。座るのによい感じのする椅子から離れましょう」。

このように，エリクソンは巧みに**嫌な感じの少ない椅子**から**よい感じの椅子**という言葉にかえました。患者は次第に椅子の前でためらうようになり，自分はそこに座ることができるのかと考えはじめ，椅子から離れたり近寄ったりしました。彼がその椅子の前でためらいながら座ろうとすると，エリクソンは「まだ，座ってはいけません」と言います。そこでまた，彼は椅子から離れたり近寄ったりして，段々と本当に心地よい状態で椅子に座る準備をはじめました。そして，彼が腰掛けると，「すっかり椅子に腰掛けると，あなたはすっかりトランスに入っていくでしょう」とエリクソンは語りかけました。

今のは，「トランスに入り**なさい**」とか「腕時計を見**なさい**」というトランス誘導とは違います。「トランスに入るためには，あなたはリラックスして集中しなくてはいけません」という類のトランス誘導とは明らかに違います。全く異なったモデルです。このモデルでは，被験者が示したものは何でも取り上げてトランス誘導の一部として利用します。

「**私**の習得したこの催眠のモデルにあなたは従うべきです」と言うよりも，その人の世界に**私**が出向き，そこで出会い，催眠に導くのが，ふさわしいのではないでしょうか。ここには，誰もが催眠を体験できるとするエリクソン派の素晴らしい考え方が端的にあらわれています。それこそが**その人の**トランスへの入り方を見いだす方法なのです。**その人**が示したものは何でも利用すること，反応したことを確認すること，反応性を高めていくこと，こういうことを行うことで，皆さんは**この人**がどのようにトランスに入っていくか見いだせるようになります。どのようにトランスに導けばよいかその人たちが皆さんに教えてくれるでしょう。

　　私は学校恐怖症の治療を受けに来た10歳の子どもを担当していたことがありました。何回か彼を催眠に誘導したこともあります。（ごくたまにしか用いませんが）数唱技法counting techniqueを用いました。少年をトランスに導くのに，私は20から1まで逆に数を数えていきました。「20，今，君は催眠に入るための，トランスに入るための準備をはじめることができます。19……」というように話しはじめました。こういう感じで話していく

と，少年は自分自身を意識してクスクスしはじめました。そうです。彼は笑いだしたのです。「笑っているのは，トランスに入る一番よい方法かもしれません。……18……というのは，大人はたいてい催眠というものをあまりにも**真剣**に考えてしまう癖があってね。催眠についてあまりにも堅苦しく考えてしまう。17……そして，笑っていることは君にとって，トランスに入っていくとてもよい方法だと思うよ……16」。このように私は話しはじめ，5まで数えたとき，彼は笑うことをやめました。少年はとても静かにトランスに入りました。そこで一連のトランスでの治療を行いました。だいたい25分経ってから，少年をトランスから覚まそうとして，1から20まで数えだしました。少年が驚いたことでもあるし，私も多少驚かされましたが，私が5まで数えると彼はまた笑いはじめたのです。5から20まで，つまり，トランスから出ていく間中ずっと彼は笑い続けました。

いかがでしょうか。これはトランスに入るためのクスクス技法です。そして，これはこの少年の技法なのです。私の技法ではありませんし，他の人のものでもありません。**彼の技法**なのです。先ほどお話しした患者の技法は，エリクソンの診察室での歩き回り技法とでも言えるでしょう。クライエントの示した特徴ある行動はどのようなものでも，催眠家や治療者は利用することができるのです。クライエントが示した行動を工夫して利用していく必要があります。

クライエントはいろいろな考えをもってやってくるでしょう。催眠というものは誰かからコントロールされるものだと考えているクライエントもいます。ですから，クライエントがトランスとは関係ないものと思っていることやトランス体験に役に立たないと思っているものでも治療者は利用していきます。

ある人が「集中できないんです」と訴えるとしたら，あなたはその点を取り込んで「トランスへ入るために集中する必要は全くありません」と説明すればよいでしょう。その人の考えがどのようなものであっても，**それを取り入れる**のです。トランスでは治療者が話すことの全てに注意を払い，記憶しなくてはならないと本気でクライエントが考えていることに気づいたなら，「私が話すことを全て記憶したり，聞いたりする必要はありません」というように話せばよいでしょう。「トランスに入ることが私にできるとは思えません。私は自分をコントロールしておく必要があるからです」と言われた場合，「コントロールして

いて構いませんよ。あなた自身でさえ気づいていない方法で，自分をコントロールすることを発見できるかもしれません。無意識の領域で何かをコントロールするかもしれませんし，意識の領域でそういうことを行うかもしれません。でも，実際にはトランスというものは，ある人が他の人をコントロールするものではないのです」と返せばよいでしょう。

　バンドラーBandlerとグリンダーGrinderは，よく次のようなジョークを話していました。誰かにトランスはどんなものだと思うかと尋ねたとしましょう。すると，その人は「何も見えないし，感じることもできない。聞くことだってできない」とこたえてきます。そこで，「それなら死んだも同然じゃないか。それじゃあ一体トランスってのは何なんだい」と二人はよく返していました。人はトランスに非現実的な期待をよせていることがありますが，これはそれに対処する一つの方法ですね（何も見えず，何も感じることができず，何も聞くことができないトランスを体験するまでは，私もこういうジョークをよく用いていたものでした。そういうトランスを体験してからはこのジョークは言っていません）。たいていはじめるときにあたりをつけて，トランスをどのように考えているかその人の理解や準拠枠について多少知っておいた方がよいでしょう。それから，「そうです。トランスのなかでは，そういうことが起きることがあります」というようにその人の考え方を取り込む場合や「ご承知の通り，トランスのなかでは失神してしまうと考えている人もいますが，これは正しくありません」というように考え方を退ける場合もあります。その人がトランスに対して抱いている神秘性を除くこともよいでしょう。「こういうことは起こらない」と思い込んでいる人には，トランスの前後やその最中に「あなたはこういうことも体験できるでしょう」というように少し話をしておきます。また，「私が話すこと全てに注意を払う必要はありません。話すこと全てを聞く必要もないのです」「私が話すことを何もかも聞くことができるでしょうが，そうする必要はありません。ただ漂っているのがよいのかもしれません」と話します。被験者がしていることやしそうなことには，多少触れておきましょう。これはトランスを誘導するときの私のやり方です。一連の特徴に触れておいてから，そうする必要のないこともまた伝えます。被験者がどこにいようと許容して関心を向けていきます。何をしていてもそれでよいのだという感覚を与えます。笑っていようと歩き回っていようと，集中していてもいなくても障害になることはあ

りません。

　トランスから出た後で「私はトランスに入りませんでした。あなたの話すことは全て聞こえていたからです」と主張する人もいます。ですから，トランスに入れる前に「あなたが一番驚くことだと思いますが，おそらくあなたはトランスに入っていても，私が話すことを全て聞くことができます」というように触れておきます。トランスのなかでも話を聞くことができると伝えておくと被験者がトランスからでた後で「あなたの声が聞こえていたのでトランスには入れませんでした」と訴えることはないでしょう。被験者のすることは何に対しても許容していきます。これが最初の原則です。お渡ししました資料にはこのような原則がまとめられています（資料1-1）。「解決志向誘導の原則」という題の資料です。

許容・関心・観察・利用

　はじめの原則は，許容permission・関心validation・利用utilizationです。利用とは，その人がもたらした状況を利用し，その人を認め，その人の反応を認めてコミュニケーションをはかることを意味しています。というのは，トランスを促進し，人を力づけて反応性を高めるために効果的な文脈を私たちは築こうとしているからです。私はその人の反応を見つけようとするでしょう。いろいろな話をしたり，周囲でいろいろな行動を示したりして，何に反応したか見いだそうとします。つまり，その人の身体や体験が「そう。まさにその通り。これはいいね」とこたえているのか，「それは私には意味をなさないよ。私向けのことではないね」とこたえるのか判断していくのです。私はその人の反応性を高めようとするでしょうし，その反応に対して，私の方も反応しはじめるでしょう。エリクソンに学んでいた頃，私には最も驚かされたことですが，エリクソンは観察observationを非常に重視していました。

　アーネスト・ロッシー Ernest Rossiをご存知の方もおられるでしょう。アーニーはユング派の分析家ですが，エリクソンと何冊もの共著を出し，エリクソンに関する本をたくさん出しています。また，彼独自の考えについても盛んに書いています。アーニーは私に素敵な話をしてくれたことがありました。エリクソンのところで学んでいたとき，エリクソンが彼のわき腹を肘でつついて注

|資料1-1|　　　　　解決志向誘導の原則

- ◆ **許容・関心・観察・利用**
  どのような反応・行動・体験でも関心を向ける
  どのような反応も催眠反応の証拠となり，催眠反応を導くことができる
  許容的表現（〜できます，〜かもしれません）　vs　予言的表現（〜になります）・帰属的表現（〜です）
  反応を観察し，その反応を取り込む

- ◆ **喚起と暗示：自然アプローチ**

- ◆ **前提・含意・文脈的合図**
  言葉による前提：選択の幻想；前・間・後；程度；気づき
  行動による前提
  文脈的合図
  コミュニケーションや行動パターンの変化

- ◆ **マッチング**
  非言語：リズム，姿勢，声の質，呼吸，進行中の観察可能な行動（ミラーリング，クロス・ミラーリング）
  言語：語彙，統語

- ◆ **描写**
  ビデオトーク
  自明の理 truism

- ◆ **許容的で力を与える言葉**
  許容語
  概要を示す言葉
  政治家言葉：人物・場所・時間・物事・行動を特定しない言葉
  注意の方向づけと連想の誘導

- ◆ **分割**
  意識−無意識
  ここ−そこ，現在−過去・未来，外的−内的
  言語−非言語

- ◆ **連結**
  言語と非言語
  ブリッジング
  トランス様の体験の再喚起

- ◆ **散在**
  言葉やフレーズの非言語的な強調

意を促そうとしたそうです。わき腹をつつくというのは，文字通りの意味か比喩なのかは分かりません。エリクソンが話しはじめると，アーニーの目はすぐに天井の方へ漂いはじめます。エリクソンは元型archetypeをどのように引き出していくのか，心理的なDNAの再結合のようなことをエリクソンはどのように行うのかとアーニーは考えていました。エリクソンはアーニーの目が天井にあるのを見て，「アーニー，被験者はそこだよ。天井に患者はいません」と注意しました。皆さんもテープからエリクソンがこう話しているのを聞くことができます。「……ロッシー博士，彼女の顔を見なさい」

　アーニーからその話を聞いたとき，ちょうどそれは自分にもあてはまるのではないかと思いました。私の頭のなかは理論でいっぱいになっていましたが，エリクソンが私に課したトレーニングは，人を見ること，人から聞くことがほとんどで，頭のなかの理論で時間をつぶすことではありませんでした。情報は頭の外にあるのです。

　そういうわけで，私たちは反応性という感覚を育てていかなくてはなりません。観察をすれば，その人の反応を知ることができるでしょう。自分の理論について天井を見ながら考えていれば，気づくことはありません。

　そうです。最初の原則は，許容・関心・利用です。そのためには，まず観察して把握することが必要なのです。

喚起と暗示──自然アプローチ

　二つ目の原則は，技法の違いというよりも哲学的な違いでしょう。エリクソン派の催眠では，クライエントに治療者の考えを外側から与えようとせずに，喚起evocationさせるのです。つまり，何らかの体験を内側から呼び起こすのです。これは皆さんに提供する催眠の定義の一つにあたります。催眠とは，不随意的に喚起された体験です。このワークショップを進めていくなかで，いくつかの定義を紹介する予定です。

自然アプローチ

　エリクソンは，自分の催眠を自然な催眠naturalistic hypnosisとか心理療法の自然アプローチnaturalistic approachesと呼ぶことがありました。私はこれには

二つの意味があると考えています。ごく普通の自然なコインには，面が二つあります。一方の面にあたるのは，人は自然の力を備えているというエリクソンの信条です。エリクソンは自然に深い信頼をよせていました。農場で育ち，心から自然を愛していたのです。そして，人は尊敬に値する自然の力を備えていて，その力を活用できると考えていました。人はトランスに入る自然な力とトランス現象を体験する自然な力を備えているのです。

　トランス現象とは，健忘，感覚麻痺，時間歪曲といった現象を指しますが，これらは後ほど詳しく説明します。エリクソンは，こういうトランスのスキルはごく当たり前の日常生活を通して学ぶものだと考えていました。例えば，サスペンス映画を見ていたとしたら，頭痛のことなど忘れているでしょう。おそらくこれは解離，感覚麻痺，無痛という体験です。人は時間を歪曲したり，変えたりする自然な力を備えているとエリクソンは考えていたのです。本当に必要な手紙や電話を待っているとき，主観的には非常に長い時間が経っているように感じられることでしょう。これは時間の体験を変化させているのです。ごく自然にそれをしています。催眠では，その可能性を広げ，方向づけることができます。つまり，この自然アプローチの一方の面は，人はトランスに入ったり，トランス現象を体験したりする自然な能力を備えているということです。ごく普通に日常のトランスに出たり入ったりしています。標準的なトランスを体験する前にも，何度も生活のなかで日常的なトランスに出たり入ったりしているのです。皆さんも被験者の自然の力を信頼することができるでしょう。

　自然のコインのもう一方の面にあたるのは，トランス誘導のなかで，「時計を見なさい」というような公式化された文句や儀式化されたことをする必要はないということです。自然な会話によるアプローチでトランス誘導はできます。私のデモンストレーションや他の参加者との練習のなかで，それを何度も聞けることでしょう。

　ですから，解決志向の催眠では，外側から人に教え込もうとはしません。内側から何らかの体験を喚起させるのです。私たちは自分の考え，信念，主張を「これがあなたの問題を解決する方法だ」「これです。あなたのよりも，よっぽど健全なこの新しい信念をもちなさい」というように押しつけるべきではありません。人の内側から自然な体験を喚起し，その体験を広げ，方向性を与えていくのです。人に影響を与えたり，指示するべきではないと言っているのでは

ありません。その人自身の体験を喚起するという方向性のなかで，影響を与えて，その体験を使ってその人の目標を達成させることが大切なのではないでしょうか。

前提・含意・文脈的合図

　次の要素である前提presupposition・含意implication・文脈的合図contextual cuesは，おそらくほとんどのトランス誘導や心理療法で使われているものでしょう。含意は，エリクソンの治療のなかで大きな役割を果たしています。指示的directiveな治療者とエリクソンは称されることがあります。たしかに，エリクソンの治療は非常に指示的であるのですが，同時に間接的indirectiveであるようにも見えました。指示的でありながら間接的であるとはどういうことでしょうか。

道にのせて歩かせよ

　エリクソンの少年時代の話です。17歳のとき，エリクソンはポリオにかかりましたが，それ以前は本当に健康で行動的な少年でした。彼は少年時代のほとんどをウイスコンシンの農場で過ごしました。家から数マイルも離れた所に友だちと行ったときの話をエリクソンはしてくれました。エリクソンと友だちはその時ある知らない場所にいました。そこは人が旅行したりするような場所ではなく，民家から非常に離れた所でした。エリクソンたちが田舎道を歩いていると，明らかに乗り手を振り落としてきたと思われる馬が歩いてきました。馬の手綱は垂れていてその馬はとても扱いにくそうです。エリクソンと友だちは農家の中庭に馬を追い込んでつかまえて，落ちつかせました。それから，エリクソンは「ぼくはこの馬に乗って，飼い主の家に連れて帰るよ」と友だちに話しました。友だちは「誰の馬だか分からないじゃないか。どうするんだ」と聞き返します。「いいから任せておいて」とこたえると彼は馬に飛び乗りました。中庭を出て，馬を右回りさせて道路の方に向かせました。そして，「どうどう」と拍車をかけて道に戻しました。このようにして道を下っていると，馬は時々道から外れて草を食べようとします。すると，エリクソンは道に戻し，「どうどう」と声

をかけます。その道を数マイル下っていくと，馬は向きを変えて，ある農家の中庭に入っていきました。農家の人はその音を聞いて出てきました。「これはうちの馬じゃないか。君はどうやってうちの馬ってことを知ったんだ。私は君とは会ったことはないが……。うちの馬であることは知らないはずだ」。「おっしゃるとおりです。馬をどこに行かせればいいか知りませんでした。でも，馬が知っていたんです。ぼくは馬にまかせて道を走らせてきただけです」とエリクソンはこたえました。エリクソンはこの話をこういう教訓で締めくくりました。「これが心理療法の進め方だと思うよ」

　これは指示的でありながら間接的でもあることの素晴らしいモデルではないでしょうか。エリクソンは，治療者が自分の価値観，信念，理論を人に押しつけることを非常に嫌っていました。心理療法を通して，その人が動くことが大切なのであり，それこそが自分の仕事だと考えていたのです。道に人を戻して歩かせれば，その人が自分なりに反応します。トランスに誘導したり，目標へ通じる道に導いたりしたならば，その人は自分の反応を通して，目的としたところにたどりついたかどうかを皆さんに教えてくれるでしょう。

　含意や前提を理解するには，これから起こること，起きていること，そして起こったことを想像してみるのが最もよい方法です。シャクティ・ガーウェインShakti Gawainの創造的視覚法creative visualizationのようですね。ゴールを視覚化し，そのゴールに完全に到達したかのように話し，それから，ゴールにたどりつく方法について推測していきます。この人がトランスに入りつつあるという確かな事実を話しましょう。トランスに入っていく姿を視覚化するのです。それからその人に対して，トランスの入り方についてのあらゆる方法や可能性を話せばよいでしょう。「すぐにあなたがトランスに入るのか，ゆっくり入るのか，私には分かりません。目を開けたままでもあるいは閉じたままでも，トランスに入るのでしょうか。あなたはトランスに入って，私の話すことを全て聞けるのでしょうか。あるいは，トランスに入っていく自分の体験に漂うのでしょうか。私にはよく分かりません」などと話せばよいでしょう。

　疑いをもたせることなく，トランスへの入り方についてのいろいろな考え方を与え，トランスに入っていくことを示唆していきます。

　私の同僚のジム・ウィルクJim Wilkが提案した方法を紹介しましょう。誰か

があなたの前に座っていて，その人をトランスに入れなければならない状況であるとイメージします。あなたは「うーん。うまくいかなかったらどうしよう。できなかったらどうしよう」と考えてちょっと緊張しています。しかし，より力強いパワーによって，あなたの緊張は克服されます。ミルトン・エリクソンがあなたの緊張を撃退してくれるのです。まだ皆さんには誘導する力が足りないのですから，自分の後にエリクソンが立ってトランスに誘導している姿をイメージするのです。

そうです。エリクソンがトランスに誘導していきます。私はただグレンの前に座って（オハンロンは参加者の前に座る），自分自身に話しかければよいでしょう。「リラックスできるね。エリクソンが助けてくれるよ。私の後ろでエリクソンがトランスに誘導していく。そうだ。私はグレンに起こりはじめていることの可能性を話せばよいだけだ。『私にはよく分からないのだけれど，トランスに入ると，その手は顔に近づいていくのでしょうか』」

また，目の前に座っている人をごく親しい友人だと考え，自分がラジオのアナウンサーであると想像します。私はゲームの展開の仕方を考えている堂々としたアナウンサーです。エリクソンのおかげで，この友人がトランスに入っていくことをすでに知っています。また，トランス誘導をして，そこで腕浮揚をすべきだということもすでにエリクソンが自分に教えてくれたと考えてみましょう。グレンの腕が上がることを知っていますから，こう話しはじめます。「右手が上がるのでしょうか，左手でしょうか。片手が上がろうとするか，あるいは，両手が上がっていこうとするのでしょうか。私には分かりません。親指，それとも，他の指が先に動きだすのでしょうか」

どのように起こるのかという可能性を推測しているにすぎません。腕浮揚が起きることに疑いを全く抱いていません。私は必ずトランスに誘導できると思っています。トランスに入っていく間に起こり得るいろいろな可能性について，ただ考えているにすぎません。これがトランス誘導に関する一つの考え方です。ですから，皆さんは起こりうる確かなことを話していけばよいでしょう。つまり，ゴールが見えていることを話したり，右手なのか左手なのか，ゆっくりなのか，トランスに入っていることに気づいているのかいないのか，その現象を信じるかどうか，どの程度まで起きるのかというように疑問に思ったことを伝えていくのです。こういうことは，すべて言葉による前提になります。

別の資料をお配りしましょう（資料1-2）。催眠で用いる一般的な前提をまとめておきました。これは「催眠における前提の使用」という資料です。
　言葉による前提はいくつかのカテゴリーに分けられます。そのうちの一つは，選択の幻想illusion of alternativesと呼ばれているものです。はじめはローレンス・キュービーLawrence Kubieによって，"illusion of choice" と呼ばれました。彼は昔エリクソンとともに論文を書いています。選択の幻想という技法では，二つ以上の選択肢を提示します。相手がどちらの選択をしても，望ましい方向に導いていきます。世界中の親がこの技法を知っています。例えば，「あと15分テレビを見ているのと，寝る前のお話のどっちがいい」という具合です。二つ以上の選択肢を提供し，そのうちのどちらを相手が選んだとしても，望ましい方向に導いていくのです。つまり，「浅いトランスに入りたいのでしょうか，中位のトランス，あるいは，深いトランスに入りたいのでしょうか。脚を組んでトランスに入りたいのでしょうか，それとも，脚を戻してトランスに入りたいのでしょうか。メガネを外してトランスに入りますか，かけたままがよいでしょうか」と話していけばよいでしょう。「あなたの意識の心は，トランスに入りつつあることを気づいているのでしょうか，トランスに入りつつあることに気づいていないのでしょうか」というように，どの選択肢もトランスに入ることを前提としています。そして，その人がトランスに入るのに一番よい方法で扱っていけばよいだけです。

　参加者：いつも選択肢は二つなのですか。

　いいえ。三つでも四つでも五つでも構いません。「浅いトランス，中位のトランス，あるいは，深いトランスに入りたいのでしょうか」。これは三つですね。全ての条件を示す場合もあります。デモンストレーションやテープの例のなかで後ほどお聞きになるでしょう。
　私は結構好きなのですが，「〜の前に」「〜の間に」「〜の後に」というような前提もあります。トランスという状態に入りつつあることやそこで体験していることをはっきり直接的に話さなくても，「前・間・後」という前提によって，含意を示したり暗示したりすることができます。
　さて，この辺がトランスの神秘性を少し取り除いておくのにはよいところで

| 資料 1-2 | 催眠における前提の使用

1. 望ましい方向に導くために二つ以上の選択肢を提示する
   - 今すぐにトランスに入りたいのでしょうか，しばらくしてからの方がよいのでしょうか。
   - 目を閉じてトランスに入るのか開けたままがよいのか，私には分かりません。
   - トランスに入るには，椅子の背にもたれた方がよいでしょうか，そのままがよいでしょうか。

2. これから起きることについて述べる
   - トランスに入る前に，催眠につきまとう迷信を取り払っておきたいと思います。
   - 以前にトランスを体験したことがありますか。
   - トランスのなかにいるとき，何か自分自身に役立つことができます。
   - すぐにはトランスに入らないでください。

3. 進行中の出来事について述べる
   - 深く入っていけます。
   - そうです。そのまま続けて。
   - 無意識の心があなたの必要としていることをずっと手助けしていると……

4. 今起こったことについて述べる
   - いかがでしたか。
   - 戻ってきましたね。
   - 前と比べて，今のトランスはいかがでしたか。
   - ……そして，無意識の心は，私たちが話していなかった問題でさえ今なら解決できます。

5. 出来事の程度について話すことで，これから起きること，進行中のこと，今起こったことを示唆する
   - そんなにいそいで入ってはいけません。
   - いつ頃あなたのために無意識がそれを解決するのか私には分かりません。

6. **ある出来事を気づいているかどうか話すことで，これから起きること，進行中のこと，終了したことを示唆する**
   - 呼吸が変わってきていることに気づいているかどうか，私には分かりません。
   - 無意識の心が多くのことをしているのにおそらく気づいていないでしょう。

しょう。人類学者マーティアンMartianが，催眠と呼ばれるプロセスを観察したとすると，会話の様子だけを見聞きするに違いありません。私は普通とても早口ですが，会話のある時点で突然テンポを落としていきます。意識の心に話しはじめ……無意識の心にも……あなたのある部分に向かって話します……それから他のところにも……そして，ある時点でまた早口で話しはじめます。ですから，非言語的にも言語的にも，これはいつもと違う会話であることを示唆します。確かに長い会話ですね。私がある時点で変な感じで話しはじめると，その会話中被験者は奇妙な行動をとり，それから前のように話しはじめると，被験者は前の会話でしたように話しはじめます。これがマーティアンの見聞きできたものでしょう。

　催眠の分野では，状態派の研究者state theoristsと非状態派の研究者non-state theoristsとの間で，まだ決着のついていない大論争があります。エリクソンは状態派でした。状態派の研究者は，トランスというある状態が存在すると考えています。それに対して，非状態派はそのような構成概念が必要ないという立場をとります。T・X・バーバーT.X. Barbarは非状態派のなかでも最も有名な研究者の一人です。バーバーはこういう会話のなかで生じたことを説明するのに，催眠やトランスという構成概念は必要ないと考えています。

　非状態派の研究者の一部は社会心理学者で，トランスを単なる社会心理的な現象であると考えています。それは内的な状態などではなく，相互作用によるものと考えているのです。数年前，ジェイ・ヘイリーJay Haleyは，催眠を相互作用から解説した本を書いています。たしかに，このような視点からも得ることはあるでしょう。皆さんは，これにはよい点も悪い点もあると考えるのではないでしょうか。皆さんにとっての悪い点は，自分たちが催眠のワークショップにいて，お金を払ってここに来ているのに催眠が存在しないということでしょうね。状態派の研究者は，今までのところ催眠というものを証明していません。瞑想のように決め手となるような脳波が，催眠時ではまだ発見されていません。一般的に受け入れられ，トランスの存在を証明する決め手となるような他の生理指標もありません。ですから，これまでの論争では，非状態派が勝利をおさめています。状態派の研究者は催眠という状態が存在することを実証しなくてはなりませんが，まだそこまで至っていません。

　私としては，両者の視点ともに賛成しています。なぜなら，私は社会構成主

義者だからです。私はトランスというものが**実体**thingのあるものではないと考えています。トランスは言葉によって区別された状態です。ちょうど「愛」というものが、いまだに測定できないのと同じではないでしょうか。けれども、皆さんは愛という体験をご存知です。愛を体験していることは、周りの目からもたいてい分かりますね。しかし、生理学的にはまだ測定できません。愛における非状態派と状態派の研究も同じことでしょう。ですから、言語的に区別して呼ぶことしかできないというのが私の主張です。「愛」という名称を知らずにその体験をしたとします。皆さんは何か妙な感じなので、カゼでもひいたかと考えるかもしれません。しかし、「愛」という名称を知った後では、この現象が愛と呼ばれる感じであることを理解します。トランスも同じことではないでしょうか。つまり、トランスという実体がないことは悪い点ですが、よい点はそのこと自体臨床の場ではたいして重要ではないということです。というのは、私は被験者が何かを体験していることを知っているからです。そして、皆さんにその人がある体験をしていることをお伝えできますし、その体験が臨床上の目的に役立つことを知っています。

「前・間・後」という前提を用いるなかで、トランスという実体が存在する、つまり、区別された状態が言語的ないし体験的にあるという考えを構成していきます。何が起ころうとしていて、何が起こっていて、すでに何が起こったか言語的に示唆するのです。また、行動や相互作用からも示せます。しかし、行動や相互作用には限界があります。まずはじめに言葉による方法を考えていきましょう。

ちょっとやってみましょうか。

> **オハンロン**：ボブ、ちょっと質問をしますね。あなたはトランスに入ったことがありますか。それは標準的な種類のトランスですか。
> **ボブ**：そうだと思います。

いいでしょう。では、別の質問をさせて下さい。「以前にトランスに入ったことがありますか」という同じ質問ですが、音を多少変えます。おそらく同じ答えが返ってくるでしょうが、そのニュアンスが違います。なぜなら、「トランスに**以前に**入ったことがありますか」というのは、これからトランスに入ること

を示唆しているからです。催眠のセッション，心理療法のセッション，催眠を行うとすでに話した文脈であるなら，なおさらのことです。トランスに入ることの含みにあたるでしょう。しかし，「あなたはトランスに入っていきます」とは言いませんでした。含意にしては，ちょっとはっきりしすぎてしまっていますからね。

「あなたがトランスに入る前に，催眠につきまとっている迷信について話しておきたいと思います」。このような言い方は十分合理的で，催眠の暗示のようではありませんね。けれども，これは暗示です。「トランスに入る**前に**」と言っていますから，トランスにこれから入りますよという暗示です。これが「前」という前提です。

それから，「間」という前提に移りましょう。トランス反応や催眠反応を表わしているサインを発見したときに，「その間」という前提を使います。こういうサインを見つけた場合には，その人がトランスという状態にすでにいるのだと示唆し，まるでもうそこにいるかのように話します。ですから，私は「そうです。もっと深く入ることもできるでしょう」と話しかけるかもしれません。話の途中で，なぜ私は「いいですよ。もっと深く」と言うのでしょうか。その会話でもっと深くとは何でしょう。トランスと呼ばれる会話を体験していて，そこで何かが起きることを私は示唆しています。「もっと深く入ることができます。だんだんと入っていくことでしょう」。会話のなかで，どうしてこういったことを話すのでしょうか。こんなことを話すのはちょっと変ですよね。しかし，催眠とかトランスといった特徴をすでに区別していたなら，それほど不思議なことではありません。また，一般的に催眠や心に関することには，空間的メタファーをよく用います。「深くそのなかに入っていきます」と私は言いました。それは心に関しても同じです。皆さんの心の**奥**とはどこでしょう。「心の奥」と言われて何を考えますか。**深く**考えるとはどういうことですか。「深く考える」のは，どこでするのでしょうね。つまり，私たちは空間的なメタファーを用いているのです。トランスという空間はありませんが，トランスを理解するために空間的なメタファーを使います。

ある時点でトランスが終わることを示唆し，こういう会話を終えます。それから，私は「戻ってきましたか」と話しかけるでしょう。何かが終わったわけでもないのに，会話の途中でなぜ「戻ってきましたか」と聞くのでしょうか。

「どうでしたか」と聞くこともあります。あなたが誰かとセックスをして「どうだった」と聞かれたらセックスが終わったことを示唆しています。違いますか。まだ，その途中だと考えているかもしれませんが（笑）。そういう体験をおもちの方もいますね。「どうでしたか」と尋ねることは，会話のなかで何かが終わったことを示唆するのです。何かが終わりました。それは言葉によって区別されたのです。それが催眠，トランス，あるいは，リラックスした状態というものです。その名称はともかくとして，これが区別する方法です。このワークショップが終わるまでに，皆さんはトランスというものの区別をもっとつけられるようになるのではないでしょうか。トランスについてもう少し話を進め，いろいろとお見せしていきますから，自分の体験の上から判断できてくるでしょう。

　トランスと呼ばれるものを区別できるようになってから，クライエントが私をトランスに入れることやそのトランスから私自身が抜け出すやり方について分かってきました。また，クライエントはしばしば自発的にトランスに入っていることにも気づきました。毎日の生活のなかで，私や他の人がよくトランスに入ることに気づいたのです。こうして私は区別ができるようになりました。それまでは全く区別できなかったために，クライエントがそうしていても，トランスであることに気づいていませんでした。けれども，今はいろいろと知っています。皆さんも一旦区別できるようになれば，さらにもっと分かってくるでしょう。

　　参加者：白昼夢はトランスの一種ですか。

　白昼夢にもよりますね。あなたのいう白昼夢を観察して，それがトランスの特徴を備えていたら，おそらく私はミニトランスと呼ぶかもしれません。いずれ皆さんもその区別がつきはじめます。全てがトランスではありません。当然違うものもあります。私がワークショップをはじめた頃，こういう現象について説明していると，「誰もがいつもトランスに入っているのではないか」という意見がありました。しかし，そう考えるとトランスの定義が希薄になるのではないでしょうか。以前あるエリクソン派の人が行ったワークショップで，私は『ミルトン・エリクソンの芸術的手法 *The Artistry of Milton H. Erickson*』というビデオを見ました。そのビデオのはじめの部分を見ているとぼんやりしてきたの

で，「へぇ，自分は本当にトランスに入っているよ。4分の3を見のがしたんだから」と考えました。その後で，「いや，単に眠っていたんだ」と分かりました。退屈していたんです。分かりますか。私はトランスに入っているに違いないと考えていました。トランスについてたくさんの話を聞いていましたからね。でも，その後，月日が経つにつれて区別がつきはじめました。眠りとトランスの違いが分かったんです。はじめの頃は区別できませんでした。白昼夢に入っているとき，「自分はトランスに入っているに違いない」と思うかもしれません。しかし，トランスを何度か経験した後では，その違いが分かりはじめます。トランスかそうでないかが判断できるようになります。体験的にも客観的にも決められるようになるでしょう。

　含意というものは，言葉だけでなく，非言語的にも行えます。なぜなら，**このように話しているとき**，それから，**こういう感じで話すとき**の違いは歴然としているでしょう。つまり，行動によってここでは違う会話をしているということを示唆します。再び行動を変えれば，もうトランスの会話でないことを示唆します。このワークショップで私がすることといえば，皆さんのうちの何人かの方を意味ありげに見て，「いいですね」と話しかけることです。すると，皆さんはトランスに入っていく自分を感じはじめることでしょう。というのは，トランストークという文脈的な合図をしているからです。エリクソン派のワークショップに出たことのない人には，おそらく今のは十分な文脈的合図にならなかったと思います。しかし，もうトランスが文脈的合図と結びつきはじめています。

　私のオフィスには，花の形をしたライトがありますが，自分のオフィスで治療をするときに机の上のライトをつけ，部屋の照明を消します。これが「トランスの時間」という文脈的合図です。トランスを終えると，再び照明をつけ，そのライトを消します。その次の回からは，ライトをつけたり消したりすることが合図になるのです。普通，クライエントはリクライニングの椅子に移ります。しかし，違うオフィスを使う場合もありますから，いつもこうであるとは限りません。たいていクライエントはリクライニングの椅子に移ってトランスに入ります。私がリクライニングの椅子を指すと，すぐにトランスに入ります。トランス誘導はこれだけです。椅子に座ると，目を閉じて自分でトランスに入りはじめます。部屋の照明を消して，ライトをつけます。これが文脈的合図と

いうものです。トランスに入る前の文脈的合図（花の形のライトをつける）は，トランス中も続いていて（花の形のライトはつけたまま），トランスからでるとき再び部屋の照明をつけるのです。つまり，言葉の合図に加えて，行動や文脈による合図を用いて，**ここまでがトランスで**，**ここからはトランスでない**と示唆します。

　他の言語的暗示，含意，前提について触れましょう。このうちの一つは，気づき awareness というものです。「……を気づいているか私には分かりません」「……をお分かりになっているか分かりませんが」「お気づきになったどうか私には分かりませんが……」などのような文句を用います。こういう言葉で示唆してから皆さんが話すことは前提になります。「トランスに入るのにどれ位の時間がかかるか，あなたが知っているかどうか私には分かりません。あなたは自分の反応がとてもはやいということにお気づきでしょうか。無意識の心はあなたのために多くのことをしていますが，それにあなたが気づいているかどうか私には分かりません。あなたは呼吸が変化したことに気づいたでしょうか」。気づいているかどうかを尋ねること以外は何もしていません。それが実際に起きたかどうか質問しているのではありません。ただ気づいているかどうか尋ねているにすぎません。これが前提の一つのタイプです。

　「前・間・後」に関連したものですが，**程度** rate という前提もあります。エリクソンはテープのなかで「すぐに，トランスに入ってほしいとは思いません」と話しています。「まだ……してはいけません」「まだ椅子に座ってはいけません」という具合ですね。その人がトランスに入ったり椅子に座ったりすることを疑うのではなく，「すぐなのか，しばらくかかるのか」という程度について話せばよいのです。その程度について話すことも，前提にあたります。

　さらに他のタイプの前提もありますが，あまりにも長くなってしまいますから，全てを説明することができません。では，次の誘導の原則に移りましょう。マッチングです。

マッチング

　マッチングmatchingとは，自分の身体行動や言語行動を他人の身体行動や言語行動に合わせていくことです。バンドラーとグリンダーは，うまい定義をしています。彼らは**ミラーリング**mirroringと**クロス・ミラーリング**cross mirroringに分けています。**ミラーリング**とは，他の人と同じ姿勢をとったり，同じはやさで呼吸したりすることを指します。要は，物まねのようなものですね。正確に同じ姿勢をとり，頷くときには頷きます。その人がするように手でペンを取りあげたり，ノートをとったりします。物まねをします。相手が息をするときには，皆さんも息をします。頷くときには，頷きます。行動が何か変化したら，それに正確に合わせます。

　クロス・ミラーリングといわれるもう一つのマッチングは，その人の姿勢を正確にまねたり，呼吸を同じように合わせたりすることをしません。しかし，皆さんの行動の何かをその人の行動に応じて変えていきます。つまり，一緒に変えるわけです。私が以前に危機カウンセリングを行っていたとき，やって来た人や電話をかけてきた人のなかには，「キャー！　ギャー！　ウォー!!」と悲鳴をあげる人もいました。しかし，私はその人たちと同じような呼吸をしようとは思いません。そんなことをしたら，自分自身が危機状態に陥るか，気絶してしまうかもしれません。そういう人はものすごいはやさで呼吸をしています。興奮状態に陥るように呼吸しているのです。ですから，同じような呼吸をするのではなく，息をはきだす度に頷いたり，呼吸に合わせて頷いたりします。同じ姿勢をとる必要はありません。そのかわりに，その人の身体がいつも一つの方向に動いていたとしたら，私は自分の手を少し上げて動かすでしょう。その行動の特徴に合わせて自分の行動のどこかを変えるのです。これがクロス・ミラーリングです。

　マッチングは身体的なものや生理的なものに限りません。言葉の上でも同じことです。その人たちが遣うような言葉や語調をまねればよいでしょう。「何も知らないことはないってことが分からないんだよ」とクライエントが言うなら，「じゃあ，トランスに入らないことはないってことが分からないんだね」とこたえます。言葉のマッチングはその人の言葉や語調をミラーリングすることです。

第1章　解決志向催眠の原則

描　写

　それから「描写的マッチングdescriptive matching」という技法もあります。描写的マッチングについて，アナロジーを使って説明してみましょう。自分をラジオの解説者だと想像してください。皆さんは催眠というスポーツの動きを解説しています。それを世間の人たちは家でラジオを通して聞いています。ゲームの様子を話していきます。皆さんはそのフィールドでの出来事しか話せません。あなたが見聞きできた以上のものはありません。不思議なことですが，このゲームは家でラジオを聞いているはずの人が，あなたの前に実際に座っています。ですから，グレンに対して，まるで彼が家のなかでゲームの成りゆきを聞いているかのように私は話します。しかし，それは私が観察したものだけに限られます。ビデオテープから得られる情報のようなもので，それ以上は話せません。「とてもリラックスしてあなたは座っています。とても注意深く耳を傾けています」とは言いません。そう話すためには，グレンのなかに入り，X線の目で彼がリラックスし注意集中していることを確認しなくてはならないからです。私はただ彼の外に座っているにすぎません。「椅子に座っていますね。まばたきをしていて，頭を動かしています。顔の筋肉が動いています。ペンとテープレコーダーを手にしていますね。身体のある部分は他のところに触れています。頷いています……息をしています」。これが確認できた全ての特徴です。しかし，「とても気持ちよく，あなたは呼吸しています」というのは，見聞きできた以上のことをしていることになるでしょう。描写によるマッチングとは，人に自分の視点で見聞きした事実を話すことです。人間バイオフィードバック・マシンのようなものですね。私が見聞きしたことをその人にそのまま伝えるだけです。こうすることによって，いくつかの効果が得られます。一つ目は，本当のことだけ話してそれ以上のことは話さず，個人の体験に立ち入りすぎないために，その人から信頼を得られるという効果です。二つ目は，身体や周囲の環境について話すことで，その人の注意集中の焦点を狭くすることです。トランスには，注意集中の狭まりnarrowing of focus of attentionという定義があります。もちろんこれも定義の一つにすぎません。マッチングの最後が，この描写によるマッチングです。描写によるマッチング以上のことをする場合には，次のカテゴリーの「許容的な言葉」に進む必要があります。

許容的で力を与える言葉

　実際に見聞きした確かな情報以上のことを話そうとする場合について考えてみましょう。皆さんはむやみにその人の体験に侵入しないように話したり，しっくりこないことを話して，トランスを妨害したりしないように話したいと思うかもしれません。例えば，目の前に座っている人は，とてもリラックスしているように見えるかもしれませんが，その人は心のなかが不安でいっぱいであったり，心臓の鼓動を非常に気にしたりしている場合だってあります。その人の心が読めたと思って間違いを犯してしまう可能性があるわけです。こういう場合には，「パッケージ・ワード packaged words」を遣えばよいでしょう。

　パッケージ・ワードは，ラベルの張られた荷物を受け取るようなものだと考えればよいでしょう。皆さんのオフィスに「体験」というラベルの張られた荷物が届くとします。さて，その体験という言葉は何を意味しているのでしょう。とても幅広いものですね。つまり，誰がどこでいつ何をどうしたということが特定化されていません。特定化できるようなはっきりしたものはなく，また，五感を通した観察にも基づいていません。ですから，皆さんがこの荷物を受け取って，そのパッケージを開いて中身を取り出すまでは，何が入っているか分かりません。その人，その場所，その物，その時間，その行動に応じて，パッケージを開いて中身を取り出すのです。その荷物に何が入っているか皆さんは知りません。こういう類の言葉を私は「政治家言葉」と呼んでいます。政治家の言葉は非常に明快に響きますが，実態は何もないからです。おそらく皆さんがカウンセリングのトレーニングを受けたときには，具体化することや明確化することを学んだでしょう。カークハッフ Carkhuff とトゥルアックスランド Truax-land のことはご存知でしょう。効果的なカウンセリングの要因について研究し，具体化するスキルを示した彼らの考えは素晴らしいもので，支持できるものです。けれども，この技法はちょうどそれとは反対です。もちろん，具体化や明確化をしたり，五感による観察に基づいて話したりする場合もありますが，その逆に非常に曖昧に話すこともあります。この手法は非常に曖昧なものです。その人自身が自分なりに体験をつくりあげていくことに関心を向けたいときには，皆さんは曖昧な幅広い言葉遣いをすればよいでしょう。むやみにその人の体験に立ち入りたくないときにも，曖昧な言葉を遣います。

こういう言葉は曖昧であるにもかかわらず，意味が通らないものではありません。ラジオ番組「プレイリーホーム・コンパニオン」のパーソナリティであるガリソン・ケイラーGarrison Keillorか，古いラジオドラマ番組のようなものですね。その人に自分の体験をつくらせ，それを特定の方向に導いていくには，十分具体的なのです。けれども，「あなたは何かを考えられますし，いつかのことも考えられますし，どこかでのことも考えられるでしょう」というのは，適当ではありません。これではちょっと曖昧すぎるでしょう。ある程度は特定できることを話し，それからその人の体験を変えて，ある方向に連想を導いていくのです。押しつけたり強要したりせずに，内的な動きに少しだけ方向性を与えていくのです。ガリソン・ケイラーがしていたことですね。皆さんが「ウォベゴンの湖Lake Wobegon」をラジオではなく映画で見たら，多少なりともがっかりするでしょう。というのは，彼が皆さんの「ウォベゴンの湖」のイメージや観念を十分につくりあげていましたから。人に十分な説明と概略を提供すれば，その人たちはその方向性に沿って欠けているところを補ったり色づけたりしていけるのです。

「あるいは，他のことかもしれません」というように，対置を用いる方法もあります。その人がリラックスしてそこに座っていると感じた場合，「そして，とても気持ちよくそこに座っていることもできるでしょうが，気持ちよさは必ずしも必要はありません」と話せばよいでしょう。特定化されることを話したけれども，話したことが適当でないことが分かる反応があらわれたならば，対置の可能性を用いて修正することが可能です。つまり，「そして，そこに気持ちよく座っています」と話しかけたとき，その人が眉毛をひそめていることに気づいたら，「……あるいは，もしかすると気持ちよくないかもしれません。私にはよく分かりません」と続ければいいでしょう。気持ちよく感じても感じなくても，あるいは，その両方であっても許容していくのです。皆さんは，その人が気持ちよく感じていても感じていなくても，許容することができるでしょう。次は，トランス論法について話しましょう。

エリクソンの付加疑問文

　エリクソンは付加疑問文を使うことがありました。付加疑問文Erickson's tag questionとは，文の終わりを短い言葉で質問にすることです。エリクソンが被

験者にこの質問を行う例を後ほど皆さんもお聞きになるでしょう。「……そして，あなたはとても快適です。違いますか」とエリクソンは話しています。「肯定Yes」のなかに「否定No」の含まれていることが，非常に重要であると彼は考えていました。クライエントや被験者が「いいえ」と反応する前に，治療者がそう言うべきだとエリクソンは考えていたのです。ミラノ派の家族療法家が，家族に対して治療を行っているのを私は見たことがあります。解釈を与えるときに，「だからね，ジョニー，彼は家族全体のことを気にかけているのよ。違うかしら」と話しています。解釈を話すと同時にその全てを打ち消しています。「彼は家族の安定性を保っているのよ。違うかしら」という具合です。英語には，「そうではないですかIsn't it?」という同じようなフレーズがありますね。フランス語では"N'est-ce pas?"になります。

　では，エリクソン派の催眠の最初の例をテープでお聞かせしましょう。録音テープやビデオテープをこうやって提供するのは，デモンストレーションでお見せする私のスタイルだけでなく，たくさんの異なるモデルを皆さんに見ていただきたいからなのです。私はこのワークショップで，皆さんにビル・オハンロンやミルトン・エリクソンのクローンになってほしいのではありません。このワークショップは一般的なオリエンテーションなのです。皆さんのなかに存在している自分自身のスタイルを見つけてほしいと思います。

　最初の例はエリクソンです。『催眠的現実 *Hypnotic Realities*』という本に付いているテープからです。アーネスト・ロッシーが，エリクソンとシーラ・ロッシー Sheila Rossi とのやりとりを録音しています。シーラはアーニーの奥さんです。彼女も心理学者ですから，名前はロッシー博士です。エリクソンがアーニーの脇を肘でつついて，「あなたです。ロッシー博士，彼女の顔を見なさい」と話すときには，二つのメッセージを意味しています。つまり，アーニーにとっては彼女を観察することであって，シーラにとっては解離して，自分自身の姿を観察することを意味するでしょう。今まで説明してきましたいろいろな原則，例えば，注意集中，注意の方向づけ，含意というものや今説明した曖昧なエンプティ・ワードなどをこの例のなかでお聞きになれると思います。

　シーラは催眠を学びにきています。彼女は夫であるアーニーとは違って，知的に学ぶことを好む傾向がありますが，ここでは体験的に学ぶことを望んでいます。シーラは自分の内面から学びたいと思っています。そこでエリクソンは

何をしたのでしょう。ここでは**喚起**によるアプローチをとっています。シーラを子どもの頃に戻し，とても複雑なものを学んできたことについて話しています。つまり，読み書きの仕方や文字の見分け方などを学んできたことですね。複雑な文字を学んで，自動的に読み書きができるようになり，必要なときはいつでもそれを再生するためにその文字のイメージを完全に保てるようになったことをエリクソンは話しています。複雑な物事を自動的に無意識に学んできた子どもの頃の体験を喚起しています。

録音テープ 1 ──基本的誘導（エリクソン）

　　　……あの絵の上の角をご覧なさい。あなたです。ロッシー博士，彼女の顔を見なさい。あの絵の上の角です。今，私はあなたに話しています。あなたがはじめて幼稚園や小学校に行ったとき，文字や数字を学ぶことは越えられない壁であるかのように思えました。Aという字を覚えること，OとQを区別することは，とてもとても難しいことでした。それと同じように筆記体と活字体も全く違っています。しかし，あなたは何種類かのイメージを形づくることを学びました。その時は気づいていませんが，そのイメージはずっと保たれています。そして，その後中学校にあがってから，他の言葉のイメージや文の形があることを学びました。イメージを発展させていることを自分では気づかずに，あなたはイメージをだんだんと育てていきました。そして，そういうイメージを全て思い出すことができます。今，あなたは行きたいところに行くことができますし，どのような状況にも自分自身を送ることができます。水を感じることもできるでしょう。そこで泳ぎたいなと思うかもしれません……

　とても許容的なものですね。彼女はどこにも行かなくていいし，自分自身をどこかに送りこむ必要もありません。水を感じるのも，そこで泳ぐ必要もありません。こういうものは可能性を示しているにすぎませんね。シーラはそのなかから何かを選ぶかもしれませんし，どれも選ばないかもしれません。

　　あなたがやりたいことは何でもできるんだよ……

よい表現ですね。特にエリクソンの話し方ですが,「やりたいことは何でもできるんだ」という文句は,小さい子どもに話しているように聞こえませんか。子どもの頃に戻るように,ここでも少しだけ示唆しているのです。特定の言葉やフレーズ,そして,特定の声の調子によって喚起しています。

　　あなたは私の声を聞く必要さえありません。というのは,無意識が聞いているでしょうから。あなたの無意識はやりたいことに何でも挑戦することができます。けれども,意識の心は大切なことをしようとはしないでしょう。意識の心がまばたきを多少気にしていることにあなたは気づくでしょう。しかし,もうすでにあなたは自分の呼吸のペースを変えました。心拍も変えました。血圧も変わっています。知らずに行っています……催眠の被験者がよくみせるようにあなたの動きはとまっています……

　この最後の箇所は,これからお教えする**分割**という原則です。分割という技法では,誘導のさいに注意を分けていきます。後ほど催眠や催眠療法のなかで使っていきましょう。

分　割

　分割 splitting とは,まだ分けられていないものを二つに区別することです。つまり,一つのものとみなされているものを区別したり,いくつかに分けたりすることを指します。**意識の心** conscious mind と**無意識の心** unconscious mind を分割して誘導するアプローチが典型的なものでしょう。こういう言語的な分割や区別は,実在するものを分けることではないということを心に留めておいてください。どんなに解剖をしても,決して無意識の心や意識の心は身体のなかから発見されないでしょう。人工的な区別です。TAも似ていますね。昨日,私が「TAが流行っているね」と話していると,ちょうど私のオフィスにやってきた人がTA用語で話していました。まるでP（親の心），A（大人の心），C（子どもの心）という入れ墨した三つの小さな円でももっているかのようですね。けれども,解剖したってそういうものは決して見つかりません。実在するものではありません。皆さんの内側にPなど存在しません。それは言葉によっ

てつくられたものです。体験を区別する方法としては有効かもしれませんが，つくりものにすぎません。デカルトは心と身体の分割を提唱し，多くの人がそれを引用しています。けれども，この世界には「心・身」というような分け目はありません。

　いいですか。はじめに意識と無意識を分割させていきます。次に無意識の心の方に導きます。そして，トランスから人を覚ますときには，意識の心の方に導きます。まずはじめに分割の例をお見せしましょう。言語的にも非言語的にも行います。では，私がするのを見ていてください。

　　意識的には，トランスに入ることがどんなことなのかをあなたは実際に知らないかもしれません。 無意識の心は，すでにトランスに入っていきながら，たくさんの体験をしているかもしれません。**意識的には，そこに座ってこれがトランスに入ることなのかなと不思議に思っているでしょう。** そして，もうすでにあなたの無意識は**トランスに入るための手助け**をはじめています。

　二つの部分，つまり，意識と無意識が存在するかのように私は話しました。同時にそれを非言語的にも言語的にも行いました。意識の心にはこちらから（右側による），無意識の心にはここから（左側による）話すことによって非言語的に分割を行ったのです。意識の心には，**この声のトーン，音量，表情**で話します。そして，無意識の心には，**こちらの場所でこういう声のトーン**で話します。今はこういう方法を必ずしもとる必要はありません。しかし，エリクソンに学んだ私たちはこういう話し方をします。なぜなら，エリクソンの前に私たちが座っていたとき，彼はそうやって話していたからです。ポリオの後遺症や筋肉の衰えによって手足が不自由になり，人生の終わりが近づいていましたが，エリクソンはこういう話し方をしていました。

　エリクソンは早い時期から声を非常に精密に使うことを学んでいました。晩年のエリクソンは筋肉の痙攣が時おり起こって，身体のコントロールが効かなくなることがありました。彼は物事を強調させたりはっきりさせたりするときには，今のような方法があることを学んでいました。エリクソンは痙攣に苦しみながらも，ここから無意識の心について話しました。痙攣に悩まされながら，

そこから意識の心について話しました。エリクソンの前に座ってトランスに入っていたのが，何年，何カ月，何日かということはともかく，私たちはエリクソンをモデルとして，彼の動きを応用したり組み合わせたりしました。レイ・チャールズ Ray Charles がトランスか何かを体験しているような感じで，ここから意識の心について話し，そこから無意識の心について話し，また，ここから意識の心について話します。言語的にも非言語的にも区別します。トランスに誘導するために，しばらく無意識について話し，ここで「無意識」用の声のトーン，音量，表情を使って無意識の島に導きます。それから，トランスから覚ますときになったら意識の心に戻します。

　同じように，はじめは注意を外側に向けます。「今ここで here and now」の注意です。それから，注意を内側へと向けていきます。「今ここで」のかわりに，「その時そこで there and then」に向けます。つまり，ここ以外の場所で，現在と異なる過去や未来という時間に向けるわけですね。「あなたはおそらくまだ自分の手のひらに温かさを感じていないでしょう」と話して，人の注意を内側に向かせます。ほとんどの人は目を閉じると，自動的に注意が内側に向きます。「その時そこで」というのは，昨日かもしれませんし，4歳のときかもしれません。あるいは，2週間後かもしれません。つまり，「今ここ」以外の時間です。私は文字の書き方を学んだことについて話すかもしれません。はじめて鉛筆を握り，まっすぐ線を引くことが，どんなに難しかったことでしょう。"b" と "d" が，最初は同じように見えてすぐに混乱してしまいました。しかし，今ではどっちがどっちかなど考えもせず，自動的に区別しています。アルファベットの文字を区別することを学んだ体験は誰の子ども時代にもあります。そして，この話は，現在の「今ここ」から離れ，その人の注意を過去の時間に向けるものです。

　また，**今**という時間でさえ分けることができます。つまり，特定の問題を抱えている今，そして，将来にその問題がなくなったときの今に分けるわけです。

　内面に注意を向けて，「その時そこで」という方向に導きはじめます。同じようにトランスから覚ますときには，反対の方向である「今ここ」に導き，注意が外側を向くようにします。はじめの部分で分割を用いていきます。その次に，分割されたうちの一方に動き，そして，もう一方に戻ってトランスから覚まします。

分割とは，つながっているものを区別したり一体化している要素を区別して一つ一つに分けたりすることです。皆さんも一体化した要素を自分自身で一つ一つに分けること，つまり，自分の体験を意識と無意識という面に分けることをはじめましょう。

連　結

　分割を補足する技法が，**連結**linkingです。連結とは，つながっていない二つのものを一緒に結び付けることです。分割と同じように，連結は言語的にも非言語的にも行えます。いろいろな形の連結法があります。
　最初は，一般的な言語による連結のレベルをみていきましょう。
　(1) **接続詞**conjunction──接続詞を用いて二つのものを一つにします。「その椅子に座っています。**そして**，あなたはトランスに入ることができるでしょう」。実際には，椅子に座ることでトランスに導かれることはあり得ませんね。ですから，もう少し適当な連結をすることをお勧めします。「あなたは椅子に座って私の声を聞いています。**そして**，トランスに入ることができます」
　もっと結びつきを強く暗示したいときには，(2) **随伴性の暗示**contingent suggestion・**随伴性の連結**contingent linkageと呼ばれるものを用いればよいでしょう。条件の連結には，二つの形があります。一つは，「……**すると**as」「……**する間に**while」そして「……**とき**when」を用いるものです。「その椅子に座って私の声を聞いている**と**，トランスに入ることができます」「その椅子にすっかり腰をおろしている**ときに**，すっかりトランスに入ることができます」「その椅子にすっかり座っている**と**，トランスにすっかり入っていくことができます」「意識の心は私の声を聞きながら，トランスに入れるのかと考え**ている間に**，無意識の心はトランスに導いていってくれるでしょう」。つまり，起きている二つないしは三つのことの間を結んで暗示を行います。
　随伴性の連結には，「こうしていると，よりああなります」「こうしていないと，ああなりません」あるいは「こうしていると，ああなりません」というような種類のものもあります。つまり，「部屋の音によって意識の心が集中できない**と**，無意識の心がもっとたやすくトランスに入るように手助けをしてくれるでしょう。というのは，意識の心の支配から解放されるからです」ということ

ですね。注意が乱されるほど，トランスに入るというものです。注意がそらされる人にとっては効果的な連結です。これが随伴性連結です。

　一番強いレベルの結びつきは，(3) **因果的連結** causal linkage です。あることが起こりますと要求したり，起きるでしょうと要求したりすることです。すぐに誘導したいという意図があるとき以外には，私はこの強い連結を使用しません。というのは，強制されたと感じる人や失敗したと感じる人がいるかもしれないからです。ただし，確認できないようなことについては，この原因と結果の連結を用いることが効果的です。その場合には，私もよくこの連結を使用します。例えば，「トランスのなかにいるので，無意識の心にたくさんの創造的な考えがもたらされます」。この手のことを確かめるのは，簡単にいかないでしょう。私は解決志向の催眠を「ひよこのための催眠」と呼ぶことがあります。ひよこといっても，動物催眠のことではありませんよ。ひよこ，つまり，初心の治療者は，失敗を恐れていますし，クライエントが失敗することも恐れています。お分かりですね。ですから，私たちは失敗できないような文脈をつくりあげようとしているのです。失敗することは本当に不可能なのです。なぜなら，その人のために反応を起こす機会や環境を設定していますし，どんな反応でも取り込んでいくからです。

　他の連結もあります。今，**取り込み** incorporating に触れましたね。取り込みとは，クライエントの反論や行動を組み入れていくことです。つまり，利用アプローチですね。また，**ブリッジング** bridging は，行ったり来たりする神経質な患者に対して，エリクソンが使用した技法です。座って治療を受けられないところから，座ってトランスに入れるように橋渡しをしています。小さな間隔で踏み石をおいて，一見渡れそうもない川を渡していきます。椅子の前で少しためらっているのが，一つの石でしょう。椅子に快適に座ることと結びつくのが，もう一つの石です。その患者がゆっくり歩くようにするために，ゆっくり話すことも，また別の石です。エリクソンはそれぞれの要素を結びつけ，患者が向かおうとするところを援助します。その人が今いるところを利用し，彼が話すことや観察できる行動に基づき，それをトランスに橋渡しします。その人の状態を観察し，確認し，トランスに橋渡しします。大きな飛躍ではなく，小さなステップで進めていきます。

　連結の最後のカテゴリーは，**トランス様の体験の再喚起** re-evoking trance-like

experienceです。ハイウェイ・ヒプノシスという長距離運転をしているときに起きる現象や映画館にいるときに映画に夢中になって時間が経つのに気づかないことのような日常的に起こるトランス様の体験を喚起します。こういう日常の共通したトランス体験を喚起して，トランスへと連結していくことができます。特定のトランス様の体験を思い出させるようにしてもよいでしょうし，自分自身や他人の日常体験のなかからトランス様の体験を話して喚起していくとよいでしょう。もちろん，トランスを以前に体験したことがある人には，その体験を喚起させればよいのです。

散　在

　お配りした資料の最後の原則は，散在技法interspersal techniqueです。これは分割と連結を組み合わせたものです。エリクソンが私に印象深いスーパービジョンをしてくれたときのことを例にあげましょう。エリクソンは，精神病院の患者がこういうメモを病院の職員に渡したことを話してくれました。

　　狂った人のいないところへ私は行きます。
　　I am going to a place where there are no bad **mad** people.

　エリクソンは私たちにこれを見せて，「この患者は私たちに何を言いたいのか分かるかい」と問いかけました。それから，彼は私にこのメモを渡したので，私はひっくり返したりしながら，気のきいた解釈を加えようとしました。すると，エリクソンは私の手からその紙をとりあげ，「残念だけど，君はこの試験に落第だ」と言いました。
　（参加者：「私は狂っていくI am going mad」ということですか。)
　そうです。その通り。それが答えです。正解したあなたには，10万ドルの賞金です（笑)。**私は狂ってしまう**。どうやって見分けられるのでしょうか。それはこの文字が他の文字より濃く書かれていたからです。エリクソンはこの文字をちょっとだけ濃く，下手に書いただけですから，これは結構難しい問題です。
　精神病院にいたその患者は，発狂するのではないかという考えをはっきりと述べることを恐れていました。自分は狂いそうなんだと叫んだら，まさに狂っ

ているとみなされるために，偽らなければならなかったのです。患者が書いたものを職員に渡すと，それは職員全員に回されましたが，誰も意味がとれませんでした。もちろん，エリクソンはこういう言葉がわずかに強調されていたことで，その内容を察しました。本当に驚くべき能力です。では，もっと明確な形にして，皆さんに理解していただきましょう。全体のメッセージのなかに埋め込まれているものは，「私は狂っていく」というサブメッセージであり，サブコンテクストであったのです。

　エリクソンは，患者が多重レベルのコミュニケーション multiple-level communication を行っていると考えていました。それなのに，なぜ治療者の方はできないのでしょう。どうして催眠家にはできないのでしょうか。この例は私にとって非常に印象的なものでした。エリクソンは**散在**という催眠技法を編み出しました。それは全体のテクストのなかに，暗示を強調したり，同じように非言語的にも強調したりするサブテクストをつくることです。エリクソンがある人に鼻 nose をかかせたいとすると，このように声を強調して話すでしょう。「さて，誰もが**知っている** knows ことですが，催眠ではあなたは全くの**はじめから from scratch**（scratch ひっかく）はじめなければなりません」。背中 back の痙攣や痛みで悩む患者を援助して，背中の筋肉をリラックスさせたいケースがあるとしましょう。その時には，皆さんはこのように話せばよいでしょう。

　　　「あなたは**以前** back のもっと**リラックスしていた**ときのことやもっと**快適だった**ときのことを思い出すことができるかもしれません。私にはよく分かりませんが，あなたは**今までの人生** background のどこかで，**リラクセーション**の体験や**快適だった**体験をしています」

　さて，私はここで何を強調していたのでしょう。背中－リラックス，背中－快適，でしたね。これが散在です。

　　　「そして，ちょうど今のあなたの**筋肉**がどの程度緊張しているのか，私にはよく分かりません。しかし，あなたの**筋肉**は，以前に何度も**リラックス**したことを私は知っています。そしてあなたの**今までの人生** background のなかでの**リラックスした筋肉**は，これからの生活のなかでもっと**心地よく**，

さらに**リラックス**していくことができます。とは言っても，あなたは意識的に**背中**をもっと**快適にする**方法を想像することができないのかもしれません」

　私は特定の言葉を強調しています。つまり，**背中**，**リラックス**，**筋肉のリラックス**，**背中のリラックス**，**筋肉の心地よさ**，ですね。こういう言葉を強調すると，散在による間接暗示になります。声のトーン，音量，話し方によって，強調することができます。先ほどお話しましたが，エリクソンの頭の動きでお分かりのように，話す場所を変えることによって強調することもできます。また，特定の言葉をかけながら腕に触れたり，その人が目を開けていたら，手や身体の一部を動かしたりすることによって，非言語的な意味を表わすことも可能です。この散在技法を「アナログ的マーキングanalogical marking」と呼ぶ人もいますが，同じことですね。

　トランスに入ることを心配したり，疑っていたり，信じていなかったりする人を相手にする場合は，誘導のなかでこういうようにこの技法を使っていけばよいでしょう。「さて，**トランスに入る**ことをあなたが意識的に信じているかどうか私にはよく分かりません。そして，まただのくらい**深いトランスに入り**，どのくらい**はやくトランスに入る**のか私には見当がつきません」。私は何を話したのでしょうか。相手が疑っていることについてただ話しただけです。しかし，**トランスに入る**，**深いトランスに入る**，**はやくトランスに入る**，**トランスに入る**という言葉を強調しました。あるレベルでは，意識的な疑いにマッチングをして，他のレベルでは，トランスに入ることを暗示しました。

　この技法はクライエントの利益のために用いるのであって，自分の利益のために用いてはいけないとわざわざ説明しなくてもよろしいですね。私は以前古物の交換会に出かけたことがあります。ガレージセールの上等なものでしたが，なかには一般の業者も参加していました。ある男性がナイフを売っていました。彼はナイフを手にして，デモンストレーションをしていました。小さなワイヤレスマイクをつけて，話していました。「お集まりの皆さん，このナイフの取っ手は，プラスチック製ですが，非常に頑丈です」。そして，彼はハンマーを持ち出して取っ手を叩きました。ハンマーが跳ね返りました。非常に印象的でした。見る者を圧倒しました。とりまいている人の後ろに私は立って，彼のセールス

の戦略を観察しました。それから，彼はこう言いました。「さて，皆さん，このナイフを皆さんのお家の生ゴミ処理機のなかに入れ，スイッチを入れたとします。さあ，どうなると思いますか」。（彼が，ナイフは無傷で何も起こらないと話そうとしているのが，お分かりになるでしょう）。しかし，彼はこう言わずに，「皆さん，**そのことをよく考えてください it chews it!**」と芝居じみた声で話したのです。私はとても驚き，まっすぐ後ろに飛び退きました。他の誰もは彼が今言ったことに気づいていないように見えました。しかし，そこにいた者は皆彼の客寄せ口上を聞いていたのです。そして，彼は何もなかったように続けました。私はバザー会場を歩き，そこに戻ってきたときにその男は同じ口上をしていました。同じ言葉を彼が話すか，聞いていると，問題の部分で「**よく考えてください It chews it!**」と言っていました。私はしばらく彼の目を見つめてしまいました。彼は自分がしていることを知ってはいましたが，理解しているようには見えませんでした。けれども，たくさんのナイフを売っていましたから，いつも同じようにすればよいことは十分分かっていたのでしょう。その男は口上のなかで，「**よく考えて chews it**」，つまり，「**選べ choose it**」という言葉を強調していました。このナイフを買うことを選べということです。自分がしていることを彼はよく分かっていませんでした。

　さて，この技法を使って広告をしようと私は思いません。しかし，クライエント自身の利益のために，彼らが目標を達成するための手助けとして，皆さんが何かをクライエントに売ろうとしても，私はこの技法を用いることへの倫理的異議を唱えません。けれども，この種の技法はあらゆる面で倫理的に使うことが大切だと私は考えています。私の言う「倫理」とは，皆さんにとっての利益をもたらすものではなく，クライエントの利益を意味しています。もちろん，クライエントがよくなれば，皆さんも利益を受けるでしょう。しかし，クライエントが望まないことやクライエントにとって不適当なことを単に自分の利益のために使ってはいけないということを覚えていてほしいのです。

　散在技法はリストのなかの最後の基本原則です。皆さんが今日これからトランス誘導を行っていくときには，こういう原則を一緒に使っていきます。おそらく今の言葉に皆さんはちょっとためらわれたかもしれません。しかし，私が言いたいのは，こういう原則を取り入れて，自分のレパートリーに一つずつ加えて何回か練習を重ねていくなかで，原則が使えるようになるということです。

それでは，他の例を聞いていただきます。こういう原則がどのように一緒に使われるのかがお分かりになるでしょう。これはエリクソン派の誘導ですが，エリクソンのものではありません。ジェフリー・ザイクJeffery Zeigの誘導です。ジェフはエリクソン財団の所長で，多くのワークショップで教えています。これは標準的なトランス誘導ではありません。「会話」によるトランス誘導といわれるものです。ジェフはエリクソン派催眠のワークショップをしています。ジェフはワークショップの導入として，参加者に気づかれないうちにトランス誘導をしています。参加者には，トランス誘導であることを話していませんが，まさに誘導を行っています。ですから，皆さんはこのテープからいろいろな原則をお聞きすることができます。分割，エンプティ・ワード，年齢退行のための暗示，それから，まだ説明していませんが，混乱技法という技法もあります。では，聞いてください。2，3分程度の長さです。

録音テープ 2 ── 会話による誘導（ザイク）

　これは催眠の入門のワークショップですから，まだ豊富な**催眠の体験**をおもちの方はいないと思います。今ここに皆さんがお集まりになっているということは，催眠を本当に勉強したいということなのでしょう。催眠について何かを理解するということは，催眠とはこういうものだと皆さんが実際に定義することなのです。催眠とは何でしょうか。**焦点化された注意**の状態です。注意というものは，瞬時に適切なものに焦点化されます。さて，私たちは意識の心をもち，また無意識の心をもっているということが，人間の機能の特徴です。あなたがここに座って耳を傾けていると，自分の注意をいくつかに分けることもできるでしょう。例えば，部屋のなかの自分の位置に気づいたり，床に足がついていることに気づいたりします。そして，あなたが落ち着いてゆったりしはじめると，身体のある部分に緊張を感じるかもしれません。壁の色，部屋のなかの音に気づくかもしれません。そして，あなたの右側に座っている人に気づいたり，また，左側に座っている人に気づいていたりするかもしれません。今は催眠という注意が集中した状態で，他のいろいろなことに注意が乱されることはありません。瞬時に適切なものに集中できます。そう，これを説明するために例をあげ

ましょう。クリスマスや誕生日を待っていた5歳の少年の頃のことを考えてみます。そして，心の働きについても考えてみましょう。これからはじまるイベントに注意が向いています。そして，あらゆる感情，それは本当にたくさんの感情です。というのは，少年時代の体験は生きていく上で価値があり，信頼する体験は生きていく上での価値があります。また，この体験から得られた人生の価値は，肯定的な方法で利用されるでしょう。そして，子どもが誕生日のパーティを迎えたり，クリスマスを待ち望んだりする気持ちは，本当に特別なものなのです。そして，あらゆる注意が集まっています。自分が手にするプレゼントのことを考えています。それは周りの人たちから贈られる特別なプレゼントです。周りの人から贈られる特別な驚きです。そして，特別であるためにそれを期待する気持ちは本当に大きいものです。それから，以前にも他のイベントや他の機会で特別な出来事がありました。そういう経験によって，同じような期待を抱いたり，将来を期待したりするのです。その特別なイベントはまた今後も起こり得ることで，実際に実現されることです。そして，その子どもの感じられる能力や理解力は，これから起きることが意識的に理解できるかどうかということと関係し，贈り物を包みから取り出す手間のかけ方とも関係しています。プレゼントをきちんと順序よく，包み紙を破かないようにきれいに開けることに興味をもつ子どもがいることはお分かりになるでしょう。そして，包み紙を破いて，単に中身を取り出すことだけに関心を示す子どももいます。そして，子どもの行為のなかには，あらゆる方向性が存在しています。ある子どもが間違って違うプレゼント，つまり，その子どものものではないプレゼントを開けることがあります。そして，その子どもはそのことから何かを学びます。そこには歴史が含まれていることを理解します。

　ジェフは，何か素敵なことが起こることを期待した小さい頃の体験を喚起しています。誕生日，クリスマス，あるいは，他のことかもしれませんが，本当に待ち望んだものを迎えようとしていたときのことですね。その時の期待から，動機づけ，体験，感情を呼び起こしています。ちょっとした年齢退行によって，子どもの頃の体験を喚起しているのです。

それから，子どもは間違いをしてしまうことがあります。また，時には間違った道理で正しい間違いをすることもあるでしょう。そして，正しい道理から誤った間違いをすることもあるでしょう。そういった間違いのなかには，今は正しいのだけれども，後から誤っているのが分かることもありますし，今は間違っているけれど，しばらくすると正しいものになる場合もあるかもしれません。そして，今理解したことは，後になって誤解であることが分かる場合もあるでしょう。もっとずっと後になってから理解できることなのです。そして，出来事の全体像が無意識の心に送られ，ゆだねられます。無意識の心は学習したことの貯蔵庫であり，潜在した能力になって理解をもたらします。

混乱技法

　ジェフはある技法を使っていました。私自身はあまり用いませんが，皆さんは覚えておいた方がよいでしょう。エリクソンはこの技法を頻繁に用いましたし，同じように多くのエリクソン派の人もよく使います。この技法は**混乱技法** confusion technique といいます。混乱技法，つまり，混乱させるように話しはじめると，意識の心はそれに対処できないため，人は意識のコントロールを放棄せざるを得ません。ジェフはここで混乱技法を使っています。彼は正反対のものを対置させ，混ぜ合わせたり，並べたり組み合わせたりする典型的な手法をとっています。意識の心はそれについていくことができません。実際，私もジェフの話し方がはやいので指摘することは簡単ではありません。

道理 reason ──── 間違い mistake
正しい right ──── 誤り wrong
理解 understanding ──── 誤解 misunderstanding
今 now ──── 後 later

　会話のなかに埋め込まれたトランス誘導です。ジェフは催眠について明快な講義をしています。それと同時に，一つの誘導の構造のなかで講義を行っているのです。私たちは誘導の原則をそれぞれみてきましたので，今はその構造が

分かりはじめてきたのではないでしょうか。マッチングという原則も使っていました。

> **マッチング**：あなたがここに座って耳を傾けていると，自分の注意をいくつかに分けることもできるでしょう。例えば，部屋のなかの自分の位置に気づいたり，床に足がついていることに気づいたりします。そして，あなたが落ち着いてゆったりしはじめると，身体のある部分に緊張を感じるかもしれません。壁の色，部屋のなかの音に気づくかもしれません。そして，あなたの右側に座っている人に気づいたり，また，左側に座っている人に気づくかもしれません。

> **エンプティ・ワード**：そして，あらゆる感情，それは本当にたくさんの感情です。というのは，少年時代の体験は生きていく上での価値があり，信頼する体験は生きていく上での価値があります。また，この体験から得られた人生の価値は，肯定的な方法で利用されるでしょう。

> **連想の誘導や注意の方向づけ**：クリスマスや誕生日を待っていた5歳の少年の頃のことを考えてみます。そして，心の働きについても考えてみましょう。これからはじまるイベントに注意が向いています。

> **分割**：さて，私たちは意識の心をもち，また無意識の心をもっているということが，人間の機能の特徴です。

ジェフは特定の言葉を強調して，「ゆるむ」というような暗示を散在しています。
　私たちが見てきたエリクソン派の誘導技法のいろいろな原則が，この講義のなかに示されています。

第2章
催眠誘導の実際

　皆さんはもうすでに何例かお聞きになりましたし，誘導の原則も学んできました。ここでは，デモンストレーションをお見せしたいと思います。こういう原則は全て一緒に使っていきます。私の友人のジム・ウィルクは，『自分のゴルフ・スイングを365回思い出せ』という名の本をゴルフ店で見たそうですが，ちょうどそのようにして，いろいろな原則を境目なく一緒に使えるようになっていただきます。それがこの練習やデモンストレーションの目的です。そのうちにご自分の味や工夫を加えることもできるようになるでしょう。明日はそこに方向性と治療上の技法を加えていきます。

　どなたかトランスを体験してみたい方は，この椅子まで出てきていただけませんか。まだトランスを経験したことがなくて，どういうものか体験してみたいと思う方でも，トランスをすでに経験している方でも結構です。

デモンストレーション １──基本的な誘導

　（デニスが申し出る）
　オハンロン：はじめましょうか。はじめに質問をします。あなたは以前こういう標準的なトランスを経験したことがありますか。
　デニス：ええ。
　オハンロン：何回もありますか。それとも，二,三回。
　デニス：二,三回です。
　オハンロン：コンタクトレンズはしていますか。
　デニス：いいえ。

　これは技法上の注意点です。最近のコンタクトレンズをしている人は，レン

ズをつけたままでも，ふつうはトランスに入っていられます。けれども，古いタイプのレンズであったり何か他の理由があったりして，外したいと思う方もいます。コンタクトレンズを外すかどうか尋ねることは大切なことでしょう。また，コンタクトをつけていても，まばたきを自由にすることができるか，目を開けていられるか尋ねてみてもよいでしょう。

オハンロン：さて，あなたが以前にトランスに入ったとき，まあ，たいてい椅子に座っているものですけれど。目は閉じていましたか，それとも，開けていましたか。

デニス：座って，いつも目は閉じていました。

オハンロン：いつも目は閉じていたんですね。それから，トランス現象を何か体験しましたか。腕浮揚，健忘，時間歪曲，グローブ状麻痺というような現象です。

デニス：健忘だったと思いますが……。

オハンロン：思うんだけれど，健忘したということでしょうか（笑）。

デニス：おそらく腕浮揚も……よく覚えていないんですが……（笑）。

オハンロン：分かりました。おそらく腕浮揚なんですね。なるほど。よく覚えていないわけです。分かりました。はじめるときには，腕を組んだり脚を組んだりしていない方がよいと思います。よく私はこんなふうに説明します。**そうすべきだ**ということではありませんし，もちろんいろいろな方法でトランスに入ることができます。けれども，脚を組んだままだったりすると，あなたがトランスに入って休んでいるのに，脚がしびれて感覚がなくなってしまうことがあります。それでもいいですか，とこういう説明です。そして，あなたが目を閉じていくとしましょう。今そうしてもよいかもしれませんが，**トランスに入る**ための正しい方法や間違った方法はないということを思い出してほしいのです。……そして，今していることは何でもそのまま続けていて結構です。……そして，注意がそれたり抵抗や何か困難なことが起こったりしたとしても，そういう体験も含めて……そのままにしていて構いません。……ですから，自分なりの方法で，トランスに入ることを見つけられます。……人はそれぞれ指紋が違うように，人それぞれト

ランスも異なっています。……そして，あなたのトランスも独自のものです。……**そうです**。……あなたは**心地よくある**ために，必要なことを調整しています。……生理的な調整……心理的な調整……感情的な調整を行っています……そのため，どのような思考，感情，感覚でも，大切なことに意識を向けることができます。あなたは周囲の音に気持ちを乱されているかもしれませんし……自分自身の思考によって乱されているのかもしれません。……そして，無意識の心はあなたのために適切なトランス体験をつくりだすことができます。それから，あなたは**反応**を起こすことで，自分が**反応**したことを認めることができますし，そういう反応を自分で確認することができるでしょう。そして，あなたは何も**深い**トランスに**入る**必要はありません。今のあなたにとって，適切な深さでよいのでしょう。ですから，自分にあった**トランスに入る**ことも認められるのです。**自分が望むようなトランスに入る**ことはないかもしれない，とても大変なことなのでうまくいかないかもしれないなどとはじめは意識のなかで考えることもあるでしょう。……そうです。**トランスに入る**ためにしなければならないような決まりきったことはありません……そして，あなたは時間が経つにつれて，**深く入っていく**かもしれませんし，自分自身で**深く入っていき**，それから，少し戻っていることに気づくかもしれません。それから，**さらに深く入っていきます**。また少し戻り，そして，入っていきます。あるいは，自分にとってちょうど**快適**な段階にとどまっていることに自ら気づくのかもしれません。私にはよく分かりませんが……人がトランスに入っているとき，外からは**快適**に見えることがありますが，後から聞いてみると，心臓の鼓動が気になっていて，ちっとも**快適**ではなかったuncomfortableという場合もあります。そして，そういうことが起こったとしても，トランス体験のなかに取り入れられるのです。あなたはどのような体験をトランスのなかでしているのでしょうか。以前にトランスのなかで体験したことでしょうか。それとも，何かが違っているのでしょうか。私の場合，**深くトランスに入る**と，自分の**感覚が変化する**のを感じます。トランスでは，**時間も変化する**かもしれません。子どもの頃，私はカトリック系の学校に通っていまし

た。そこは相当に堅苦しい雰囲気でした。……そして，3時に毎日の授業が終わりますが，その時間が待ちきれなかったものです。そうでした。いつも私には最後の30分，つまり，2時半から3時までが一日の中で最も長い30分に感じられました。教室の前に時計がかかっていました。何時間も机に向かっている少年には，時計の**手**が数字を指しているように見えました。しかし，おそらく時計の時間としては，数分にすぎません。その時には分かりませんでしたが，私はたくさんのことをそこから学んでいたのです。つまり，その後，催眠のなかで時間歪曲を使おうと思ったとき，その体験が役に立ってきたのです……その**手**が6を指しているのを見てから，3分間経過すれば，2時33分を指しています。そして，それから何秒後かにまた他のところに**移り**ます。**時間を変える**方法や時間を伸ばす方法を私は学んだので，トランスのなかで必要とする体験や……トランスのなかで自分の望む体験をする時間がもてるようになりました。また，自分の注意を分割する方法も学びました。というのは，私の心のある部分は教室の前の時計に注意し，心の一部は教室にあって授業やそこでの活動に注意しているからです。そして，心の別の部分では，放課後のことを考えています。解放されて，遊ぶことを考えていました。ですから，時計の時間とは違って，トランスのなかでは全てが主観的時間です。それを確認するためにも，あなたは**時間を変える**ことができます。カレンダーの時間や時計の時間とは違います。昨年，私がオーストラリアに行ったとき，機長は機内放送でこう言っていました。「2分で，昨日に戻ります。もし今年のイースターがあまりよくないものでしたら，皆様は別のイースターを迎えることができます」。また，カレンダーの時間は内的な時間とも異なっています。時計の時間も内的な時間と異なっていますし，内的な時間のなかでは，あなたが必要とする全ての時間を手に入れることができます。……さて，先ほどあなたは，**手**の浮揚や**腕**浮揚の体験について話していました。そして，子どもの頃の生活のなかで，私たちはいろいろな方法で**動かす**ことを学んできたのではないでしょうか。後になってから……子どもの頃，幼児の頃……意識的に**動かす**ことを学んだのです。赤ちゃんを観察すると，ぴくっと痙攣のように**手**

を動かすことが分かります。そして，赤ちゃんは，**手が自分の顔の前に動いていても，その手が自分のものであることに気づかない**ということを明らかにした研究があります。……なぜなら，赤ちゃんはまだ感覚が分化されていないので，区別できないのです。そして，その**手は顔**の前にすっと動いていき，しばらくすると，その手が身体のなかのある感覚と関連していることに気づきます。そして，すぐに……手を伸ばしてものを取ろうとすることを学ぶのです。ですから，これらの子どもの頃の**動き**に関する体験は，浮揚を自動的に起こす種になります。その種は，**手の浮揚や腕の浮揚を導きます。手はひとりでに上がりはじめますが，意識の心は上がっていくことを本当に知りません。**そうです。そして，私はそれが**顔の方に上がっていく**とよく暗示します。そうしなければいけないということではありません。しかし，**ひとりでに顔の方に上がっていくでしょう。**そして，意識的にそのことを確認したり，気づいたりすることもできます。また，自分自身の思考や体験のなかに漂ったりすることもできます。そして，**その手は上がり続けています。その腕もそのまま自分の顔の方に上がっていきます。**そして，これもよく私が暗示をすることなのですが，あなたが望む何かの体験とそのことが結びつくようになるのです。**手が上がっていくにつれて，腕も上がっていきます。顔に触れたり，腿から離れて顔に上がっていったりすると**，あなたが取り組みたいと思う問題と結びつくこともできます。望んでいた新しい視点を得られます。……もっとよい選択がないかと悩んでいたことについて，もっとふさわしい方法を選ぶことができるでしょう。**手や腕がひとりでに上がっていくにつれて，もっと深く学んでいきます。**……自分のペースで，自分のはやさでね。そして，**顔までずっと上がっていくでしょう。**私にはよく分かりませんし……あなたも意識的にはよく分からないのかもしれません。しかし，どのくらい**上がっていく**かをあなたの身体や無意識の心は知っています。左手がしていることを右手が知らないことも時々あります。……そして，あなたは**左手が**同じように**上がり**はじめていることを発見するでしょう。そうすべきだということではありません。単なる一つの可能性です。そして，自分の手が何かの競争のように，

顔に向かって上がりはじめるのを発見する人もいます。手の上がるはやさを発見する体験は，興味深いことではないでしょうか。なぜなら，自分自身と競争しているので，どちらにしてもあなたが勝利をおさめられるからです。つまり，どちらの手が勝っても，トランスでの**学習**やトランス体験を得たことになるのです。どちらでもあなた自身が勝利をおさめるわけです。あるいは，ただ右手が**上がり続け**ていたのならば，トランスのなかで特定の体験を得たということでしょう。それから，あなたにトランスのなかで，他の体験をしていただいてもよいかもしれません。それは片方ないし両方の**手を無感覚にする**ことです。つまり，催眠において，グローブ状麻痺glove anesthesiaと呼ばれているものです。グローブ状麻痺は，あたかもグローブをつけているかのようになってしまうもので，感覚麻痺の代表的なものに位置づけられています。それは，手を**冷たく**，**無感覚**に切り離されたように感じることです。……というのもグローブ状麻痺の状態でいると，はじめに手や腕が浮かぶことで心配が除かれるからです。それは腕が浮かぶことを快適に感じたり，腕を意識から切り離したりすることを学ぶまで続きます。それから，私はあなたの手に軽く触れますが，あなたはその触られた感じを味わうかもしれませんし，味わうことがないかもしれません。……しかし，その触られた後の感じは，**無感覚**を引き出したり，**冷たさ**に変わったりします。本当に驚くべきことですが，もう一方の手にもそれが起こるでしょう。あるいは，もうすでに両手で起こっているのかもしれません。その手が**顔の方に近づいていくと**，**深いレベルで**，つまり，無意識のレベルで**反応できることや自分を信頼できること**について，**さらにたくさんのことを学んでいきます**。そして，自分に対してあがなおうとするかわりに，自分自身ともっと仲良く free up なれるでしょう。意識的にも無意識的にも，だんだんと整理されていきます。氷の入ったグラスをきちんと一列に並べるように，きちんと整理されていきます。そして，並べている途中で，氷が溶けてきます。その手が今どこにあるか気づいているでしょうか。……そして，その手がどの程度まで動いていくか知っているでしょうか。……そして，あなたの注意は，これから体験したいこと，体験してい

と，それから，注意をそらすものとに分けられます。そういう体験や反応を自ら確認できるでしょう。そうです。……あなたにとってちょうど適切な仕方で**反応しています**。……あなたに適切なレベルで，いろいろな方法によって，**直面** face している問題をあなたの無意識が援助しています。無意識の助けを借りて，目標に向かって**動いて**います。……私は飛行機にのると，旅行用のトランスに入ります。……音楽を聴いたり，読書をしたり，書きものをしたりします。……次の瞬間，自分が目的地についていることに気づくのです。自分のリソースのなかから引き出して，いろいろな方法によって注意深く適切な行動を学びます。それは毎日同じルートを運転するのにも似ています。……何かしたことを知ってはいますが，全ての時間や全ての景色を覚えてはいません。他の車線に移るときにウインカーをだしたことも思い出せません。けれども，自分のとった行為の曖昧な記憶を多少はもっています。なぜなら，何をしたのか，どこにいたのかは気づかないままでも，とても**快適な感じ**を抱いているようにみえるからです。さて，私たちの時間枠には限りがありますから，時計の時間では数分かかることを私はこれから暗示していきます。**今日のトランスでの体験を十分に満足する**ために必要な内的で主観的な時間をかけてください。……そして，おそらくそれは，両手が腿に**戻ってきた**のを確認することやゆっくりと両手をおろすことを意味しているのでしょう。あなたに適したやり方で行ってください。現在の時間，現在の場所に再び戻ってくるプロセスをはじめます。この部屋でこの時間に椅子に腰掛けている自分の身体を思い出します。そして，準備ができたら，片手か両手が自分の腿や脚に触れると，そうです。あなたは戻ってくるプロセスをたどることができます。トランスから完全に覚めると，自分自身とともにすっかり戻ってくるでしょう。目を開けてすっかり覚めます。……**そうです**。いいですね。操縦士から副操縦士へ尋ねましょう。いかかでしたか。

　デニス：よかったです。

　ここで皆さんから質問や感想をお聞きしましょう。何かありますか。皆さん

が観察したことについて何か質問や感想はありますか。

　　参加者：いつも終わったら，身体を伸ばして深呼吸をするのですか。

　たいていそうですね。これは文脈的合図です。「さあ，この催眠は終わったよ。今から違う会話をしていこう。あなたは身体を調整して，私は自分の身体を調整するから」という意味ですね。自分の身体をゆすったりなでたりします。トランスから戻るときには，誰もがたいていそうしますね。ですから，言語的にも非言語的にもトランスから覚めたという合図を与えていることになります。私が自分の身体を伸ばすもう一つの目的は，相手がトランスに入っていた間，私もまたトランスに入っていたので，トランスから覚めるように自分で自分の身体を戻しているのです。その他に質問や感想はありますか。

　　参加者：誘導を行っているとき，私たちは皆トランスに入っていたのでしょうか。

　トランスに入っていた人もそうでない人もいるでしょう。私の誘導は単なるきっかけにすぎません。要求したわけではありません。けれども，このきっかけを活かして，デモンストレーションのトランスにのった人もいたでしょう。もちろん，そうでない人もいます。何日かするうちに多くの体験を積み，こういうプロセスを信頼してくると，もっとトランスにのれる人が増えてくると思います。今の時点では，トランスというプロセスは幻覚を体験させるものだと考えた人もおそらくいるのではないのでしょうか。そういうことが他のセミナーで行われたり話されたりしているそうですが，このような段階にとどまって考えている人も大勢います。つまり，「私は誰からもコントロールされたくないし，鶏のようにコケコッコーと鳴くようにもされたくありません」という程度の考えです。そういう人たちは，トランスとは人をコントロールするものだ，つまり，超能力的なものだと考えているのです。その人たちがこのプロセスのなかでさらに確信をもってしまったら，もっと大きな危険をかかえることになります。しかし，彼らがそうしてもしなくても，私には関わりがありませんが。

　この誘導は，主にデニスに向けられていたものです。もちろん，どなたでも

この誘導にのることはできたでしょう。しかし，私は皆さんに向けようという意図はありませんでした。皆さんが私の前にいたら，皆さんは反論なり意見なりを抱いたはずです。あなたが私の前に座っていたら，デニスよりむしろあなたのために必要なことを話すでしょう。というのは，デモンストレーションでは，デニスの体験を中心にしたからです。ここで皆さんとデニスの両方を対象にしていたら，たとえそこに座っていて全く入っていないように見えても，もう少し皆さんはトランスに入っていたでしょう。私は皆さんの体験にもっと方向を向けていきますし，皆さんから教えられることを参考に誘導していくからです。皆さんはいろいろな反応を通して私に伝えてきます。例えば，手が動こうとしているのかそうでないのか，眉をひそめるか，頷くか頷かないか，反応を示すことで私に伝えてくるのです。皆さんは呼吸の仕方を変えるでしょう。そして，そこで起こったことをもとに皆さんを誘導していきます。

　　参加者：手の動きについて話されているとき，私は自分の顔をかいていました。けれども，何故そうしたのかその理由を知らないことに気づきました。それから，部屋のなかを見渡すと，たくさんの人が手を動かしていました。

なるほど。しばらくの時間，ただ座って何かを見ているだけで，人は手を**動かせる**ものなのですね。やはりそれは私が話したことによる効果でしょう。

　　参加者：トランスに先生は入っていたのですか。

ええ，もちろん。私はずっとトランスに入っていました。お気づきになりませんでしたか。私はここでちょっと変わったトランスに入っていました。デニスへの集中というトランスです。外的なものに集中したトランスです。今度は，**デニスの方が**私をトランスに入れようとしたとすると，私はメガネを外し，目を閉じるでしょうね。そして，彼は私がしたようにもっと私を見つめるでしょう。私は外的に集中したトランスにあって，注意集中の幅が狭まっていました。皆さんがこちらにいることを全く気にしていませんでした。彼に非常に集中していて，私の顔の筋肉は少し平板化していました。それから，私の話し方は今

とは異なっています。そうです。たしかに私はトランスに入っていました。

　今のデモンストレーションが，今朝の私の話と関連しているとよいのですが，いかがでしたでしょうか。自分が話したことに私は全く注意を払っていませんでした。ただ自動操縦で行っています。私が話した原則を皆さんが見たり聞いたりしていれば幸いです。

　　参加者：デニスの呼吸をまねて，ミラーリングしているのに気づきました。彼が息をはくときに話していましたね。

　その通りです。特別なときを除いてね。そのことについては後で話そうと思っていたのですけれど。同じように，私の頭の動きで調子をとっていました。意識と無意識の解離についても少し行いましたね。

　　参加者：混乱技法を使っているように思えました。たくさんのことが話されていましたが，私はそこから創造的な意味での混乱を受けました。

　そうですね。ちょっとついてくるのが難しかったところもあったでしょう。私の文句は途切れ途切れになったこともありましたからね。というのは，彼が息をはき終わると話をやめましたし，また，息をはきはじめると話しはじめたからそうなってしまったわけです。ですから，論理的にそのままついてくるのは難しかったのではないでしょうか。いくらか混乱されても仕方ありません。しかし，通常私は混乱を使うことを好みません。混乱技法は相手に失礼な面もありますし，策略じみていると私は考えているからです。

　　参加者：それから，デニスの姿勢にミラーリングをしていましたよね。

　ええ，たいていそうです。

　　参加者：デニスは目を閉じたので，彼には先生の動きが見えなくなりました。それはデニスのためというよりも，先生の都合なのですか。

デニスには，私の姿勢の変化が音で把握できます。その違いが分かります。彼は意識的ではないようでしたが，私にはデニスがあるレベルでわかっているように思えました。つまり，目を閉じていても，音調を変えることは効果が非常にあります。空間的な位置を変えることも同じように効果があります。私が**上がります**といえば……彼が目を閉じていてもそのことは伝わります。デニス，君から何か質問や感想がありますか。手の感覚麻痺を体験しましたか。

　デニス：私は手に触れられたのに気づきませんでした。

　いいでしょう。あと一つ質問を受けましょう。

　参加者：彼の体験のために話題が選択されているというよりも，先生自身の個人的背景にある体験が多かったように感じました。違うのでしょうか。

　個人的な話をするのは，単に可能性を示す一つの方法にすぎません。自分が体験したことを体験しなくてはいけないと話しているわけではありません。自分のことについて話すこと，つまり，お話を話すことによって，彼の体験から何かを喚起しようとしたのです。皆さんが自分のことに関する話をするだけで，聞いている人もまたその体験にのったりのらなかったりすることがありますね。そういうものです。デニスが自分の体験をつくるためのヒントになるように，私は自分の体験を話しました。私の推測では，ここにいる皆さんのなかにも，それからデニス，おそらくあなたもでしょうが，教室のことを私が話したとき，皆さんは教室のなかにいたでしょうし，時計を見て席についていたでしょう。「席につけ」と私は言いませんでしたね。「机や時計を思い浮かべろ」とか「学校に行け」とも命令していません。私はただ自分の体験を話したにすぎません。しかし，自分の体験が十分に喚起されるように話すと，たいてい他の人もその体験にのってきます。しかし，「教室を思い浮かべなさい」と話すと，「うまく思い浮かびません」とか「今，そのイメージではありません」とこたえる人もいるでしょう。ですから，より間接的な可能性の一つとしてこのようにしたのです。話をすることは，いろいろな選択肢を提供するための一つの方法ですし，

私たちが一緒に進むための手段です。

　参加者：話は適当に選んでいるのですか。

　違います。適当に選んでいるのではありません。目的を重視して話を選んでいます。連想によって特定のものを引き出すのです。ある話は他の何かを連想させるでしょう。しかし，それは私が提供した暗示の結果であって，私が提供したアイデアや可能性なのです。最初の話の組み合わせは，トランスに入ることでした。二番目の組み合わせは，知覚の変化をつくりあげることでした。そして，三番目の逸話の組み合わせは，筋肉の動きの変化を生み出すことに関係していました。それから，他にもありましたが，今はこれ位しか思いだせません。

　さて，いいでしょう。デニス，ここに出てきてくれてありがとう。

　午前中にしたことは，エリクソン派の誘導の原則を皆さんに理解していただくことでした。テープで何例かお聞かせしました。これまでに，エリクソン，ザイク，それから，私のものをお聞きになったと思います。また，皆さんにこういう原則を一緒にどうやって使うか理解してもらうために，今のようなデモンストレーションも行いました。これから午後にかけて，エリクソン派の誘導のそれぞれの原則を一つ一つ練習していきます。今日の午後にもう一度デモンストレーションを行う予定です。テープやビデオテープも提供したいと思います。主にトランス現象，催眠現象というものに関して，もう少し説明も加えます。例えば，感覚麻痺や腕浮揚というようなものです。こういうものを使う理由やそれが何を意味していてどのように引き起こすかということも理解していただきます。

　明日行うことにも触れておきましょう。それは「トランスに入れてから何をするか」という質問に答えられるようになることです。私たちが今日することとも関係してきます。そのうちの一部を今日行い，明日はそれを広げていきます。それから，すでにエリクソン派催眠の背景のある皆さんにとっては，今日やることは繰り返しになるかもしれませんが，復習を厭わないでください。今日は，明日教えていくことの基礎を築いていくことになります。というのは，こういうものを使う一番の理由は，治療の結果のためだからです。トランス誘導というものは，ごく単純なものだと私は考えています。そして，本当にあっ

という間に皆さんは身につけられます。トランスに入れてからすることは，もっともっと複雑なことです。これについては，もう少し明確にしていきます。

　ここまでで，皆さんと私とで取り組んでいることが少しはっきりしてきたのではないでしょうか。大きく頷いている様子が分かります。それから，右側の皆さんは笑っていますね。私は皆さんが理解してくれたという手ごたえを得ました。これから何回かワークを皆さんにしていただきましょう。これは**ワーク**ショップなんですからね。ワークとは，練習をすることです。しかし，決して皆さんを脅しているわけではありません。ワークをしますかと皆さんに尋ねている段階です。お分かりですね。

　さて，何例かお見せして，皆さんのモデルにしていただきます。それから，技法の練習をはじめましょう。エリクソンの誘導のビデオです。それぞれ年代が異なっていますから，彼の初期のスタイルと晩年のスタイルの違いを見ることができます。はじめにお見せするのは，1975年のエリクソンです。この時期のエリクソンの身体は相当に衰弱していましたが，テープの状態はよいものです。テレビのスタジオで撮影されたカラーのテープです。その頃，エリクソンはポリオの後遺症で本当に苦しめられていました。入れ歯さえつけられなかったので，入れ歯なしで発音しなくてはなりませんでした。口の筋肉が非常に悪化していて，口が左右対称でなかったからです。彼の肺の一つは機能していませんでした。身体の右側は特に麻痺していましたし，舌の一部も麻痺していました。それでも，エリクソンは声や動きの多くを自分でコントロールし，そのことを誇りにしていました。これはエリクソンの生涯が終わりに近づいていて，激しい痛みに悩まされていたときのものです。すでにエリクソンは車椅子の生活をしていました。

ビデオテープ 1 ── 前提を用いた誘導（エリクソン）

　エリクソン：さて，モンド。今回はゆっくり時間をかけてトランスに入ってほしいと思います。すぐにはトランスに入ってほしくはありません。というのは，あなたもご存知のように，あなたにとってそうするのは簡単なことだからです。それから，ニック，あなたはここでずっとモ

ンドの顔を見ていてください。そうすれば，あなたの無意識の心はとてもたくさんのことを学ぶでしょう。ですから，モンドの顔を見られるように顔を向けて見ていてください。

「さて，すぐにはトランスに入ってほしくはありません。あなたもご存知のように，あなたにとってそれは簡単なことだからです」と言っていますね。前提という原則を思い出しましたか。彼女はすでに何回かトランスに入っています。また，誘導に用いられている二つの句はとても素晴らしいものです。彼女は，エリクソンが夫（ニック）を以前トランスに誘導するのを見たことがあります。その間，彼女はそこに一緒にいて腕浮揚を起こしていました。今度は，別のニックとも彼女はそこで知り合いになったのです。ニックはこの様子を見ながらそこに座っています。ニックはまだトランスに入ったことがありません。エリクソンは二人に働きかけています。エリクソンはニックの注意に焦点をあてています。

 エリクソン：本当に急ぐ必要はありませんよ，モンド。はじめに少しお話しましょうか。それというのも，トランスのなかで大切なことをあなたにしてもらいたいと考えているからです。そう，ただあなたのためにね。そして，ただ待っているだけです。そして，あなたはそのわけをご存知です，私が待っているものを。

「本当に急ぐ必要はありませんよ，モンド。はじめに少しお話しましょうか」という言葉は，次に何かが起こることの含意ですね。「それというのも，トランスのなかで大切なことをあなたにしてもらいたいと考えているからです」。これは前の言葉との連結にあたります。彼女はまばたきをしはじめています。顔の筋肉の様子が変わりはじめています。呼吸も変わってきています。そして，エリクソンは続けます。「ただ待っているだけです。あなたはそのわけをご存知です，私が待っているものを You know why I'm waiting for」。この文は文法的には正しくありません。混乱技法です。エリクソンは何を待っていて，待っている理由は何でしょうか。そして，彼女はトランスに入りはじめることによって反応を示しています。

エリクソン：そうです。いいですね。すっかり閉じます。

　エリクソンはモンドの反応を見て，「すっかり閉じます」と強化しています。エリクソンが目を閉じろと命令したのではなく，ただ「すっかり閉じます」と話したことに注意してください。彼女の目は半分閉じかかっていましたが，それからすっかり目を閉じました。

　　エリクソン：今，深くトランスに入っていきます。そのため，無意識はあなたが蓄えている非常に多くの記憶を扱うことができます。それから，あなたにはもっとくつろいでほしいのです。

　いったん反応が得られると，彼はより指示的になっていきます。モンドの目が閉じると，いろいろなアイデアや暗示が与えられます。「今，深くトランスに入っていきます。そのため，無意識はあなたが蓄えている非常に多くの記憶を扱うことができます」という言葉は，彼女が大きな記憶の貯蔵庫をもっていて，トランスのなかでそういうものを扱っていくことを示唆しています。

ビデオテープ ②————喚起による誘導（エリクソン）

　さて，もっと進んでいくために，次の要素をみていきましょう。これは1950年代の後半のものです。エリクソンは男性に誘導を行っています。前の晩のパーティでのちょっとした体験を除いては，彼はまだトランスの体験がありません。前の晩に大勢の人がいるなかで，エリクソンは彼に短いトランス誘導をしていたようです。前夜にパーティが開かれたところと同じ部屋で座っています。ワンウェイ・ミラーone-way mirrorの後ろで見ている人がいます。部屋のなかでは研究を目的とした録画をしています（カメラを回しているのは，グレゴリー・ベイトソンGregory Batesonだと思いますが，ちょっとはっきりとは分かりません）。

　この男性はまだ標準的なトランスを経験したことがありません。そして，はじめにエリクソンがワンウェイ・ミラーについてちょっとした話をしているのをお聞きになるでしょう。ワンウェイ・ミラーを中立的なものと考えているミ

ラーの裏にいる人たちを叱っているんですね。というのは，アンドレ・ワイゼンホッファー Andre Weitzenhoffer がタバコに火をつけたからです。ミラーを通してその様子がみられます。エリクソンはこう言っています。「ワンウェイ・ミラーを使う人に疑問を感じるね。ワンウェイ・ミラーならば，人が心の内をさらけ出すと思っているのかね」。エリクソンは，彼らが中立性を保つ研究をしていると考えていることやワンウェイ・ミラーが人に与える影響について意見を述べています。エリクソンは何気なく雑談をした後に焦点を絞りはじめます。皆さんは，エリクソンの声が変わったのをお聞きになれると思います。彼の姿勢と彼の態度が変わることも見てください。エリクソンは何をはじめるでしょう。まずこの男性を昨晩のトランスの話に方向づけていきます。

> **エリクソン**：これがあなたに見えることをアンドレは分かっているのかな。それから，ここでしている研究についても，ちょっと疑問を感じるね。ワンウェイ・ミラーならば，人が心の内をさらけ出すと考えているのかね。はじめて私たちがお会いしたときのことを覚えていますか。
> **被験者**：ええ。
> **エリクソン**：あの位置にそのまま座ってはいませんでしたね。あなたの左側に私はいました。そうでしたね。
> **被験者**：そうです。私の右側でした。
> **エリクソン**：あぁ……そうだ。あなたの右側でした。それから，ええと，部屋の少し左側にヒルガード Hilgard がいて，そのほぼ同じ位置にベイトソンが今ちょうどいます。
> **被験者**：ええ。
> **エリクソン**：それから，他の人たちがどこにいたかは，私には思い出せない。けれども，その人たちは周りで，私があなたに話すことに耳を傾けていたので比較的おとなしかった。それから，あなたに話したのは，自分自身を感じるということです。覚えていますか。
> **被験者**：ええ，覚えています。

エリクソンは，「はじめて私たちがお会いしたときのことを覚えていますか」と言って，前の晩のことを喚起しています。それから，エリクソンは間違った

ことを言いましたから，その男性が正しています。そして，またエリクソンは喚起していますね。

> エリクソン：そして，そのことを覚えているのでしたら，あなたに起こっていたことも思い出しました。

エリクソンは「それから，あなたに話したのは，自分自身を感じるということです」と話しています。エリクソンは音をのばして言うようにしています。様子が少し変わっています。「そして，そのことを覚えているのでしたら（連結），……も思い出しました」というように，一つの体験から他のものに連結しています。

> エリクソン：自分が何をしたのか感じました。そうです。思い出していると，トランスに入っていく自分を感じるでしょう。今，まさにトランスに入っていきます。

彼は反応をはじめています。「自分が何をしたのか感じました」と話しかけられると，彼の顔の筋肉は平板化し，呼吸が変化しました。全く動きが見られません。エリクソンは「そうです，トランスに入っていく自分を感じるでしょう。今，まさにトランスに入っていきます」と言って，こういう変化に反応しています。エリクソンは，その男性の呼吸に合わせて頷いています。

> エリクソン：そして，今とは違う位置にいる自分を感じてほしいのです。

最初の反応が得られたので，またエリクソンは指示的になっています。

練習 1────許容と分割を用いた誘導

こういう技法を自分のものにしていくために，皆さんに練習をしていただきます。はじめの練習では，相手をトランスに入れる必要はありません。皆さんはただトランス誘導の話し方で話して，トランス誘導という歩き方で歩いてく

ださい。しかし，こうは言っても，この練習によってトランスに入る方もいるでしょう。すでに経験した方もいますから。

　まず一つの原則だけを練習します。これは私たちの練習に一貫したことです。今後，皆さんが自分のオフィスでこうしなければならないということではありません。しかし，今のこの場ではこの通りに練習してください。つまり，**相手が息をはいたときだけ話す**のです。どのようにすれば，相手が息をはくことが分かるでしょうか。この区別がつけられない人には，ヒントをさしあげましょう。私が息をするときの肩をよく見ていて下さい。私が息を吸って，それから，はくと，肩はどうなっていましたか。わずかに上下していました。あるいは，服の一部が肩の動きや呼吸に応じて動くのが分かりますね。相手が息をはくときだけ話します。息を吸っている間は話をとめます。話の途中や言葉の途中でも話をやめることを心がけてください。息をはくのを待ってその時だけ話し，息をはいていない間は話しません。これが最初の原則です。これは共通の原則で，他のものをこれにつけ加えていきます。

　このはじめの練習のなかで行う二つ目の原則は，**相手のあらゆる体験**（感情，思考など）**を許容する**ことです。どのような反応があっても，それを基本的には許容し，承認していきます。

　はじめの練習のなかで行う三つ目の原則は，**意識と無意識の分割をつくりだす**ことです。言語的に行うだけでなく，非言語的に行って構いません。私がするときには，抵抗なり注意がそれたりすることを全て意識の心のせいにしてしまいます。これは皆さんにもお勧めします。そして，トランスや自然な体験を無意識の心の働きに帰属していきます。「あなたの**意識**の心は，周囲の音や人の声によって注意がそらされているかもしれません。あなたの**意識**の心は，トランスに入れるかどうか疑問に思っているかもしれません」。あらゆる疑いや心配をいつも私は意識の心のせいにします。「そして，あなたの**無意識**の心は，同時に以前に経験したいろいろなトランス様の体験を思い出すことができます。**意識**の心がトランスには入れないと思っている間に，**無意識**の心がトランスに入れると感じているかもしれません。**無意識**の心は，あなたが必要とするどのような体験でも，あなたにあった形で提供してくれるでしょう」。意識の心と無意識の心の区別をはじめましょう。

　それから，外的なことや今ここでの注意集中も意識の側面に帰属していくこ

とが多いですね。私が無意識の心に向かっていくときには，今以外の時間（過去や未来）について話し，ここ以外の場所について話します。先ほどの例のなかで，エリクソンもそうしていました。エリクソンが「今とは違う位置にいる自分を感じてほしいのです」と話すと，その男性は前の晩のことを思い出しました。つまり，その男性に昨晩という時間に戻らせながら，違う位置の自分を感じさせることもしているのです。できそうだったら，皆さんはこういうものも全て加えていって構いません。しかし，ここで皆さんに一番やってもらいたいことは，息をはくときに話すこと，相手の反応を許容すること，そして，言語と非言語で意識と無意識の区別をすることです。

　こういう練習のなかで，やりにくさを感じたり，全く歯がたたないと感じたり，たくさんの失敗を重ねたりすることが，皆さんの仕事だとも言えるでしょう。皆さんは治療するさいにこんな方法はとっていません。そのことを考えてください。ですから，はじめるときにちょっとやりにくさを感じても当然のことです。けれども，少しずつ練習していくうちに，やりにくさを感じることは少なくなっていくでしょう。2日間が終わるまでに身につけられるように，皆さんに十分なモデルを提供して，練習していただきます。やりにくさは全くなくなって，むしろやりやすさまで感じるでしょう。よろしいでしょうか。5，6分とりましょう。二人で練習してください。5分経ったら交替してもう一人の方が話します。一人が話し手で，一人が聞き手です。ここでは催眠家と被験者ではありません。ここでは，話し手と聞き手です。交替するときに時間の合図をします。

（参加者の練習）

　実のところ，私はワークショップに出かけていっても，練習が嫌いでした。そして，練習が終わってから，その価値に気づいてくることがよくありました。このワークショップでは，練習する機会がたくさんあります。ですから，皆さんは，練習を通して，トランスを使うことにもっと自信をつけられるようになるでしょう。
　質問や感想はありますか。練習を通して何を学ばれましたか。

　　参加者：息を吸うときに話してもよいのでしょうか。

ええ,もちろん。ある特定のパターンを選んで,それが効いたならば,それを保っている限りうまくいくでしょうし,やがては自動的なパターンになってきます。ただし,すでに皆さんが,リラクセーションのトレーニング,誘導ファンタジーguided fantasy,バイオフィードバックbiofeedback,あるいは,自律訓練法autogenic trainingなどの経験をたくさん積まれている場合には,そういうパターンのドアから一旦離れることをお勧めします。離れたとしても,皆さんはそこに戻れます。もうすでに習熟しているわけですからね。ここでは,息をはくときに話すという自動的なパターンを身につけてほしいのです。そうすると,今までに学んできたものと結びつけることもできるようになるでしょう。相手が息を吸うときに話すのは,皆さんの古いパターンです。もっと柔軟さをもって,はくときに話すとよいでしょう。けれども,皆さんにとって,息を吸うときに話すことの方が絶対にやりやすいのであるなら,そのパターンをとらなくても構いません。

　　参加者：えーと,私はどちらの方法をとればよかったのかしら,ちょっと
　　　　　　分からなくなってしまいました。

不思議なことはないですよ。

　　参加者：先生は話しているときに息をはいていますよね。思ったのですが,
　　　　　　呼吸を一緒に合わせているのですか。

その通りです。呼吸を一緒に保っていますが,それは必ずしも必要なことではありません。そういうリズムで話さなくてはならないということではなく,有効なことだと私は考えているのです。腕浮揚をさせる場合には,逆に相手が息を吸うときに話すこともつけ加えておきましょう。特定の目的のためには,息を吸うときに話しますが,これは後でお話しましょう。よろしいでしょうか。他にありますか。

　　参加者：ちょっと何だかとてもバラバラな感じで,やりにくかったのですが。

聞き手のときですか，それとも，話し手のとき。

　　参加者：話しているときです。

　皆さんはまだ十分に練習をしていないので，やはりある段階までは練習する必要があるでしょうね。ちょっとやりにくいでしょうし，普段話している方法とは違いますが，もう少し練習を積んでやっていくうちに楽になってきます。テープやビデオをもう少しお見せします。

　　参加者：相手が目を閉じたので，やりやすくなったのですが。

　なるほど。はじめの頃は確かに私もそうでした。皆さんには，相手をトランスに入れるとき，目を開けたままで練習してもらいました。けれども，はじめの頃の私はこう頼んでいたものです。「目を閉じてもらえませんか。誘導している間中，魚が目を開けているようにして見られていたくありません。そうされるとちょっとやりにくいんですよ」。今ではトランスに誘導するとき，目を開けたままにさせていることもあります。練習していきながら，こういうことにも触れていきますし，何よりも皆さんがもう少しやりやすくなるためにもっと練習をしましょう。練習していくと，いずれどちらでも話せるようになるでしょう。けれども，今は相手に話すことだけ考えていきましょう。

　　参加者：いっぺんに全てのことをしようとするのはちょっと難しいですね。相手の目を見なければならないように感じましたし，それから，相手の呼吸にも注意する必要もあると感じました。

　ちょっと難しいですよね。ですから，私はよく相手の呼吸を周辺視，つまり，目のはじっこで観察しています。そのように目で追いながら，相手の呼吸に合わせて自分の頭を動かしています。けれども，もう一度言っておきますが，これも呼吸を観察できなかった人のための一つのやり方にすぎません。

録音テープ ③──許容と分割を用いた誘導（エリクソン）

　さて，次の練習に入る前に他の例を示しましょう。この男性がトランスに入るのは，はじめてのことです。彼は催眠について勉強しています。写真家で芸術的素養のある人です。皆さんは意識と無意識の分割についてお聞きできるでしょうし，おそらく今までの例よりも分かりやすいのではないでしょうか。

　　あなたは意識的に多くの関心があるかもしれませんが，無意識の水準についてもっと大いに関心をもってほしいと思います。そして，意識してそのままリラックスすることができますし，目も閉じられます。そして，自分の心を思うままに漂わせることもできます。私の言葉から写真について考えたり，ハシューマン博士のことを考えたり，天気，毎日の仕事，今朝とった朝食のことなどいろいろと心に浮かんできたりするでしょう。私の声を聞こうと努力する必要はありませんし，他に何かしようとする必要もありません。花が開いていくのを見ているときには，何かをしようとせずにただ見ていられます。ちょうどそれと同じように，無意識の心を開かせて，無意識に考えさせ，無意識自体に感じさせることができます。あなたのなかで努力する必要はありません。あなたが知りたいと思うことは，無意識の心のなかに存在しています。つまり，あなたのなかにあるということです。あなたの一部は本当に知りませんし，決して知ることはないでしょう。けれども，無意識の心はあなたについて非常にたくさんのことを知っているのです。

　さて，皆さんも実際にこの練習をやってみましたから，エリクソンが意識と無意識を分けているのがお分かりになったでしょう。また，エリクソンは注意をそらさせたり考えをめぐらさせたりするために，たいへん許容的になっていました。あるものを意識の心に帰属させ，他のものを無意識の心に帰属させています。エリクソンが暗示しているように，無意識の心は多くの知識や力をもっています。それに対して，意識の心はごく限られた力しかありません。
　ここで，「催眠における前提の使用」という資料に戻ってください（資料1-2, 38頁）。次の練習をするときの参考になるでしょう。

第2章　催眠誘導の実際

次の原則に進みます。次の原則が前提の使用です。資料を参照してください。トランス誘導のなかで，前提を使う体験をしていただきましょう。もう一度繰り返します。はじめのステップは前と同じです。つまり，息をはくときに話すことです。次は，その相手がトランスに入っていくことを示唆し，前提にします。また，相手の反応を見て，その反応がトランスに入っていくサインだと示唆します。それから，この練習の三番目のステップとして，トランスに入る間のさまざまな体験を幅広く考えていきます。トランスに入ることを決して疑わないことが，ここでの秘訣ですね。達成するためのあらゆる方法を考えればよいだけのことです。トランスに入っていきながらも，その相手はもしかすると，注意がそれているかもしれませんし，意識の心はトランスに入ることを信じていないのかもしれません。

　カンニング・ペーパーとして，前提の使い方の載っているこの資料を見て構いません。膝の上に資料をおいて見ながら，「あなたは今すぐトランスに入りたいのでしょうか。しばらくしてからがよいのでしょうか」と相手に話しはじめることもできるでしょう。機械的に話しても，もう少し工夫して，例えば，この資料に目をやりながら新しい文や質問を考えていってもよいでしょう。この技法を質問やお話の形で使うのも効果的です。「目を開けてトランスに入りますか。それとも，目を閉じて入りますか」「トランスに入るのに目を開けたままの方を好む人もいますし，目を閉じる方を好む人もいます。あなたにとって最も快適なのはどちらでしょうか。私にはよく分かりません。どちらがよいでしょう」と話してもよいでしょう。後者の方は，質問というよりもお話ですね。

　相手がトランスに入ることを前提にして話します。決して疑ってはいけません。エリクソンが見守っていてくれます。皆さんの後ろにいるのです。私も見守っていますし，皆さんの後ろにいます。私たちでその相手の人をトランスに入れていきましょう。心配する必要はありません。そうなるのです。トランスに入るプロセスのなかで，相手が気づくことや体験すること，そして，トランスへの入り方を幅広く考えればよいだけのことです。トランスに入るのかと疑ってはいけません。分かりましたね。いいでしょう。繰り返しますが，話し手と聞き手は途中で交替します。もう一度言いますが，トランスに入れなくてはならないのではなくて，トランスに入ることについてただ話せばよいのです。次の練習になりましたら，トランスに入れることを学びます。私たちはこういう

話し方を学び，こういう技法を一緒に身につけていきましょう。先ほどの練習で使ったものは何でも使用できます。お望みでしたら，新しい原則を練習していくときに，意識と無意識の分割や許容を加えていってもよいでしょう。

はじめる前に私が例を見せましょう。グレンに質問をしましょう。「**以前にトランスに入ったことがありますか**」。これは最初の前提になります。「メガネをしたままでトランスに入りたいでしょうか。それとも，メガネを外してからトランスに入りますか」。続けますよ。「メガネを外して目を閉じてトランスに入りますか。トランスに入っている間は，目を開けていたいのでしょうか」。目を閉じたいのですか。いいですよ。「今，そうすることもできます」（前に練習した許容について思い出してください）。「目を閉じてから，あなたがトランスに入ったことに気づくのに，どのくらい時間がかかるのでしょうか。トランスに入ったと感じるはじめのきっかけは何でしょうか。私にはよく分からないのですが，あなたはどのくらい深いトランスに入っていくのでしょうか。トランスのなかにいる間に，あなたはとてもたくさんの体験ができることを私は知っています。それはあなたの個人的な体験です。他の人の体験ではなく，あなた自身の体験です。自分のはやさや自分のペースで行います。ですから，むやみに深く入るよりも，あなたに合ったものの方がいいですね。それがどのくらいの深さか私にはよく分かりませんが，あなたに適した方法でトランスの体験をすることが分かります」。いいでしょうか。こういう調子です。ありがとう，グレン。

グレンが体験しているトランスの性質について，ただ考えていったにすぎません。けれども，これは彼がトランス体験をしているのか尋ねる質問ではありません。この練習にはそれほど時間を割く必要はないでしょう。もう一度繰り返しますが，この練習のポイントは，トランスに入れることではなくて相手の反応に適した話し方を学ぶことです。はじめましょう。一人5，6分です。はじめに話し手になった人は，次に聞き手になります。皆さんの不安を少し減らしてもらうために，今は私は皆さんの様子をお聞きしないでいた方がよさそうですね。次の練習では，皆さんのなかをまわって指導します。こういう練習を何回もしていきましょう。

（参加者の練習）

終わったところから，大きなグループに戻って下さい。いいでしょうか。質

問や感想，それから，今学んだことについて何か聞かせてください。

　　参加者：自分の呼吸と相手の呼吸というのは難しいですね。

　なるほど。呼吸や話に注意したり，同時に両方に注意を払ったりするのが難しいということですか。

　　参加者：ただ注意していただけですので，うまく言えないのですが。

　分かりました。いっぺんに両方に注意を払うことが難しいときには，片方に注意して，それをやめてから，もう一方に注意を向ければよいでしょう。まず呼吸に注意を向けて，次に話すことに注意して，そして，しばらくすれば，同時に両方行うことも学べるようになるでしょう。はじめて自転車に乗ったり，はじめて車を運転したりするときもそうですね。バックミラーを見ながら，手をハンドルにのせ，クラッチを踏み，エンジンを入れ，そして，ギアを入れます。一度に全て行うことはとても無理なように感じたものですが，一旦自動的にこういうことができると，複数のことが同時にいつでもできるようになります。はじめの頃は，運転はとても難しいものですが，そのうち多くの人が運転しながら眠れるようにまでなります。そして，眠りながら運転しています。これ以上はちょっとやばいので話せません（笑）。はじめの頃は，本当に緊張して神経質になってしまって，楽しいなんて思いもよらないものです。けれども，当たり前のことなのですけれど，しばらくすれば楽しくやれるようになってきます。いいですね。他には。

　　参加者：自分が聞き手になっているときのことなのですが，相手の方が話していることの半分は聞き取れませんでした。私はもっと……

　それはいけませんね。私は盗み聞きしていましたが，彼が話していたことはとても含蓄の深いことでしたよ（笑）。

　　参加者：私の無意識は聞いていました（笑）。

一本とられましたね。私は大勢のクライエントを担当していますから，あなたのような訴えをされることもあります。そういう時には，「私は本当に重要なことを話していたのに，あなたは聞いていなかったの」とちょっとからかってみたりすることがあります。クライエントは声をアンカーanchorのようなものとして，私の声のリズムにただのっているだけのこともあります。しているだけなのです。けれども，声につながっていて，もどるように言われたのは分かるのです。そういう人たちは私の声にダイヤルを合わせてきたり，また他に回してしまったりします。こういうことは非常によくあることです。そうすると，トランスを構成しているのは，皆さんの話す言葉の内容ではないということになりますね。そう考えてみると，皆さんは少し力を抜くことができるのではないでしょうか。私の妻のパットが私たちの赤ちゃんを産んだ後，彼女は疲れてくたくたになっていました。パットがクライエントをトランスに導いて，その間にしばしば彼女は眠ることがあったそうです。催眠をしながら眠っているので，彼女は時おり夢のなかのイメージから全く途方もないことを話しはじめることがありました。けれども，クライエントがそれに気づいたことはないと彼女は言っていました。もちろん，パットは目が覚めた後で，今自分が言ったことを聞き，それを創造的な方向に活かそうと努めたということですが，この完全に途方もない話にクライエントは全く気づいていないようだったということです。こういう話をすれば，皆さんはおそらく少し肩の力が抜けるのではないでしょうか。他にありますか。

　　参加者：こうやってトランスに入れます，ああやってトランスに入れますと私が暗示している間に，すでにもう相手はトランスに入っていました。

　「あなたがトランスに入っていくと……」というように，いろいろな意味をもつように話します。その人が実際に今トランスに入るか将来に入るのかはっきりと話しません。「あなたがトランスに入っていくと，呼吸の変化や血圧の変化に気づくかもしれません……」というようにね。

　　参加者：その人が本当にトランスに入っているかどうかどうやって分かるのですか。「今，あなたはトランスに入っています」と話してもよいの

> **資料2-1** トランスの指標
>
> 顔の筋肉の平板化　　　　　遠くを見るような目つき
> 肌の色の変化　　　　　　　視点の固定化
> 動きの固定化　　　　　　　声の質の変化
> 定位運動の減少　　　　　　反応の遅れ
> 手足の硬直　　　　　　　　反応の継続
> 瞬きと嚥下反射の変化　　　リテラリズム
> 呼吸と心拍の変化　　　　　解離
> 自発性の筋肉運動（痙攣，反射運動）　筋肉の弛緩

ですか。

　私の場合は，よくあらわれるトランスの指標に注意しています。リストを示しましょう（資料2-1）。
　一般的なトランス指標を見つけてください。こういうわずかな特徴を観察してください。厳密に五つのうち三つを見つけろとか言っているのではありません。けれども，典型的なものですから，トランスに入るときにはこういう反応が見られます。

　　参加者：先生はいつも何を見ているのですか。

　デニスがここに出てきていたとき，皆さんは何を見ましたか。普段私たちがデニスと交わす会話とは明らかに違っていましたね。まず，普通に話しているときには目を閉じません。もちろん，時々はするでしょうけれど，そんなに長くは閉じていません。彼は目を閉じて，いつもとは違ったやり方で息をしていました。デニスの呼吸は変わったのです。顔の筋肉も平板化していきました。皆さんが見られたかどうか分かりませんが，肌の色も若干変わっていました。いつもはとても活発なのに，動きがとまっているように見えました。
　私たちが今話しているようなこういう会話では，ほとんどの方は多少はどこかが動いています。しかし，トランスの会話をはじめると，すぐにほとんどの

動きがゆっくりになり，また，動きが止まります。そして，動くときには，痙攣のような自動的な筋肉運動を見せるでしょう。そういうものはトランスでの観念運動と呼ばれます。こういうように指がピクッと動くのをご覧になることもあるでしょう。催眠家のなかには，「はい」や「いいえ」の信号として，指の自動的な動きを利用する人もいます。トランスでは，皆さんの指はある種の反射運動を示します。

　まばたきや嚥下反射swallowingの変化や手足の硬直catalepsyも見られます。皆さんの手をこんな感じに上げて，30分とか45分そのままにしてみてください。たいへん難しいことだとお分かりになるでしょう。とても重くて痛くなってきます。しかし，デニスはそういう感じはおそらくなかったはずです。ほとんどの方は腕自体の重さを感じたとしても，15分とか20分，30分，あるいは，45分でも，そのまま支えていることができるでしょう。トランスから覚めているときに長時間上げていたとしたら，時間が経つにつれて苦痛に感じてくるでしょう。トランスのなかでは，それほどの努力もいりませんし，それほど痛みも伴いません。精神病理学の講義で聞かれたことがあるかもしれませんが，緊張病の患者が一定の姿勢をずっととり続けているのとちょっと似ていますね。また，目を開けて遠くを見るような目つきで，ぼーっと一点を見つめてほとんど動きません。視点が固定化されているのです。話すとすれば，声の質が変化したり，言語と非言語の両面で反応が遅れたりします。腕浮揚を私が引き起こそうとしてから，その反応を得るまでデニスも私も待たねばなりませんでしたね。主観的には，ほんの少しの時間しか経っていないように感じるのです。皆さんが何か質問をしたりするとします。そして，その人が聞いていたのかどうか皆さんは首をかしげたりするでしょう。それから，やっとその人はこたえるのです。反応を待たなくてはなりません。また，反応の継続もあります。トランスのなかで，その人が頷いているのを見ることもあるでしょう。長い時間ずっとただ頷き続けているでしょう。リテラリズムliteralismというのは，文字どおりの反応，額面に表現されたことだけの反応をすることです。例えば，「ビールをもって来られるかい」と言っても，その相手が「ええ」とこたえただけで動かない。そういうものです。ええ，できますよとその可能性だけをこたえているのです。

　トランスでリテラリズムを経験することはまれにしかありません。イギリス

のオックスフォードで，トランスのデモンストレーションをしたことを思い出しました。その時の相手の男性はトランスに入るのがはじめてでした。彼がトランスに入り，腕浮揚を起こして顔まで手が上がっていきました。トランスから覚まそうとして，「そして，あなたの手が腿の上に戻ってくるでしょう。そして，脚や腿に触れると，すっかりトランスから覚めるのです」と私は暗示しました。それから，手は下がり，最後に指と手が脚に触れ，目を開けました。彼はトランスから覚めたように見えました。けれども，彼の手は脚に触れていましたが，腕の方は空中にとまったままでした。そして，彼は私を見ました。私が「どんな感じ」と語りかけると，こうこたえました。「何だろう。何かおかしな感じなんですが，私の腕がちょうどここで固まってしまった感じで，つりさがっています」「なるほど」「えーと，私の腕はもう下がらないんですか」と彼が尋ねます。「最後は戻ると思いますよ」「えー，いつですか」「分かりません」「どうして，トランスから覚めたのに，全部下がらないんだろう」「私にも分かりません」。こういうやりとりの後で，私は言いました。「いいでしょう。目を閉じて。そして，完全にトランスに戻りなさい」。彼は目を閉じてトランスに戻りました。「さて，私はあなたの無意識に尋ねようと思います。どうして手や腕が全部戻らないのでしょう」「どうしてかというと，私の**手**が腿に触れると言われたからです」「何て几帳面なんでしょうね。分かりました。その手**と**その腕がまた上がって，トランスからでるときにその手と腕が戻ります」。そして，実際にそうなりました。手と腕の両方が下がって，トランスから彼は覚めました。けれども，このようなリテラリズムには滅多にお目にかかれないでしょう。

　解離とは，例えば，頭と身体を分けることです。感情の解離も行えます。エリクソンは人に気に入っているジョークを思いださせたりすることがありました。その内容を知的に考えさせるのではなく，その感じを思い出させて，その人を笑わせ続け，しまいには何に笑っているのかを分からなくさせてしまいました。これが解離です。知的なものから情動を解離します。身体の特定の部分とその他の部分を解離させます。意識の心と無意識の心を解離します。つまり，自分が気づけるだけの感情的な体験ならば，どのようなものでも分割できるのです。普通はトランスと関連しているでしょう。解離は必ずしも必要とされるものではありませんが，見いだせる特徴の一つです。

　この2日の間に，突然トランスのなかで人のすることが分かってきたり，自

分が習得しはじめていることに気づいたりするでしょう。さらには，自分がトランスに入ったときに何が起きているか理解することもできるでしょう。そうです。皆さんは習得しつつあります。

　エリクソンのところにある男性がやってきました。エリクソンにトランスの定義を聞きたいと考えていたのです。けれども，エリクソンはトランスの定義をしませんでした。その男性は毎日やってきて，エリクソンにトランスの定義を尋ねました。「トランスは体験を通してしか分からないものだ」とエリクソンはこたえました。その男性は欲求不満を起こし，トランスとは何か，トランスはどういうものなのかと毎日エリクソンに尋ね続けました。エリクソンの答えはいつも「あなたがその体験をすれば，トランスを理解できるでしょう」というものでした。その男性がエリクソンと食事に出かけることになりました。エリクソンの奥さんは，夕食がつまらないものにならないためにも，トランスが何であるか話してあげてほしいとエリクソンに頼みました。それでも，「あなたはその体験をするときにトランスが分かるでしょう」とエリクソンはこたえました。その後，その男性はその週の間に何回かトランスを体験します。そして，それが彼の質問への答えとなったのです。皆さんも理解されるまでは，おそらくたくさんの疑問があるでしょう。「おー，**これが**トランスか。分かったぞ」。これこそが内的な体験です。皆さんも練習していくなかで，いろいろな例をご覧になるでしょう。そして，「分かった。あの人はトランスに入っている」と皆さんも言いはじめるのです。

練習 ②──アナロジーと逸話を用いたトランス誘導

　さて，休憩の前にもう一度練習をしたいと思います。**アナロジー** analogyと**逸話** anecdoteによって，トランス体験を喚起する練習です。それには四つの側面があると私は考えています。つまり，トランスへ導くには，四つの入り口があります（資料2-2）。

　入り口の一つは，注意の低下 spacing outや注意を払わないことです。毎日の生活で誰もが体験する一般的なもののなかで，注意の低下や注意を払わない体験について話すのです。芝生に横たわりながら，雲を見ているときなどがそれにあたりますね。入眠状態 hypnogogic statesは，ちょうど眠りに入りかけたそ

> 資料2-2　　　　トランスへの四つの入り口
>
> 1. 注意の低下・注意を伴わないこと
>   芝生に横になりながら雲を見ているとき
>   入眠状態・出眠状態
>   瞑想やリラクセーションの状態
>   退屈な授業や講義を受けているとき
> 2. 没入・注意の集中
>   映画・テレビ・本に入り込んでいるとき
>   興味のある話を聞いているとき
>   音楽への没入
>   何かの活動や仕事へ没頭しているとき
>   会話への没入
> 3. 解離・注意や活動の分割
>   （習得済みの）楽器の演奏
>   （習得済みの）スポーツをすること
>   考えごとをしながらのいたずら書き
>   映画館でポップコーンを食べるとき
> 4. リズム・パターン・繰り返される行動
>   詠唱
>   ダンス
>   マントラ
>   ランニング
>   ロック

の時のことです。そして，出眠状態 hypnopompic states とは，眠りから目覚める中間の状態です。瞑想やリラクセーションの状態もあります。退屈な授業や講義を受けているときもそうですね。日常の生活のなかで，注意が低下し，トランス様の体験をしているときのことです。標準的な手続きを経たトランスではなく，トランス様の状態ですよ。ですから，入り口の一つ目が，注意の低下や注意を払わないことです。何にも注意していない状態です。注意の幅を広げて浅くすることです。

　また，その反対もトランスの典型と言えるでしょう。つまり，**焦点の狭まり**

です。注意という光線が非常に狭くなることです。没入や注意集中の例としては，映画，テレビ，本，話し手の言葉，注意を向けている相手，音楽などをあげられるでしょう。私が音楽を聴くときには，その音楽の一つの楽器の音だけを聴くこともあります。私はミュージシャンでもありますから。例えば，バスだけを聴くということです。残りの音は背景に消えます。バスへの没入，つまり，トランスでしょう。何かの行為や仕事への没入は，それを真剣にしているときによくあることです。フレデリックと休憩中に話したことですが，彼は「自分が治療しているときには，時々トランスに入っていると思う」と話していました。「非常に集中しているっていうこと」と聞き返すと，「そうです。本当にうまくいっているときや順調にいっているときはそうなります」とこたえていました。会話への没入です。レストランで食事をするときにもそういうことはあります。皆さんが友だちと夕食をとっているとき，突然見上げると，ウェイターやウェイトレス，そして，支配人までもがあなたの帰ることを待っていた経験はありませんか。今，何人かの方が頷いています。おそらく私の話によって，ほんの少しそういう体験が喚起されたのでしょう。こういうものが日常的な没入や注意集中の体験です。

　さて，次の入り口は，注意や行為の**解離**や分割です。例えば，皆さんが楽器の演奏を習得したら，演奏についていろいろと考えずにひけるようになります。例えば，フルートならば，練習していくうちにひとりでに吹けるようになるでしょう。そういう時には，ただ何かを吹いていることしか注意を払っていません。私がギターをひくと「ギターが本当にお上手ですね」と人から言われることがあります。そういうときには，「違うんですよ，ただ私の指が上手なだけですよ」とこたえることにしています。ギターをもっとうまくひくにはどうすればよいか私は知りませんが，私の指は実際よく知っています。私が考えようとしても，自分なりにするしかないわけです。これは非常に面倒くさいことです。皆さんがいったん楽器を習得したら，演奏するときには解離してひくことでしょう。スポーツも同じことです。催眠にも同じことが言えます。自動操縦にしていけばよいのであって，考える必要はありません。いたずら書き，これも日常よくみられる体験ですね。電話のときには，いたずら書きをしていることに気づいてさえいません。映画を見ながら，ポップコーンを食べているとしましょう。皆さんの手が底に触れたとき，「誰が俺のポップコーンを食べたんだ」と考

えるかもしれません。それが解離です。解離しながら，人は食べているのかもしれませんし，何を食べたか，食べているのか，分かっていなくてもただ食べているのです。

　トランスに導くための入り口として，ここで具体的にとりあげる最後の側面は，**リズム化された行動やパターン化された行動**です。これは何か特定のものをリズム化して繰り返すことです。ランニング，ロック，マントラなどです。ダンスや歌が日常的なトランス体験にあたる人もいるでしょう。詠唱やマントラを唱えることによって，瞑想的なトランスを深める人もいます。

　さて，こういうもの（注意の低下，焦点の狭まり，解離，リズム化された行動やパターン化された行動）が，トランスに入る入り口です。皆さんは一般的に共通する体験を用いて，トランス様の体験を喚起していくことができます。先に，連結についてお話したことを覚えているでしょうか。トランスにまだ入ったことがない人に対しては，特にトランス様の体験を喚起し，「さて，こういうものを全て一緒にしていきます。そして，これがトランスです」と私は話すでしょう。注意の低下や注意の焦点化という体験を捉え，解離の体験やリズム化された体験も捉えていきましょう。ここの前の列の方がトランスから戻ってきました。お帰りなさい。皆さんがぼうっとしたり自分の体験のなかに漂ったりするのは，よくある日常のトランスです。それから，自分の身体に戻ってきます。あなたはしばらくここにいなかったのですが，私は本当にとても大切なことばかり話したのですよ（笑）。いえ，冗談です。あなたが聞いていない間には，ささいなことばかり話していました。

　休憩をとる前に次の練習をしましょう。この練習では，こういう四つの入り口を使ってトランスに招いていきます。一つでも全てを使っても結構です。自分の体験などから話すとよいでしょう。ですから，まず一般的で日常的なトランスの例を話し，それから，トランスに導入していきます。繰り返しますが，息をはくときに話してください。二つめの方法は，誰にも共通する日常的なトランスについて相手に尋ねることです。つまり，どういう体験があるか尋ねていくのです。例えば，何か楽器をひきますかというような具合です。その人の背景には，トランス様の体験があります。三つ目の方法は，誰もが経験するようなことを話していくことです。トランス様の体験の記憶を喚起するには，小説のように表現すればよいでしょう。

小説的表現とは，小説家のするように，本当にいきいきとした体験をその相手にもたせるという意味です。「その男が座って勉強していました」と話すかわりにこう話します。「彼は机に向かって勉強していました。その夜はとても冷え込んでいました。彼は時おり庭を照らしている灯に目を向けました。窓ガラスにあたる雨の音を聞きながら，背中に暖炉の火の温かさを感じていました。シーンと静まりかえった夜に，突然，稲妻が走り，雷が鳴り響きました。彼は木の煙の臭いをかぎました」。そうです。その人が体験するあらゆる感覚体験について話していくのです。「座って勉強していました」ではなく，小説的に多少の色づけをしていくのです。その人はその感覚体験にのって，体験のなかに入れるようになります。だから，「プレイリーホーム・コンパニオン」のガリソン・ケーラーが有名なのです。喚起するために小説のように細部を表現します。ただし，あまりに自分の体験を強調しすぎてはいけません。

　それから，感覚を十分に詳しく表現してみてください。いきいきとね。これは私が執筆や講演について学んだことでもあります。私は皆さんに一般的な原則や抽象化した原則を話し，それから具体例を話します。パットが眠った話をしました。無意味なことを話しているのに，彼女のクライエントは気づいていないというものでした。誘導していくなかでは，正確に話すことよりも，いきいきと話す方が大切なことなのです。それと同じように，ただトランスについて話すよりも，むしろその人の体験のなかでいきいきとしたトランスをもたせるように援助する方がよいでしょう。

　今回は，一つの方法を選んで，10分程度で実習してほしいと思います。一人が話し手，一人が聞き手です。はじめる前に，その相手の日常的なトランス体験を尋ねてください。それから，トランスに誘導していきます。そして，私が近くにまわっていくと，皆さんは不安に陥るのでしょうね。ちょっと神経質になって落ちつかないことでしょう。はじめるまでに，2，3分時間をさしあげましょう。

（参加者の練習）

　はい。皆さんはどういう体験をなさいましたか。何を学びましたか。

　　参加者：だいぶやりやすくなってきました。

それはどんなふうに。

　参加者：いろいろなことについて考える必要がなくなってきました。例えば，呼吸ですが，呼吸の観察はかなり自動的なものになってきました。

呼吸のことについて他に誰か感想はありませんか。私が歩いてまわっているとき，何人かの人に教えましたね。ヘンリーには，呼吸ごとに話さなくてもいいよと話しました。なぜなら，ヘンリーの相手のフレデリックは，かなりはやい呼吸をしていたからです。そういう時には，私でしたら，毎回ではなく，二，三回ごとに合わせて話すでしょう。そうすれば，ちょっとゆっくりになるでしょう。ただ，今は皆さんにとってかなりはやいペースのように思えても仕方ありません。最初に私がお話しした特徴を考えるのはとても大切なことです。やっていくうちに，ちょっとゆっくりに感じてきます。そして，その相手もゆっくりしてくるのです。他にありますか。

　参加者：私は本当に気持ちよくリラックスできました。けれども，リクライニングの椅子がもう少しリラックスできる椅子だったら，もっとよかったと思います。この椅子でも十分な体験をできた人もいるでしょうが，違う椅子ならばもっとよいものになったのではないでしょうか。

そうですね。これはこのワークショップの最後に言うことなのですが，皆さんのたくさんのトランス体験はここにある椅子と連結されています。ですから，今の時点で，例えば，横たわってトランスに入るのはちょっと困難かもしれません。というのも，皆さんはこの椅子にとても多くのトランスを連結させているでしょうからね。しかし，リクライニングの椅子の方が，快適になれる人もいるかもしれませんね。

　参加者：トランス導入をしているときよりも，トランスに入る方がずっとよかったです（笑）。

なるほどね。トランス中毒というわけですね。私もトランス中毒です。誰か

が私をトランスに導入すれば，ブーンといって，私はとんじゃいます。けれども，トランスに入ることがちょっと難しい人もいるでしょう。誘導されることに抵抗したり，葛藤したり，あれこれ心の中でつぶやいたりしてね。でも，そういう人たちに限って，トランスに入ってから，「いいでしょう。トランスから出てください」と言っても，「嫌なこった。私は素晴らしい時間を過ごしているんだから，戻りたくなんかないよ」とこたえるものです。

> **参加者**：聞き手をしていて気づいたのですが，グレンが話してくれたことと関係ないことを自分はしていました。どうやら，私自身でつくりあげていたようです。けれども，自分の体験について，本当にたくさんの気づきを得ました。

それはグレンに言えることでしょうね。彼は無駄な話をしがちです。話した内容がまさにグレンっぽいでしょう。けれども，他の人にはその話は高尚すぎるものだったのです（笑）。いいでしょう。助け船はいつだってあるものです。グレン，一つアドバイスをしましょう。あなたに必要な基本的なことです。できる限りはっきりと分かりやすく，学習の体験をもたせなさい。いいですね。「先生はどのようにして，トランスに人を入れられるようになったのですか」と私は尋ねられたことがあります。私はこうこたえました。「カーネギーホールで演奏できるようになるのと同じことでしょう。練習，練習，練習です」。周りの人は，あなたがまだ慣れていないことを知っています。その人たちはあなたを軽く見るでしょう。そうです。ですから，ただ練習するのです。私は歩き回りながら，皆さんの様子に耳を傾けていました。非常に順調ではないでしょうか。この調子です。

第3章
トランス現象

　これからの午後に私たちがやっていくことは，トランス現象 trance phenomena に焦点を当てることです。催眠がはじめて発見されて記述されたとき，つまり，動物磁気 animal magnetism というメスメリズムの時代に，トランスに入った被験者が次のようなトランス現象を自発的に起こすことに人々は気づきました（資料3-1）。

　初期の催眠研究者は，人がトランスを体験しているときに，こうした現象が自発的に生じることを発見しました。資料3-2 にさまざまなトランス現象を載せておきました。

　その後，催眠研究者たちは，人がトランスに入っている証拠としてこうしたトランス現象を意図的に引き起こそうとしました（これは確認 ratification と呼ばれます）。また，こういうトランス現象を手がかりにして，被験者をより深いトランスに入らせようとしました。トランス現象は，没入感を深めたり，没入

| 資料3-1 | 代表的なトランス現象 |

- ◆ **健忘**：特定の事項の忘却，トランス体験の忘却，アイデンティティの忘却
- ◆ **時間歪曲**：短縮・拡大
- ◆ **年齢進行**：将来の投映，自分自身の将来を見ること
- ◆ **年齢退行**：過去へさかのぼること
- ◆ **感覚麻痺**：感覚がなくなること
- ◆ **無痛**：痛みがなくなること

していることを確認したりするために使われたのです。これらはまたトランスに入っていることを被験者に納得させるためにも使われます。まだ皆さんのなかには，「その人たちがトランスに入っているか，それとも，単に目を閉じて呼吸をしながらそこに座っているだけなのか，どうしたら分かるのだろう」といった疑問をもっている人もいるはずです。**反応を得ること**，それが判断する方法です。もしその人が実際に反応を起こしたのならば，その人はトランスに入っているとみなしてよいでしょう。もちろん，これだけで判断するとは限りません。皆さんの話に単に反応してみせ*ている*だけかもかもしれませんから。トランス現象というのは，内的で主観的な体験であるのと同時に外的で観察可能な

資料3-2　　　　トランス現象の諸相

モダリティ	＋（正）	－（負）
感覚		
外的な感覚	正の幻覚（五感）	負の幻覚（五感）
内的な感覚	新しい感覚	無痛・感覚麻痺
空間の定位	新しい定位	空間感覚の消失
記憶		
記憶	記憶過多	健忘
時間の定位	年齢進行	年齢退行
時間の流れ	時間拡大	時間凝縮
身体と生理		
筋肉運動	浮揚・自動書記・観念運動	硬直
心拍	心拍数の増加	心拍数の減少
血圧	血圧の上昇	血圧の低下
体温	温感・熱感	涼感・冷感
感情と連合		
連合	新しい連合	解離
感情	新しい感情	以前の感情の消失

体験でもあります。トランス現象という体験や行動によって，トランスを確認し，人をさらに深いトランスへと導くことができるのです。

　エリクソンがたいへん前向きで，楽観的な治療者になったのは，彼が早くから催眠を身につけていたことにもよるのではないでしょうか。人が体験をコントロールするノブとして，自分の手をどのように用いているかが理解できると，皆さんも楽観的になれるはずです。「あなたの手を麻痺させなさい」と私が言っても，皆さんは「どうしたらよいか分かりません」とこたえるでしょう。けれども，私が催眠の仕組みを丁寧に説明し，内的な方向に導いたとしたら，皆さんはご自分の手を麻痺させることができるのです。どのようにすればよいかを意識して意図的にする必要は何もありません。意識しなくてもできる可能性を皆さんは備えているからです。ですから，私たちがトランスに誘導してから，体験をコントロールするノブとして，相手の手を利用することができます。そして，私には皆さんが自分の手を温かくしたり，冷たくしたり，感覚を麻痺させたりすることの手助けができます。

　私たちはいろいろな感情を自分にあった方法で感じ，いろいろな感覚を自分なりに感じています。このように私たちは内的な体験を固定されたものとして考えています。生理的なプロセスにおいても，その人なりのやり方で働かせています。しかし，皆さんがある人をトランスに入れて，そこで歯の治療を行い，その時に「少ししか血はでないでしょうね」と暗示すると，実際に血は止まります。トランスでは，その人は血を止めることもできるのです。それでは，なぜ，どうやってそうなったのでしょうか。皆さんに本当のところを伝えたいのですが，残念ながら私にもちょっと見当がつきません。催眠が効いているようだということしか私には分かりません。とにかく，どういう理由かはさておき，催眠（もちろん，体験をコントロールする方法は他にもあります。催眠はそのうちの一つです）では，体験をコントロールするためのノブを手にできるのです。エリクソンは，人が大いに変わりうることに早くから気づいていました。私たちは心理療法を身につけるときに枠にはまった人格理論を学びますが，エリクソンは**変化**という理論を学びました。同じように「変化」のための技術も身につけたのです。さらに，エリクソンは，時間の体験，空間の体験，感覚の体験，あるいは，年齢退行や年齢進行のように，自分が今どこにいるかという感覚の体験を変えられる範囲について探りはじめました。

それでは，これから三つのコラムのなかのトランス現象について説明しましょう（資料3-2）。左側の列は，人の体験にあたります。つまり，人の体験や行動のモダリティを示しています。一般的には内的な体験とされているものです。真ん中の列のプラスの印は，それぞれの体験を強めたり拡大したりすることを示しています。そこにはまず**正の幻覚**positive hallucinationとあります。これは実際には存在しない何かを見たり（視覚），聞いたり（聴覚），触れたり（触覚），味わったり（味覚），嗅いだり（嗅覚）することです。つまり，その人自身がその感覚的な体験を増幅するのです。それに対して，感覚を強くしたり増幅したりできるのと同じように，感覚の強さや量を減らすこともできます。これは**負の幻覚**negative hallucinationといわれます。負の幻覚は，自分の体験のうちの何かを消失させたり減らしたりすることです。自分の感覚領域のあるものについて注意を払っていないときが，負の幻覚なのです。

　このような不思議な現象をみていくときには，日常生活のなかの体験について考えてみるのがよいでしょう。人混みのなかを歩いているときに，誰かが自分の名前を呼んだ気がしたので振り返ってみても，誰も自分の名前を呼ぶ人はいなかったという経験をおもちの人がいるかもしれません。こういう経験はありませんか。そういう人は精神病にかかっているか，日常的に起こりやすい正の幻覚という体験をしたかのどちらかでしょう。ほとんどの方はこのような類の経験をしたことがあるでしょう。ベッドに入ってから，そのなかに虫がいるような感じがするのだけれど，ただシーツが動いただけだったという経験をおもちかもしれません。それも正の幻覚です。実際にはない感覚が生じているのです。あるいは，汚い格好をした人の側にいると，かゆくなってくることもあるかもしれません。

　参加者：しらみについて話しているときもそうですよね。

　そうです。誰かがしらみについて話すと，皆さんは頭にしらみがいるような感じがしてきます。たとえ理屈ではいないと分かっていても，いるような感じがするのです。これは正の幻覚です。

　では，日常体験される負の幻覚についてはどうでしょうか。メガネをかけている人でも，最初にメガネをかけたときには，おそらくメガネが気になって仕

方がありません。しかし，2，3日か，2，3週間もすると，メガネに注意を払わなくなります。実は，これは私にとっての悩みの種なのです。というのも，私は時々メガネをかけたまま，メガネを探してしまうのです。まったく困ったことです。このように自分の体験の何かをなくしてしまうことを指しています。腕時計をしている人，指輪をしている人は，長い間それを身につけていると，気にしなくなります。私は昔ヒッピーでしたので，ワークショップで教えるために，はじめてネクタイの結び方を学びました。その時に人はどうしてネクタイなど身につけるのだろうと思ったものでした。今では，ネクタイをしていることにも気づかずに，飛行機に乗って家へ着いてしまうでしょう。これが負の幻覚です。何かをなくすことです。

　もうこの資料を置いてしまって結構です。何か新しい感覚をこのリストにつけ加えたり，あるいは，除いたりしてもよいでしょう。空間の定位を考えてみましょう。先ほどのテープで，エリクソンが「違う位置にいる自分を感じてほしいのです」と誘導していたように，皆さんは人を新たに定位させることができます。あるいは，空間感覚を消失させることも可能です。つまり，自分がこの空間のどこに位置しているか，自分の身体の一部がどこにあるかということが分からなくなるのです。腕浮揚を行っているときに手がかりをなくしてしまって，自分の腕がどこにあるのか分からなくなる人がよくいます。そういう人たちは，腿から顔の間のどこかに腕があるということしか分からないのです。記憶や時間についても同じことが当てはまるでしょう。ボリュームのつまみを回して，未来へと方向づけます。これが年齢進行 age progression です。それに対して，つまみを戻して過去に向けることを年齢退行 age regression といいます。記憶過多 hyperamnesia は，鮮明には思い出せない出来事や全く思い出せない出来事をありありと思い出すことです。ボリュームのつまみを右に回すわけですね。健忘 amnesia は，ボリュームのつまみを左に回して何かを思い出せなくすることです。時間の拡大というのは，時間を主観的に伸ばすことです。時間凝縮や時間短縮は，ボリュームのつまみを左に回すことです。自動運動，自動書記，あるいは，腕浮揚を加えてもよいでしょう。私がはじめの方でお話した観念運動 ideomotor movement は，「はい」のサインを指でさせたりすることです。硬直や静止は，動きをなくすことです。心拍や血流を増やしたり減らしたりすることもあります。温かくしたり熱くしたり，涼しくしたり冷たくしたりもし

ます。新たな連合を加えることもよいでしょうし、解離させることもよいでしょう。感情面では、新たな感情をうみだしたり以前の感情の強さを弱くしたりなくしたりします。この資料には、トランスのなかで私たちが行う典型的なもののリストをおさめています。もちろん全てを網羅しているわけではありませんが、結構よくできたリストだと思います。

　今からデモンストレーションのなかで、こういうトランス現象を皆さんにお見せしていきましょう。では、トランスを体験してみたい方、三人ほど前に出てきていただけますか。トランスを以前に体験した方でも、そうでなくてもどちらでも結構です。

デモンストレーション ②──トランス現象の促進

オハンロン：さて、皆さん一人一人への質問です。今までにこういう標準的なトランスを経験されたことはありますか。

ウェイン：ある種のトランスならあります。私が面接をしているとき、相手がトランスに入ると私もそういう感じになります。そういう経験ならありますが、被験者になったことはありません。

フレッド：経験ありません。

ロバート：今日がはじめてです。

オハンロン：いいでしょう。分かりました。あなた方がトランスに入る前に、何か質問がありますか。どんなことをトランスのなかで体験してみたいでしょうか。あるいは、ちょうど関心をもっていて、体験してみたいと考えていたことはあるでしょうか。ご自分の希望することを体験できます。よろしいでしょうか。特にしてみたいこと、扱ってほしいことはありませんか。いいですね。メガネをかけている方は外してくださいますか。安全なところを見つけて、椅子の下やどこかに置いておくこともできますね。そうね、いいでしょう。それから、目を閉じて、**今**、はじめるのが一番よいことだと思います。目を閉じたくなかったら、開けたままにしておくこともできますが、敷き物の適当なところを見つめていてもよいでしょう。例えば、あそこはあなたにとってちょうどよいかもしれませんし、自分なりにピッタリくるとこ

ろを見つけるかもしれません。先ほど私が尋ねましたが，**トランスに入って**……特にこれをしたいというリクエストはありませんでした。**トランスに入る**のには，正しい方法とか間違った方法などありません。あなた方は自分の考えていることを意識的にそのまま続けることができます。そして，無理に**トランスに入ろう**とする必要はありません。というのも，トランスは本当に何もしなくても……特に何かをしなくても……ただそのままにしておけばよいものだからです。トランスは眠りに入っていくようなものです。眠りに入るときには，努力して眠ろうとするよりも，眠りに入るのに任せていた方がよいでしょう……あなたが意識しているいろいろなものをそのまま意識していることもできます。注意がそれたり，周りの音に意識が向いたりすることもあるでしょう。大勢の前でこの場所に座っていることを意識して，注意がそらされることもあるかもしれません。そして，はじめの段階では，そういうことに過度に注意が向いたり，いろいろと思いめぐらしたりするでしょう。自分が**トランスに入っていく**のかどうか，そして，これが**トランスに入っていく**ことなのかと不思議に感じたり……そして，トランスのなかにいることはどうやって分かるのか疑問に感じているかもしれません……そして，そこで疑問に感じていることをそのまま思い続けていることもできます。そして，自分に合った**トランスに入る方法**を確かめたりすることができるでしょう。そして，むやみに**深くトランスに入る**ことよりも，自分に適したものがよいでしょう。ちょうど今ここでのね。大勢の前で……自分で適切だと思えるような**トランスに入る方法**です……そして，あなたは本当に**トランスに入る**ために何もしなくて構いません……これから体験していくことを自分で受け入れられるでしょう。あなたがトランスに入れるような環境を私は用意しましょう……そして，トランスに入るために必要なものは，どんなものでも取り込んでいくことができます。人がトランスに入っているときには，長時間**リラックス**していることが知られています。けれども，あなたにとって**トランスに入るときにリラックスする**ことは，必ずしも必要ではありません……なぜなら，誰もがそうしなければならないというものではないからです。スタンフォード大学にジャック・

ヒルガードJack Hilgardという心理学者がいます。数年前にジャックは，リラクセーションが催眠であるという考えを覆すための実験をしました。彼は被験者をペダルこぎ運動をする自転車に乗せてトランスに誘導しました……そして，さまざまなトランス現象を体験させました……例えば，健忘，感覚麻痺，腕浮揚といったものです。被験者が運動用の自転車に乗って，生理的には覚醒しているというサインがあらわれていても，その誘導は続けられました。そうです。あなたは筋肉を緊張させることもできますし，その緊張に注意を向けることもできます。そして，緊張しながらも，**トランスに入る**ことを**心地よく**知ることもできるのです……緊張を解いたり……あるいは，リラックスをしようとする……必要はありません……あなたのトランスには，筋肉が緊張していてもよいのです。緊張とリラクセーションを同時に体験することができるのです……そして，それがあなたのトランスです。トランスというものは，心拍数が少なくなり，呼吸がゆっくりとしてくることだと一般にみなされていますが，もう一度言っておきましょう。それだけではありません。そして，あなたの心拍がはやくなったり，血圧が上がったりすることがあるかもしれません。トランスに入っていくかどうかに注意を向けることもあるかもしれませんが，それでよいのです。そして，あなたの注意は……そういったことに注がれたり，リラックスせずにゆったりしていなかったことに気づいたりするかもしれません。**トランスに入っていく**……あなたの内側の**静かな感**じ……**安心した**感じには，気づかないかもしれません。そして，あなたはトランスに入っていることをどうやって知るのでしょうか。あなたの知覚が変わりはじめるときなのでしょうか。目は開いたままかもしれませんし，目の前の見ているものに変化が起こるのかもしれません……目の前の視野が狭まったり……輪郭のオーラのような部分や……その他の目に入るもの……が変わってきたりするかもしれません。目が閉じていたならば，他にも視覚の変化……色や……他のもの……おそらく目の筋肉の状態が変わるのかもしれませんし……今自分がどこにいるかという感覚が変化するかもしれません……そう，ちょうど今です……意識的には**トランスに入っていない**と思っているかもしれ

ません……そして，自分は**トランスに入りたくない**ということも意識的に気づいているかもしれません……ただそこにいる状況を味わってください……そして，あなた自身が学んできたものをただ思い描いて，すぐにトランスに入れるなどということは信じないでほしいのです。というのは，ここが信用できる状況なのかどうか……トランスに入りたいと思える状況か……快くトランスに入れる場面か……自分が納得できるやり方で確認できるからです。そして，自分が体験したいことを発見できるでしょう。そして，あなたは**反応している**ことを自分で確認することもできます。なぜなら，あなたの反応はあなた自身の反応だからです……そして，反応が起きていると意識的には思っているかもしれませんし，ただ無意識のレベルで気づいているのかもしれません……例えば，あなたは筋肉の変化には気づいていないかもしれませんし，手や腕が何かに触れている感じには気づいていないのかもしれません。手や腕があなたの体験から解離することもできるでしょうし，手や腕自体がトランスや心の働きをもつこともできます……以前に手や腕が動いている人を見たこともあるでしょう……ジェイ・ヘイリーがミルトン・エリクソンのワークショップに参加したときのことを話してくれたことがありました。エリクソンが催眠誘導のボランティアを募ったところ，ヘイリーは……自分の脚が自動的に引っ張られるようになり，ほとんど椅子からはみ出しかけているのを見て驚きました……そして，ちょうど彼が立ち上がりかけて，デモンストレーションに応じようとしたとき，彼の前にいた人が立ち上がりました。ヘイリーは引き受けたいと意識的には考えていませんでしたが，ワークショップに招待されたことで何か強く引かれるところがあったのでしょう……そして，明らかに彼の身体は自動的に動いたのです。彼の無意識の心はボランティアをしたかったのです。そうです。あなたはそういうトランスに入っていることにどうやって気づくのでしょうか。筋肉の体験での変化が何かあるのでしょうか。あなたがはじめに見たような手や腕が変化した感じ，解離の感じ……手や腕から……腕の上の方の筋肉にかけて，ちょっとだけピクピクしたものを感じはじめているかもしれません。おそらく自分の心臓の鼓動を感じたり，その感覚

が中心になってくるかもしれません。そして，そうしていると，心拍は……自動的に……ゆっくりしてきます。……腕や手首に**変化**を感じるかもしれません。そして，それについての何かの葛藤があることを意識的に気づいたり，抵抗したりしているのかもしれません。それで構いません。あなたは抵抗することもできます。無意識的には，すでに**反応しはじめている**ことを知っているかもしれませんし，その反応はほとんどそれ自体で進んでいます……なぜなら，無意識は筋肉の緊張を用いたり……そして，そうしたいのならば，それを動きに変えたりすることもできるからです。私の場合は，あたかも手のひらを下から押しあげられるように感じます……手や腕を押し**上げる**……少しずつ……そして，あなたの無意識の心は，はじめに手が**上がる**ことを全く知りません。両手が一緒に**上がる**かもしれません……おそらく……あなたの顔までずーっと**上がって**いかなかったり，両腕も顔まで**上がって**いかなかったり……そうですね。あなたに合う形で体験することができます。そして，私がはじめてトランスに入ったとき，私はそういう反応をどのようにしたらいいのかよく分かりませんでした……しかし，どういうわけかポケットに入れていた手までも私と一緒にトランスに入りはじめました。そして，手の感覚がなくなったとき，深いトランスに入っていたのです。そして，他の人もトランスで同じような体験をすることもあるのでしょう……もしあなたの無意識が望むのなら……どちらかの手がそうなりはじめるでしょう……ひとりでに……自然に腿から離れて**上がります**。腕が腿から**上がって**いくでしょう……両腕が一緒か，または，片方ずつ**上がって**いくこともできるでしょう……そして，その**動き**をそのまま追い続けていると……それにかわって新たに起こってくる動きがあるでしょう……片手か両手の感覚がなくなったり……時間の感覚がなくなったり，時間がはやく進むように思ったりするかもしれません……私は恐怖症の男性を担当していたことがあります。彼は治療者でもありました……自分が恐怖症であることを非常に恥ずかしく思っていました。クライエントがそのことを知ったら，自分のところに通ってこなくなるのではないかと思い込んでいました。自分の問題を恥じていて，治療者失格であると感じていまし

た。私は彼に対して，「それは全ての治療者に共通する問題だと思う。何かの問題を抱えているときには，自分を信頼できなくなるのではないかな」と話しました。それからは，私たちはその問題を他の誰かのものであるかのように呼びました。彼がトランスに入ったとき，両腕の浮揚を起こしました。両腕が上がって，私はジョークを話しました。というのは，彼がなかなかのユーモアのセンスをもっていることを知っていたからです。彼の好きなジョークのユーモアを思い出させました。その内容を知的にではなく味わわせて，それから，最近自分が聞いたジョークも話しました。針を怖がる女性がいました。針恐怖症のその女性は，医者に行って，こう尋ねました。「先生，私は針が怖いのです。先生は私に針治療が効くと思いますか」。すぐに彼は腹がよじれるほど笑いだし，他の部屋にいるクライエントの邪魔になったほどです。私は彼に，そんなに笑ってくれなくてもいいよと語りかけました。というのも，そういった方法で私を強化すると，全てのクライエントに対して，トランスに入れてからくだらないジョークを話さないとも限らないわけですから。しかし，彼はまだゲラゲラと笑い続けており，本当によく笑って涙まで流していました。そのことから思い出して，ジョニー・ミッチェルJoni Mitchellの曲の一節を話しました。「その子はとてもはしゃいでいたのに，今は膝の上で泣いている。知っているかい。笑いや涙は気持ちを楽にしてくれるってことを」。すると，彼は泣きはじめましたが，同時に笑っていて，それから，大きな声をあげて泣き，また，笑いました。その後で，「同時に笑ったり泣いたりして，とても変な感じだった」と彼は私に話してくれました。彼は手を空中に浮かべながら，自分自身から自由になっていました。緊張しながら，リラックスしていました。ここにいながら，同時に別のところにもいたのです……同時にトランスに入ったり出たりしていました。そして，他人の問題を治療しながら，自分自身も問題を抱えていました。そして，それらを別々のものとするよりも，統合していくことは大変意味のあることでした。それは彼にとって，とても意味深い統合された体験だったのです。彼は，恐怖症を克服できたら自分を正常に感じるだろうと話していました。私は正常という言葉は好きではあり

ません。君にとっての正常とか私にとっての正常を目指すことはしないよと彼に伝えました。治療の最後に，本来の自分という感じがしていると彼は私に言いました。彼がそう感じられたことを私は喜びました。というのも，私はいつもそのように彼を見ていたからです。それが当たり前で自然なものなのです。たとえ彼がそのように自分自身を見ていなかったときでもね。自分の体験に方向性を加えられることを知るのは，興味深いことではないでしょうか。そして，あなたが望むように体験に方向性を与える機会を提供しましょう。そして，あなた方のうちの一人に興味深いことをしていただきましょう。私があなたの膝に触れると，頭をあげてトランスから出たり，頭を下げてそのままトランスに留まっていたりします。そして，質問されたら，自分の体験を話したいように話すことができるでしょう。

　ウェイン，あなたは目を開けて，頭をあげて起きることができます。それから，あなたが今体験していることや体験したことを話せるでしょう。

ウェイン：私の手の感覚がなくて，実際には泣きませんでしたが，泣き出したくなったりしました。

オハンロン：他には。

ウェイン：ありません。

オハンロン：分かりました。目を閉じて，また，あなたのトランスのなかにすーっと戻ることができます。そして，もし手の感覚麻痺を別のところに移動したいなと思ったら，膝や他のところに移すこともできます。不必要な嫌な感じを全て無視して，自分にとって必要なものだけ感じていることができます。そういった自分への癒しはそのまま続けられるでしょう。……そして，さらに進んでいきます。あなたが自分を癒していると，ますます心地よく感じられるでしょう。そして，あなたが気にかけたいと思うものは何でも気にかけられます……そして，今おそらくトランスのなかにいることが本当に分からないかもしれません……あるいは，自分がトランスのなかにいることをしっかりと感じているのかもしれません。どのような体験でも，自分にとって有効なものであることを認められるかもしれません。反応することで反応

を確かめるのです。あなたなりのやり方をきっちりと許容し，自分の体験を自分のものだと受け入れ，そして，用意ができたら，自分のペースや自分のはやさで……自分の体験をトランスのなかで全てまとめることができるでしょう。そして，準備ができると，椅子に座ってはじめたときのように，自分の身体にもう一度戻ってきます。体験したことや感じたことを十分に味わってください。現在のこの場所に戻ってくるのに特にしなければならないことはありません。椅子に腰掛けている自分の身体に戻ります。あなたもあなたの身体も椅子に座っています。そしてトランスからすっかり覚めると，そう，戻ってください。目を開けて，すっかり戻ります。はい，いいでしょう。皆さん，戻りましたね。

　皆さんからの質問や意見にこたえたいと思います。それから，デモンストレーションに参加されたあなた方一人一人にその体験を少し話していただきます。デモンストレーションのなかで三人の方が同じような言葉をうけても，ほとんど違う体験や反応をしていたことが大切な点です。ある体験を押しつけるようなやり方で話していなかったたことが，お分かりになったでしょうか。一人が反応していなくても，他の人が反応しているのをご覧になりましたね。ちょっと進めて，政治家言葉までつかってみました。一人一人に向かって話したり，三人全員に話したりしていたでしょう。

参加者：三人の男性が同じような靴をはいていますけれど，先生は何か前もって暗示していたのですか（笑）。妙ですよね。

オハンロン：前もって心のなかで誘導していたんですよ。どこそこに座るとか，こういう靴を選ぶとかね。

参加者：先生は話し方によって，彼らの呼吸のパターンを調節することができたのでしょうか。

オハンロン：特にしませんでした。進み方がバラバラでしたし，はじまって中盤まできたら，もう一列に整列させるようなことはできませんでした。一人の人に向かったら，しばらくその人に合わせ，それから，他の人にしばらくの間合わせました。私の声はしばらくあるペースを保っていましたので，すぐに彼らは中くらいのトランスに入りました。

けれども，いつもそうではありませんでした。

参加者：ということは，グループ催眠のようなものなのですか。

オハンロン：ようなものではなくて，グループ催眠です。

参加者：だけど，何か共通した問題を扱っていたわけではないですよね。

オハンロン：この人たちが特に何かの問題を抱えていたわけではないでしょう。ただし，ウェインは手術して，治りかけであることを私は知っています。そして，それが本当に私が知っていて働きかけた唯一のことです。終わる間際に，そこでウェインのために働きかけましたが，何かの問題のために働きかけていたのではありません。

参加者：えーと，お聞きしたいのですが，どういう状況でグループでのトランスの誘導をすればよいのですか。

オハンロン：そうですね，似たような問題を抱えているような人がいる場合がいいと思いますよ。グループで行うときには，特別な設定をしてトランスを用いてください。あるいは，あなたがお望みでしたら，ワークショップでのデモンストレーションでもよいですね。

参加者：家族療法ではどうでしょう。

オハンロン：家族療法をするときも，確かに可能でしょう。面接室で複数の人を相手にするとしたら，カップルでも他の場合でもトランスに誘導できるでしょう。いい質問です。他にありますか。あなたからどうだったかお聞きしましょう。

ウェイン：驚きました。私は特に何も起こらないだろうと考えていたのですが，自分の手が動いたことに気づいて驚きました。おそらく片手がそうなって，もう一方もまた動いたのだと思います。あと，鼻水を垂らしはじめたのにも驚きました。

オハンロン：はじめの方の暗示が，後になって効いてきたんだね。タイム・リリース・カプセルを飲んだようだね。

ウェイン：時間が遅れるわけですね。私が見ている色のことを先生が話されていましたが，そのときは特に変化はありませんでしたが，後で紫色に見えました。

オハンロン：あなたはゆっくり学ぶように仕込まれているのかな。なるほど，面白いね。

フレッド：私が入った後で，はじめに起こったのはトンネルのようなものを見たことです。明かりのようなもので，それが狭まって一点に絞られていきました。それから，なくなってきて，また繰り返しました。何回かあったんです。そして，先生から頭を上げて目覚めるようにいわれると，不思議なことなのですが，首を垂らしていたので，死んでいたみたいに感じました。死んでいたように何も感じられなかったという意味ではなくて，温かく感じたり，感覚がなかったり，変な感じがしたりしていたんですけれど。それから，周りに人がいることに全く気づいていませんでした。自分の意識だけを感じていて，それに注意していたんだと思います。

オハンロン：分かりました。ロバート，自分の体験について何か話したいことはありますか。

ロバート：いつもと変わらなかったように思いますが。

オハンロン：トランスに入っていたと確信がもてないのですね。他に何か体験されましたか。

ロバート：いいえ。

オハンロン：いいでしょう。他に感想や質問がありますか。

ウェイン：私も「自分はトランスに本当に入っていたのだろうか」という疑問があるのですが……。

オハンロン：あなたは普段の会話のなかでこんなこと（手を上げる）をしないでしょう。

参加者：声をだして笑ったことを覚えていますか。

ウェイン：ええ，覚えています。あの針を怖がる女性についてのジョークはいいなあ。気に入りました。それから，お聞きしたいんですが，とても緊張していて，トランスに入るのをためらっているような人がいる場合に先生はどうしますか。

オハンロン：その人に許容的に接し，どのように反応するか見ようとするでしょう。さて，質問ですが，ここにある人がいるとしましょう。その人がトランスに入っているかどうかをどうやって区別すればよいのでしょうか。腕浮揚，これはとても大きなサインです。フレッドにとっても，私たちにとってもね。そうしないとトランスにいることが確認

できないのではなく，腕浮揚は外側にあらわれる非常によいサインだと私は言いたいのです。手や腕の浮揚は素晴らしいサインなのです。普段の動き方とは明らかに違いますから。

参加者：あなたは手が上がっていったとき，何を考えていたのですか。

フレッド：くそ，何てこった。どうしちまったんだって考えていたかな（笑）。

ウェイン：私はそれには反応しませんでした。でも，今はこの場で起きたことを嬉しく思います。

オハンロン：いいですね。他にトランスに入っているように見えた特徴はありませんでしたか。

参加者：ウェインの右手の指がごくわずかに動いていたのを見ました。

オハンロン：その通りです。彼はおそらく腕浮揚を起こしかけていたのでしょう。私は腕浮揚と結びつけませんでしたが，起こしかけていたのではないかと思います。

参加者：ウェインの手がはじめに震えていましたが，それから，もう一方の手の方が上がろうとしていました。

ウェイン：私もそれには気づいていました。でも，こっちの手の方がきっと上がりたかったのでしょう。

オハンロン：その手は，それ自身で心をもっているみたいですね。

参加者：顔の動きがなくなっていました。

オハンロン：よく見てますね。

参加者：ロバート，あなたはしばらくの間，トランスに入っていたように思うのですが，呼吸は普段と同じだったのが変わりましたし，何かを噛んでいるような動きも止まりました。私には意図的にそうしたのかどうか分かりませんが。

ロバート：ええ，噛んでいるようにしていたので，集中できなかったのです。だから，その後でやめたんです。

参加者：あなたの呼吸はとても規則正しくなっていきました。

オハンロン：続けていくなかで，動きが少なくなってきたわけですね。いいでしょう。他には。

ロバート：はじめたばかりのとき，私の脚が動こうとしていました。それ

がいいことなのかそうでないのか私には分かりませんでした。それから，先生が自分の身体に注意を向けるようにおっしゃっていたので，少し楽になりました。そして，脚を動かしました。

オハンロン：そうです。それでいいんですね。他にありますか。皆さんはトランスに入っているかいないか分からないようでしたが，あなた自身では，何か分かったことがありますか。

ロバート：手が震えはじめていましたが，それは完全に止まりました。

オハンロン：そうですね。あなたのまぶたがしばらくの間ぴくぴくしていたのも見えましたよ。いいでしょう。他には何かありますか。誰が一番はやくトランスに入ったようでしたか。

参加者：フレッドでしょうか。

オハンロン：そう思いますか。私はウェインだと思いました。ウェインはすぐに，本当にあっという間に動きが止まりました。その次が，フレッドですね。ロバートが入ったかどうか確信がもてません。「おーっと，ロバートが入っているぞ」と思ったときもありましたが，いつもそうであったとは言えませんね。

参加者：こうしてはじめる方が（手のひらを開く），反対にこんなふうにする（手を握りしめる）よりも腕浮揚が起こりやすいのではないですか。

オハンロン：多少はそういうこともあるのかもしれませんが，100％そうだとは言えないでしょう。その影響を考えて，たいてい私は「腕を組まないでください。脚を組まないでください」と話しています。けれども，そうしなくてはいけないということではありません。両手が一緒に上がると，さらに多くの意味のある体験をする人もいます。というのは，こんなふうには決して動くものではないと考えていると，突然に両手が動き出すので，非常にびっくりするからです。意識的に「何がここで起きるかなんて知ったことじゃない」とか「どんなことが起こるか楽しみだ」と考えていても，実際には何かが起こってから，はじめて納得するものなのです。

参加者：どうしてロバートには確かめなかったのですか。

オハンロン：トランスに入りはじめている指標のいくつかを観察していたからです。けれども，たくさんは見ていません。呼吸の変化や動きが

静止したことなどです。視点が固定することは非常によく起こります。それから，他の動きも見ました。呼吸は常に一定ではありませんでしたし，顔の筋肉は少し平板化していましたが，私がよくトランスに入っている人に見る程のものではありませんでした。

参加者：ロバートと私が最初にやった練習では，ロバートは入りはじめているように思えました。それから，意図していないような動きもありました。それから，私たちがはじめてやった練習のなかで，私はぼんやりしてきましたが，それに任せようとしませんでした。そうしたら，視野ははっきりとしてきて，それから，自分でもとに戻りました。そういうことが，トランスに出たり入ったりすることのように思います。

オハンロン：そうですね。私もそういう感じになることがあります。そして，それに付け加えておきたいのは，ロバートが入らないでいることもよいと承認している点です。「抵抗しているんですか」「あなたは入りたくはないんですね」などと言う必要はありません。ですから，非難したりとがめたりするのではなく，「いいんですよ，こうすることができるかどうかをあなたは学んでいるのです。そして，この状態を自分で信頼できるようになれば，どのようにでもしていけるでしょう」と考えていくのです。けれども，私はトランスと同じような特徴をいくつか見ています。彼一人だけだったら，その特徴を通してもっとたくさんのコミュニケーションがはかれたことでしょう。

参加者：トランスを終えるときに，こんなことを話してもよいでしょうか。おそらくご自分の望む深さに入れなかったかもしれません。そして，次回にはさらに深く入ることもできるでしょう。

オハンロン：ええ，結構です。私も次の回に連結しようとするでしょうし，私も将来に*できる*ということを話そうと思うでしょうね。あるいは，彼がほんの少しでも体験をしはじめたということを話すでしょう。そして，これは私の信念でもありますが，トランスの体験を少しはじめたということは，彼はトランスに入っていなくても構わないわけです。彼は足を踏み出したのですから。

参加者：ここに来る前は，「何だかよく分からないな」と怖い感じがしていました。

オハンロン：なるほど。その反対の立場の人もいるでしょう。非常に難しく，起こしにくい現象に挑もうとする人もいます。私はそういうことをしようと躍起になっていたことがありました。どちらの方向性もあります。つまり，「不安だし，入りたくない。こわいな」というものと，「ここで起きることが本当に楽しみだな。難しいこともやってみよう」というものですが，それぞれが対照的ですね。ですから，両者を含めて，トランスへと導いていけばよいでしょう。

　さて，よろしいでしょうか。ここに出て来てくれてありがとう。感謝します。

　さて，トランス現象を喚起する練習を皆さんにしていただきましょう。腕浮揚を引き起こすことがその典型的なものですね。「解決志向催眠における喚起技法」という資料をご覧ください（資料3-3）。このアプローチのなかで，私たちのしようとしていることが，ここには適切にまとめられています。このように反応しなければ**ならない**と外側から人に命令するのではなく，一連の言葉によって招き入れ，反応の可能性を与えていくのです。それから，その人から反応の可能性について教えてもらい，「そうです。手がひとりでに上がっていくこともできます」と語りかけることで，その反応を拡大していきます。先ほどフレッドが反応を示したとき，その反応をもっと拡大することを言ったり支持したりしました。彼の反応と接点をもち，新たな反応が私の暗示した方向性で拡大していったのです。フレッドが反応を起こしはじめたならば，それにのって一つの反応から他のものへと連結しました。

　同じように，ウェインが反応を見せたときも，こう考えました。「いいぞ。ウェインは身体の解離を起こす準備ができているな。彼の反応はとてもよい感じだ。動きも止まっている。このじっとしていることは，トランスのよい徴候のようだぞ」。彼が身体の感覚麻痺，解離，注意の欠如を起こしているのではないかと私は推測しました。というのは，感覚を感じとるような方向性ではなかったからです。身体の解離に発展させる可能性を私は考えていました。その機会を提供すれば，よい方向に働くだろうと思いました。ウェインは脚の手術から回復しかけています。ですから，解離の体験は，彼の身体に役立つことでもあります。これが含意の全てです。いったん反応を得たら，「よし」と思い，それ

> 資料3-3　　解決志向催眠における喚起技法
>
> **逸話・物語・アナロジー・日常生活における体験**
> 　共通体験
> 　特定の人物の背景
> 　事前に話していたこと
> 　間接的に集めた情報や推測によるもの
> 　イメージ——少し遠回しに提示することが多い
> 　具体的；一般的・曖昧；他の感覚モダリティ
> 　状況・活動
>
> **前提・期待**
> 　程度　　　バリエーション　　　前・間・後　　　気づき　　　多肢選択
>
> **散在**
> 　特定の語や句の非言語的強調
> 　言葉のもじり
>
> **指示的な許容暗示**
> 　可能性を示す言葉

にのっていきます。

　解決志向の催眠では，外側から与えていくことよりも，むしろ体験を喚起する方法をとります。逸話やお話，誰にでも体験できる毎日の生活で起こることを用います。一般的によく見られること（ポップコーンを食べるときのことは，前にお話しました。それから，手で服のボタンをかけるときもそうですが，こういうものは解離にあたります），あるいは，その人の背景にある特別なものを用いてもよいでしょう。その人が皆さんに話したこと，間接的に知ったこと，あるいは，それらの両方や推測の場合もあるでしょう。

　デビットと昼食のときに話したことですが，そのときに私は彼がフルートを吹くことを知りました。デビットを誘導するとしたら，音楽を演奏しているときには，吹き方を考えなくても指が自動的に動くということについて話すこともできるでしょう。彼がバンドのなかで十分に演奏できる腕があるならば，フルートを吹くときに指を自動的に動かす体験をもっているでしょう。デビット

は昼食のときにこういうジョークも話していました。「私はいつでもお金があったためしがありません。今もボートや車を持っていますから」。さて，私は彼にボートの趣味があることを知っています。ですから，湖やどこかにボートを漕ぎにいったり，ドライブをしたりすることを話しはじめることもできるでしょう。彼の話から，彼の生活に間接的ないしは直接的に関わっていることを収集しました。つまり，その人について知っていることが何かあったなら，それを使うことができるのです。（前列に座っている参加者に）あなたが手品をすることも知っていますよ。手品を学ぶことや実際に演じることについて話すこともできますね。そうやって話しながら，あなたは手品をするのですから腕浮揚を喚起するでしょう。あなたの手は，今，私の話に反応して動きます。ありがとう。手が反応しましたね。素晴らしいことです。観察したことや聞いたこと，また，それとなく感じたことを使ってみてください。

　アナロジーとは，日常的な体験や観察を話すことです。腕浮揚を起こすためのアナロジーでは，「ヘリウムでいっぱいの風船が手首や指に結ばれていると想像してみましょう」などと言えばよいのでしょう。けれども，解決志向アプローチでは，ちょっとそれでは指示的すぎるでしょう。というのは，その相手が風船を視覚化できなかったら，「私はうまく想像できないわ」と考える恐れがあるからです。ですから，そのようなことがないように，少し遠回しなアナロジーを用います。「ヘリウムでいっぱいの風船が手首や指に結ばれていると想像する人もいます」という具合ですね。

　前提や**期待**についてもすでにお話しました。トランスに誘導するという観点から期待をすることです。手や腕の浮揚の場合には，「どちらの手が先に上がっていくのでしょうか」と言えばよいですね。次にお見せするビデオテープのなかで，エリクソンが何回か使っているのを皆さんはお聞きできるでしょう。

　散在は，特定の語を強調したりすることです。デニスとのデモンストレーションのなかで，私がどの程度言葉を散在させていたかお気づきになりましたか。「あなたに適切なレベルで，いろいろな方法によって，**直面** face している問題をあなたの無意識が援助しています。無意識の助けをかりて，目標に向かって**動いて** move います」というように私は話しました。**上，動く，顔，手，腕**といった言葉を強調していました。こういう言葉のなかには，非言語的にも強調を加えたものがありました。散在暗示です。言葉をもじることもありますし，指示

的な言葉の場合もあります。

　「その手は上がっていくこともできますし，その腕が上がっていくこともできます。手の感覚がなくなることもできるでしょう。頭をあげて目覚めることができますし，首を垂らしてトランスにそのまま留まることもできるでしょう」。こういうものが一般的な**指示的な許容暗示**です。よろしいですね。これからお見せするテープのなかでエリクソンが行っているのがお分かりになるでしょう。

ビデオテープ 3 ── 腕浮揚（エリクソン，1958）

　最初にお見せするのは，1958年のテープです。スタンフォード大学で，エリクソンの催眠が研究され，録画されたときのものです。エリクソンはこの女性を誘導しています。彼女が座ってから，はじめにエリクソンは「ライトのことを忘れていますか」と話しています。というのは，撮影用の大きなライトがついていたからです。そして，この言葉は何を暗示しているのでしょうか。負の幻覚ですね。エリクソンはそう尋ねることで，これから起きることを暗示しています。それに対して，彼女が「いえ，そんなことないわ。そうすべきなのかしら」と言うと，「いいえ，けれども，あなたにはできますし，知っていますよ」とこたえています。それから，彼は腕浮揚を引き起こしはじめました。

> **エリクソン**：そして，少しの間，私はあなたの手を支えていましょう。今，あなたは自分の手を見て，そこで休んでいますね。そして，赤ちゃんにご飯を与えているときの感じをあなたはご存知でしょうか。赤ちゃんに口を開けてほしいときには，赤ちゃんのかわりにあなたが口を開けますね。それから，車の後部座席に座ってるのに，ブレーキを踏む動作をしたことがありますか。
>
> **ルース**：はい。
>
> **エリクソン**：そうです。私はそういうものと同じように自動的な動きをしてほしいのです。今，私の手を見てごらん。ゆっくり，とてもゆっくり，意図的な動きではないのに，私の右手が上がったり下がったりしています。そして，左手も上がったり下がったりします。さて，理解しておいてほしいことは，あなたは意識の心をもっているということ

です。そして，これはあなたも私も知っていることですが，あなたは無意識の心や意識外の心ももっています。そして，私の話している意味が分かりますね。今，右手や左手を意識的に上げることもできるでしょう。けれども，あなたの無意識の心は，一方の手かもう一方の手を上げることができます。

エリクソンは日常的に体験することのなかから，自動的な筋肉運動の例をあげています。赤ちゃんにご飯を食べさせたいとしましょう。赤ちゃんに口を開けてほしいときには，赤ちゃんのかわりに皆さんが口を開けます。

> エリクソン：それから，自分の手を見ていてほしいのです。一つ質問をしましょう。そして，あなたは意識的にこたえようとする必要は全くありません。その答えが何であるかただ見ていてください。

ここでエリクソンは，彼女の注意を焦点づけています。

> エリクソン：質問をしましょう。どちらの手を先にあなたの無意識は上げるのでしょうか。右手，それとも左手でしょうか。

「どちらの手を先にあなたの無意識は上げるのでしょうか。右手，それとも左手でしょうか」というのは，よい前提ですね。エリクソンは手が上がると仮定し，両手とも上がると仮定しています（なぜなら，「どちらの手を**先に**上げるのでしょうか」と尋ねているからです）。さらに，エリクソンは，無意識の心が上げるという仮定もしています。

> エリクソン：そして，あなたは本当に知らないのでしょう。けれども，無意識の心は知っています。そうだね。そして，どちらかの手が上がりはじめています。上がる，上がる，すーっと上がっていきます。そして，それを見ていてほしい。そうだね。上がっていくのを見ています。上がっていく。上がってきています。もっと上がります。そして，見ていてください。すぐに分かります。そして，自分の手を見続けてい

てください。そして，お望みでしたら，目を閉じることもできますし，ただ手を高く，上げている感じを味わうこともできるでしょう。そうだね。上がる，上がっていく。そう。肘が曲がりはじめるでしょう。そして，手が上がっていく。そうです。上がっていく。そして，今，目を閉じてただ上がっていくのを感じます。そして，高く高く上がっていく。そして，私はこの手（左手）をつかみます。そして，上がる，上がって，すーっと上がっていきます。そうです。もう一方の手（右手）も上がって，上がっていきます。そうです。

　結構私はここが好きですね。というのは，私の経験からみても，エリクソンがあまりよい反応を得ていないことが，十分に理解できるからです。エリクソンを全能であると位置づけるのではなく，彼であってもご覧の通りに「上がる，上がる」と言っているのに，上がっていかないこともあるのです。けれども，さすがにエリクソンは熟練していますから，いつも得られるはずの反応が得られなくても，引き出していくんですね。一つのやり方でうまくいかないと，他のやり方をとります。彼は非常に辛抱強く，また非常に創造的です。彼女は非常に従順ですが，腕浮揚を起こそうとしていません。ですから，エリクソンはそのことを認め，硬直の誘導を行っています。エリクソンは両手を持ちあげ，硬直のための誘導を行います。それから，一方は下がり，一方は上がるという興味深い暗示を与えています。その二つを連結しているわけです。つまり，彼女が手を上げることへの抵抗を示したとしたら，手を下げることでその抵抗を表わす機会を与えているのです。今，彼女は抵抗することで反応しています。彼女の反応は抵抗による反応です。ですから，機転のきいた働きかけですし，効果的なやり方だと思います。

　　エリクソン：さて，先ほど片手が上がり，もう一方の手が下がるということを話しました。そして，どちらの手がはじめに下がりだすかあなたはご存知でしょうか。片方が，もしくは，もう一方が下がっていきます。そして，下がってきました（右手）。そう，そうです。下がっていきます。下がります。そして，そのままずーっと下に。そのままずーっと下がっていく。下に，下に。

「どちらの手がはじめに下がりだすか」とエリクソンは先ほどと同じ前提をここでも用いています。片手が下がりはじめると「そうです」と言って強化して，その反応を拡大させています。

> **エリクソン**：そして，それが（右手）下がってくると，深い深いトランスに入っていくでしょう。深い深いトランスに楽しみながら入ってほしいと思います。そして，あなたの手が膝につくと，深呼吸をして，さらに深い深いトランスに入っていく。というのは，今学びはじめようとしているからです。そうです。そこで休みます。そう。それから，深呼吸をして，深く眠ります。

さて，エリクソンは新たな反応をトランスに深く入ることに連結しています。「それが下がってくると，深い深いトランスに入っていくでしょう」と言って，その次に，トランスに楽しみながら入ることへと連結しています。さらに，エリクソンは深呼吸とトランスに入ることとを連結しています。

> **エリクソン**：そして，あなたにはもうすでに何分もの時間が経過しているように思えるでしょう。そして，ゆっくりと目覚めて私の方を見て，話をしてもらいましょう。そう，ゆっくり今起きます。ゆっくりと目覚めます。今，目覚めます。そして，目を開けます。いいですね。そして，あなたはトランスの入り方を学びはじめています。お分かりですか。
>
> **ルース**：私もそう思います。
>
> **エリクソン**：あなたもそう思っている。そして，あなたの手はどういう感じでしょう。
>
> **ルース**：うーん，ちょっと重い。

「あなたはトランスの入り方を学びはじめています。お分かりですか」というのは，前提であって，含意であって，そこでは行動的にも言語的にも少し間がおかれています。彼女が声を出しにくそうにしているのに，皆さんはお気づきでしょうか。声の質が変わっていますね。

 エリクソン：ちょっと重い，そして，はっきりと自分の手が見えますか。
 ルース：膝の上にある手（右手）の方ですか。はい。
 エリクソン：すると，こっちの手（右手）ですね。
 ルース：ええ。

また，負の幻覚の暗示ですね。どうして「はっきりと自分の手が見えますか」と尋ねたのでしょう。見えなくなることや後で見えなくなることの含意にあたります。

 エリクソン：その手（左手）を見ていると，だんだん自分の顔に近づいてきます。そう，そうだね。

エリクソンは決して手が動くとは言っていません。「その手を見ていると，だんだん自分の顔に近づいていきます」と話しているだけです。手が動きはじめると，「そう，そうだね」とその反応を強化していきます。彼女は微笑みはじめます。

 エリクソン：それから，腕の動き，肘の曲がり方，そして，顔に手がだんだん近づいていく様子について最大の注意を払ってほしいのです。

エリクソンは肘の動きの感覚に注意を払うことを望んでいます。肘が曲がることの含意ですね。エリクソンの望んだ通りの反応があらわれています。

 エリクソン：そして，もう少しで顔に触れようとしています。けれども，深く息をする用意ができて，目を閉じて深い深い眠りに入ったような感じになるまでは，顔に触れないでしょう。

ここでは，随伴性の暗示を用いて連結しています。

 エリクソン：いいですね。ほとんどの準備が，ほとんど準備が整いました。そう，そうだ。そして，動きだします。動いていく。そう。そして，

あなたは顔に手が触れるのを待っていて，深呼吸をする準備もしています。深い安らかな眠りのような深いトランスに入る用意をしています。あと少しで触れようとしています。そう，もう今ほとんど触れようとしていますが，まだ深呼吸する準備をするまでは触れないでしょう。そして，目が閉じていきます。そう。だんだん近くに，ずーっと近づいてきます。そうです。肘がもっと曲がっていく，今，指があごに触れる。そう，ほとんど，もうほとんどそうですね。そして，頭が前の方に下がりはじめています。そうだね。そして，深呼吸をして，深く入っていきます。そうです。

エリクソンは彼女の反応を帰属させたり，連結や描写を行ったりして強化しています。

ビデオテープ 4 ──腕浮揚（エリクソン，1975）

さて，ここで1975年のビデオをお見せしましょう。これは先ほどのモンドの例です。ここでも，エリクソンが腕浮揚の誘導を行っています。モンドが夫の腕浮揚を観察していたときの体験を喚起しています。

> **エリクソン：** さて，あなたはニックの手が上がっていったことを覚えていますね。どちらの手が顔に近づいていくか分かるでしょうか。そして，今あなたはどちらの手なのかと疑問に感じています。そして，それを顔の方に上げていき，素早く動かします。どちらの手がそうなるか少しだけ気づきはじめました。けれども，腿から手が離れるまで，それを信じ込む必要はありません。

エリクソンは「そして，今あなたはどちらの手なのかと疑問に感じています。それを顔の方に上げていき，すばやく動かします」と疑いをもつことが手を上げることになると帰属しています。彼女は微笑んで頷くという反応を見せています。「どちらの手がそうなるか少しだけ気づきはじめました」。少しずつ動いているのに注意してください。彼女は微笑んでいますね。

エリクソン：それから、もう少ししたら、私にはいつか分かりませんが、あなたは目の前にあるものに驚きを感じるでしょう。目を開けてそれを見るのか私には分かりませんが、おそらく目を閉じたままで見ようとするのかもしれません。それはあなたが長い間見ていなくて、忘れていたものですが、あなたを喜ばせるものなのです。私は以前に若い女性とこういう話をしたことがあります。その女性は、どういう感じがよい感じなのか分かりませんでした。彼女は犬を抱っこしていましたが、それは学校にあがる前のことでした。それから、子どもの頃は、いくつもの希望ももっていました。

　ここで、エリクソンは自分が得た腕浮揚の反応から、他に望んでいる反応、つまり、正の幻覚へと連結を行っています。「それから、もう少ししたら、私にはいつかは分かりませんが、あなたは目の前にあるものに驚きを感じるでしょう。目を開けてそれを見るのか私には分かりませんが、おそらく目を閉じたままで見ようとするのかもしれません」というところです。その後で、エリクソンは視覚的に見させています。彼女は何かを自分の外に見ているのです。モンドはアヒルと遊び、魚をとっている小さな頃の自分を眺め、窓をけって中に入る姿を見ています。エリクソンはこういうものを彼女に用意したのです。

　エリクソンは一つ反応を得ると、次に引き起こしたいことと結びつけます。それは曖昧なものですが、指示的でもあります。つまり、「それはあなたが長い間見ていなくて、忘れていたものですが、あなたを喜ばせるものなのです」という具合です。このような記憶を喚起するために、エリクソンは他の女性が年齢退行を起こして、過去の感情を取り戻したというお話をしています。「その女性は、どういう感じがよい感じなのか、分かりませんでした。彼女は犬を抱っこしていましたが、それは学校にあがる前のことでした。それから、子どもの頃はいくつもの希望ももっていました」。エリクソンは記憶をよい体験や喜ばしい体験に変えています。また、動物を連想させる誘導まで行っていたのかもしれません。そして、彼女はアヒルをつかまえて遊んだ楽しい感じを思い出しました。エリクソンはモンドの連想や注意を誘導し、変えていきました。エリクソンは特定の出来事を思い出させるのではなく、「よい感じを思い出しなさい」と言っているわけです。

エリクソン：上がってきています。どんどんはやく。今はあなたも分かります。そして，分かることを嬉しく感じます。そして，顔に近づいてくる感じ……そういう感じは何かに似ています……子どもの頃，自分の手が自分のものであることを発見したときの感じです。そして，学ぶことは素敵なことなのです。そして，顔へ上がってきます。そして，あなたの無意識はぴくぴくとした動きを見せています。というのは，無意識の心は，意識の心が流れるような動きをすることを認めているからです。それに対して，無意識は反射のような動き方をとってしまいます。そして，自分の顔に触れようとしています。そして，顔に触れるときには，左手や右手をその位置にしておくことはできないでしょう。下におろすことはできません。左手がすーっと顔に触れようとしています。上がっていきます。今ここにいるのは，あなたと私だけですね。二人だけです。そして，私は話したい人に話せます。それで，ニック，あなたにはまだトランスに入ってほしいとは思いません。けれども，あなたの無意識は今まさに非常にたくさんのことを学んでいます。何を学んでいるかはあなただけが知りません。あなたが学んでいることの一つを私がお話しましょう。そして，それはあなたの左手が意志とは無関係に上がりはじめることなのです。そして，今は目を開けていることが難しいでしょう。そして，顔の力が抜けてだらーんとなります。

　「今ここにいるのは，あなたと私だけですね」というのは負の幻覚です。ニックには，「あなたにはまだトランスに入ってほしいとは思いません」と話しています。

　エリクソン：そして，私が他で話している間は，モンド，あなたは深い深い眠りに入っているのです。そして，今，右手を下げることができるので，左手が顔の方に上がっていくでしょう。だんだん近づいていきます。3インチ，2と4分の3インチ，そうです。それを楽しみます。そして，あなたを驚かせることでしょうが，左手が顔に触れる前に，右手がそれを知っています。ますます近くなります。おそらくちょっ

とだけずるをしてみることもできるでしょう。そして，あなただけが私の言っている意味が分からないでしょう。そうです。あなただけが私の言っていることが分からないでしょうが，あなたの無意識は知っています。ずるしはじめています。私があなたのためにそれを判断しましょう。あなたは頭を少しだけ前に下げて，自分の手に触れるでしょう。それから，私も楽しんでいますが，あなたにも楽しんでほしいのです。そして，私が思っている以上に楽しむのでしょう。どのように達成されるのでしょうか。頭が下がり手に触れるのか，手が上がって顔につくのでしょうか。あなたには本当に分からないけれども，見つけようとしています。さて，どちらなのでしょう。しばらくの間，自分の手のことを考えていてください。手について考えます。そして，手が触れると，右手は下におります。

　さて，いいでしょう。練習をしていきます。今までとは違うやり方でこの練習はしていきます。皆さんも明日この練習を行いますが，今この場では，二人の方に出てきていただいて，私がコーチをしましょう。その人はちょうど金魚鉢のなかで実習するようなものですね。外側から私がその人の別の人格の役割をとって，進め方のアイデアを提供します。どなたにしましょうか。**あなた**にしましょう，シャロン。なぜなら，あなたはちょっとトランス中毒気味でしょうから。以前にトランスのなかで腕浮揚を起こしたことがありますか。えっ，トランスに入ったことなんてない。そうでしたか。私はすっかり経験があると思い込んでいました。分かりました。もしよければ，プリシラ，誘導をお願いしたいのですが，どうでしょう。やってみますか。ありがとう。

　私は智恵のあるプリシラになりましょう。プリシラがはじめてから，「どうしよう，なんて話したらいいのかしら」と思うことがあるかもしれません。けれども，もし行き詰まってしまうことがあったら，私があなたに話しますから，私が話したのではなく，自分のしゃべる言葉のように私の言葉を繰り返せばよいでしょう。息をはくときに話し，腕浮揚の反応を引き起こしていきます。もう一度言っておきますよ。ハプニングが起こっても心配しなくてよいのです。私とミルトン・エリクソンがここで後ろから見守っていますから。シャロンに対してこんな風に話していくのです。「それはどのように起こるのでしょうか，

いつ，どんなふうに起こるのでしょうか。はじめに指が動くでしょうか。親指が先に動くのでしょうか」というようにいろいろな特徴について話していきます。それから，あなたやシャロンが毎日の生活のなかで，手や腕を自動的に動かしている体験を考えます。特にいたずら書きのことや授業中に手を上げるということのような手や腕の動きがよいでしょう。

　いくつかヒントをさしあげましょう。「手が上がっていくかもしれません。手を上げることもできます」というように，許容的な暗示を用いましょう。また，腕浮揚を強調したり，散在したりする暗示をしてもよいかもしれません。例えば，「上がる」とか「上に」などのね。「私がイギリスに行ったときの話なのですが，イギリス人はエレベーターのかわりに**リフト**liftと呼んでいました。ですから，それぞれの文化に特有な言葉があるんですね」。あなたは，自分のよく知っている領域での**筋肉**の働きについて話すかもしれませんし，他のことかもしれません。こういう言葉，つまり，**筋肉，上がる，腕**という言葉を強調できますね。「デニス，腕浮揚をはじめて起こすときに，とても楽になっているdis**arm**ingのです」というように，「**腕**arm」という語を強調していきます。ですから，あなたは今話したこういう特徴を使えばよいでしょう。できる限りの間違いをして，ぎこちなさや行き詰まりを感じることが，あなたの役割です。そうしたら，私がアドバイスしますから。はじめはまずトランス誘導です。ほんの少しだけでも言葉が口からでたら，これはもう素晴らしいことなのです。また，文章の形になっていれば，なおさらよいでしょう。さあ，すぐにはじめましょう。

練習 ③──腕浮揚の試み

　プリシラ：シャロン，私たちはいろいろな方法で息をしているように，あなたは自分の好きなやり方で息をして，私はそのリズムをつかみましょう。えっと……そして，ちょっと前に目を開けた方がいいのか，閉じていた方がいいのかということを話しました。あなたはどちらの方がいいですか。

　シャロン：目を閉じる方。

　プリシラ：分かりました。そして，普通に呼吸してください。

オハンロン：「普通に呼吸してください」よりも「あなたは……できます」の方が命令っぽくなくていいね。もし彼女が自然に呼吸していなかったら，そのようにしようと思うでしょうから。はい，続けてください。

プリシラ：そして，笑ったり顔をしかめたり他のことをしたりすることも，あなたにはよいのでしょう。

オハンロン：「よいのでしょう」と私なら言いませんね。こういうことを強調したいとは思いません。もっとやってほしいことではないからです。けれども，シャロンが望むのなら，笑うこともできますし，それはそれでよいけれどね。むしろ彼女の手が動いたとしたら，「そうです」「素晴らしい」「いいですね」と私なら誉めたいですね。けれども，彼女が笑ったりしたら，少し注意をそらしてほしいのです。私でしたら，**認めはしますが，強化はしません**。よろしいでしょうか。

（括弧内はオハンロンのコメント）

プリシラ：そして，以前どこかで自分の腕を上げて何かをした経験があると思います。例えば，食料品をもちあげて車からおろすというようなことです。特にそれが車のトランクのなかにあるときには，手を伸ばしてもちあげなくてはなりません。そして，たぶんおそらくこの午後には腕浮揚ができると思います。（トランスに入っていくと……）トランスに入っていくと，（もしかすると，意識的にはまだトランスのことをよく分からないのかもしれませんが……）もしかすると，意識的にはまだトランスのことをよく分からないのかもしれませんが，できるならば，あなたの腕が上がるでしょう。（腕が上がることの前提として，「できるならば，腕が上がるでしょう」というのは，ふさわしくありません。「手や腕が自動的に上がっていくこともできます。そして，私にはよく分かりませんが，あなたはトランスにすぐに入るのでしょうか，もうちょっと先なのでしょうか」と話せます。今私が話したり，あなたが話したりしている最中に彼女の親指や他の指が動きはじめてきていますね。ですから，私はこれに注目して，反応を広げていきたいと思います。「今，おそらく気づいているかもしれませんが，親指が動いています」）おそらく気づいているかもしれませんが，親指や他の

指が動いています。そして，もしそうなら，私には分かりませんが，どちらの（手が先に上がっていこうとする……）手が先に上がっていこうとするのでしょうか。（どちらの手がそうなると彼女は思っていますか）どちらの手がはじめに動いていくのでしょうか。あなたの無意識の心は知っていますが，私にはどちらの手が選ばれるのか分かりません。（あるいは，両手か）あるいは，両手なのでしょうか。（そして，同時に動く……）そして，同時に動きはじめるのかもしれません。

　（今は彼女が息を吸うときに，腕が上がると暗示するのが適当でしょう。彼女が息をするときの腕の上の方の動きを見てください。動いていませんか。そして，彼女の手も動こうとしています。ですから，腕浮揚の暗示が適当でしょう）。そして，無意識はどちらの手を先に動かすのか，両手を動かすか決めるとき……。（息を吸うときに「上がります」と言ってごらん。というのはね，息を吸うときに，腿から上がるからね。そうです）そうです。上がっていく，上がっていきます。（だけど，ずーっと顔まで上がるのかな）。（シャロン笑う）ごめんなさい。（こういうプロセスを見たり，聞いたりするのは不思議なことですよね。そのためにシャロンを私は選んだのです。もちろん，あなたがこういう私たちの話を聞けるのを知っていますが，おかしく感じながらもそのままにしておくこともできるでしょう。あなたにふさわしいトランスに戻りましょう。そうですね）。動きはじめています。トランスに入るときに笑いだす人もいます。（トランスに入ると，腕浮揚を起こす人もいます。彼女はすでにトランスに入りつつあると思います。もしくは，ちょっとしたトランスのなかにいるのかもしれません。そして，腕浮揚に取り組んでいます。「そして，そういうプロセスを続けていてください。関心がひかれてきたり，面白くなってきます」。そして，いったんあなたが反応を得たなら，腕を上げることに導いていきます。また，他の反応ならば，どのくらい上がるか考えていけばよいでしょう。顔まで手がずっと上がっていくのなら，それに彼女が気づいているのか，上がっているのにその感じがないままか，まっすぐに上がっていくのか，こういうものは全て可能性です。けれども，手が顔に触れることやもっと腕が上がることを私はイメージのなかで見て

いるのです。しばらく私は黙っていましょう。どうぞ続けて)。そして, あなたの腕は上がっていくのでしょうか。どこまでいくのか, まっすぐに上がっていくのか, あっちにいったり, こっちにいったりするのか, まっすぐに顔まで上がっていくのでしょうか, 上に上がっていきます, 鼻に向かって上がっていくかどうか, 頬に上がっていくのでしょうか。おかしなことだと本当にあなたは考えているのかもしれません。けれども, 今は上がっています。いつでしょうか, いつ顔まで上がっていくのでしょうか。いろいろな疑問をもっているかもしれませんが, そのまま上がっていきます。(上手に組み入れましたね) そして, 上がるかどうか私にも分かりません。どのくらい上がるか, けれども, それでよいでしょう。だんだん近づいて, 近づいていきます。あなたが首を曲げるのかどうか私には分かりません。

(さて, ちょっと関係ないことにみえますが, 話しておきましょう。彼女は何かを学んでいます。トランスに入ることや上手に腕浮揚を起こすことを学んでいます。これは彼女にとっては新しい体験ですね。その腕浮揚を彼女自身の個人的な目標と結びつけたり, 動機に連結したりしていくのがよいでしょう。彼女と話したりしたでしょうから, シャロン, 君の方が私よりもよく知っていると思うけれど, 彼女が水晶を身につけているのが私にも分かります。ですから, きっとニューエイジの考え方をもっていて, 多くの治療者と同じように, 彼女はヒーリングに関心があるのかもしれません。手を上げることが, どうして彼女のヒーリングと結びつくのでしょうか。何か個人的なことが, 彼女の心の琴線に触れるのです。というのも, 彼女の顔に手が上がるというような動機は, 外からではなく, 自分の内面から湧き起こってくるからです。あなたがそういうものと結びつけられれば, とても素晴らしいことです)。シャロン, 手が上がって顔に触れるときに, あなたが望んでいるようなことが起こるのかどうか私には分かりません。自信や達成感などがあなたにもたらされるでしょう。(このワークショップで学んできたことを自分のなかにまとめていくという感じ, そして, トランスを用いる能力について, 個人的にも職業としても自信をだんだんつけてきている感じに結びつけていきたいものですね。彼女が催

眠のワークショップに来ているということを私たちは知っています。つまり，彼女は催眠を学びたいと思っているのです）。あなたの手はもっとはやく上がっていきます。そして，手が顔に触れると，自信や満足感を得られるでしょう。（「……でしょう」という言い方は悪くはないのだけれど，もし彼女がそうしなければ困ってしまいます。彼女はもうすでにここでたくさんの反応を起こしています。彼女はあなたの言うとおりにすると思いますが，ちょっと指示的すぎるような気がします）。上がっていきます。もっとはやく上がっていく。手が顔に触れると，自分の目標も理解できます。（あるいは，何か特定の目標も）上がっていきます。そして，手が上がって顔に向かっていくと，自分のために設定した目的，つまり，その理解や自信というようなものが達成されるのです。上がっていく……もう少し（そうです……）そうです，もう少し……（もう少しで届こうとしています……）近づいています。もう少しですね。（それから，シャロン，顔についた後は，私が誘導を行いましょう。時計の時間で30秒程で，トランスから覚めることができます）とても近い，（手がそこまで上がっていくと，今度はすっかり手をおろすことができます）その手をそこにおろしたり，戻したりすることができるでしょう。そして，少し時間をかけて，この時間，この場所に戻ってきてください。（そう，よくできました。素晴らしい）

　シャロン：前の時よりも，何かとても不思議な感じでした。

　なるほど，ライバルが出現したようですね。ただし，そのうちの一人はちょっと変わっていますが，それはそれでよいでしょう。ここにいる方に尋ねてみることもできますけれど（笑い）。いやいや，教えてくれないですね。ええ，よかったです。よくやってくれました。ご苦労さまでした。たいへんよかったです。二人ともよかったです。どうしてシャロンを選んだと思いますか。私のようにトランス中毒だからです。彼女がとても反応性の高いことを知っていたからです。私は教えながら，皆さん全員を観察してどのように反応しているか見ています。そして，何人かの方はとても反応性の高いことが分かりました。シャロンにもそういう印象を抱きました。

今朝ここで行ったことを振り返ってみましょう。私たちはこのワークショップの山場にさしかかりつつあります。どうしてトランスを使うのでしょうか，トランスは何に効くのでしょうか。また，このアプローチにおいての無意識の心というものについても取り上げていきます。もしもエリクソンが言っていたように，無意識の心が非常に智恵があるのであれば，どうして私たちは症状によって苦しまなければならないのでしょう。こういうことを明日取り上げていきます。そして，練習ももっと積んでいただきます。明日の練習は，「トランスのなかで，あなたは自分の望むことができるでしょうし，自分の行きたいところにも行けるでしょう」という優柔不断な曖昧なものではなく，腕浮揚，時間歪曲，年齢退行のような反応を得るようにして，ある特定の方向に向かうものです。治療のなかでどうしてトランス現象を使うのかという問いに対しては，明日答えをだしていきます。トランスに入れてからすることについて，治療のための明確なモデルも皆さんに示したいと思います。そして，皆さんは今日意識と無意識のレベルでたくさんのことを学びました。私には分かります。それから，皆さんは夢というものをご存知でしょうから，今晩学んだことをまとめたりひろげたり，ただぐっすり眠ったりするために，いろいろな方法で自分の夢をお使いになることを提案しておきましょう。そして，明日はもっと気持ちよく学ぶことができるでしょう。

第4章
なぜトランスを使うのか

　今朝行うことは，このワークショップの山場にあたります。いったいなぜ皆さんはトランスを使うのでしょう。催眠というものは何の役に立つのでしょうか。皆さんはこれまで催眠を使わなくても，臨床の場でうまくやってきたのではないでしょうか。それなのに，どうして今さら催眠が必要なのですか。
　この質問に答えるために，まず無意識とは何かという疑問からとりかかりましょう。エリクソン派のアプローチで用いる「無意識」という言葉は，フロイト派のように，自我や超自我が扱う抑圧された衝動や原始的衝動とする考え方とはちょっと異なっています。エリクソンはこの概念を何通りかの異なった意味で用いています。その一つ目は，フロイト派の前意識preconsciousに少し似ています。必要なときには思い出せますが，通常は意識の心に留めておけない事柄を保持する貯蔵庫というものです。エリクソン派の二つ目の無意識の定義は，人の奥深くにある智恵をもった自己というものです。三つ目の定義は，無意識は皆さんが学んできたことがおさめられているジュークボックスであるというものです。つまり，記憶のジュークボックスです。皆さんが正しいボタンを押せば，脳がある操作をして特定の出来事を思い出すでしょう。意識の心に留めるのではなく，意図的に思い出せないことを保つ情報のジュークボックスのようなものです。けれども，それは前意識でもありません。三つ目の定義では，無意識は人生のなかで得た感覚記憶から構成されるとしています。
　三つ目の定義は，今朝お話することと関係が深いものです。この考え方は，皆さんのなかに存在する自動操縦の機能と関係しています。エリクソンは「あなたの無意識を信じなさい」とよく言っていました。また，エリクソン派の人が「あなたの無意識は創造力に富んでいて智恵があります。無意識はあなた自身の智恵であって，意識の部分よりもはるかに優れています。けれども，意識的なせせっこましい信念に無意識がおさえられてしまっています」と語るのを

聞くこともあるでしょう。

　ロサンゼルスにジョセフ・バーバー Joseph Barbar という私の友人がいます。後ほど皆さんに彼のテープを聞いてもらいます。ジョーは批評家タイプの男性です。彼はエリクソンを「導師 guru」として祭り上げ，紫色のパジャマを着るようなエリクソン派の運動を好んではいません。ジョーは，私という人間もまたちょっと不遜であることを知っています。エリクソン会議が開かれたとき，私たちは昼食をともにしました。そのときジョーは「なあ，エリクソン派の奴らは『無意識を信じなさい，あなたの無意識は創造力にあふれ，智恵があります』と言いまくって，俺を洗脳しようとしているんじゃないか。無意識は馬鹿でまぬけだってことを奴らは知らないのか」と声を大にしていました。これは私にとってよい機会でした。というのは，無意識は賢明で創造力に富むことやエリクソンから多くの影響を受けていることを私は認めていたからです。あのような固定した柔軟性のない信念に挑むのは，よい機会だと思ったので，彼の言っていたことについて考えてみました。私は何年も無意識を自分なりに分類してきました。その結論はこうです。「無意識は賢明なことについては賢明であり，愚かなことには愚かなのであり，賢明であることが愚かなことであっても賢明であることもある」というのが私の考えです。今のは混乱技法ではありませんよ。はっきりとしたことです。それでは，このことについて説明していきましょう。

　「無意識は賢明なことについては賢明である」という考えからはじめましょう。もし皆さんがテニスのやり方を知っているとすれば，外に出てテニスの練習をするとよいでしょう。テニスが相当に上達して，さらに練習し，レッスンを受け，完全にできるようにまでなれば，素晴らしいテニスの選手の誕生です。そうしたら，テニスコートに行ってテニスをするときには，無意識を信じればよいのです。無意識はテニスについて賢明ですから，やり方にこだわるべきではありません。もしテニスを意識的にしようとしたり意識的に考えようとしたならば，テニスがうまくできなくなってしまうでしょう。皆さんがタイプの打ち方を知っているのなら，自分の無意識を信じるべきです。キーを見たり打ち方を考えたりしてはいけません。打ち方を考えようとすると，非常に遅くなって疲れてしまうでしょう。無意識の定義の一つには，自動的に物事を行うということがあります。すでに車を運転できるのならば，ブレーキやクラッチの踏

み方を考える必要はありません。一旦運転の仕方を学べば，あなたの無意識は学習したことについて賢明です。皆さんは考える必要はありません。

　私はこの講演を進めたりギターを弾いたりすることができます。そして，講演**しながら**，ギターでかなり複雑な曲を演奏することもできるでしょう。なぜなら，私は両者とも自動的にできるようになっているからです。ですから，私の無意識はギターを弾くことに関しては賢明なのです。もし私がバンジョーを手にしたなら，立ち上がって演奏することなどできません。私はここに立っていられずに，ただふらふらと歩きまわるしかありません。こんなときには，**芸術的インスピレーション**がひどい状態になっていますから，**インスピレーション**を呼び起こそうとするでしょう。つまり，私の無意識はバンジョーについて賢明ではなく，ギターを弾くことに関しては智恵があります。私の無意識はテニスについて賢明ではありません。ですから，当然コートに出ても無意識を信じるべきではありません。私はテニスが苦手なのです。テニスを注意して学び，いろいろと検討し，練習をたくさんこなし，また，さぼったり間違えたりしていく必要があるでしょう。そして，どうすれば無意識の心が賢くなるのだろうと思いめぐらすのです。テニスが上達するためには，たくさんテニスをする必要があります。つまり，「無意識の心は，愚かなことについては愚かだ」ということです。私はキーを見ないとタイプが打てないので，よいタイピストとはいえません。私が正しいと思っているキーを打つだけでは，仕事にならないのです。

　最後のカテゴリーに移りましょう。つまり，「無意識の心は，賢明であることがかえって愚かなことになっても賢明であり続けることもある」ということです。エリクソンの自然アプローチを思い出してください。私たちは特定の文脈のなかでは，賢明であることがかえって愚かなことになっても，自然と賢明であり続けることがあるのです。

　私は幼い頃，性的にも身体的にも非常に多くの虐待を受けました。そして，コーピング・メカニズムとして，自分の経験と身体とを解離する方法を学んできました。昨日のウェインのようにね。彼の場合は直接的な誘導によって，身体を解離しました。虐待されてきたので，自発的に解離を行って生きていくとき，自動的に解離することがとてもうまくなっています。これは性的虐待や身体的虐待から生き残るためにたいへん重要なことです。人は自発的にそうするようです。そして，そのことは優れた生き残りの技術なのです。残念なことに，

その後成長し，虐待の文脈から逃れても似たような文脈に入ってしまうことがあります。おそらく結婚したり親密な関係を築いたりして，パートナーはあなたに性的なアプローチをはじめますが，そこであなたは解離をしてしまいます。その場にいなくなるのです。パートナーがあなたを虐待することは決してないのですから，何も恐れる状況ではないはずです。しかし，あなたの無意識は解離することに賢くなりすぎているために，自動的に解離してしまうのです。それも無意識にしてしまうでしょう。そのような状況では，あなたの無意識は，賢明であることがかえって愚かなことであっても，賢明であり続けるのです。

仮にあなたが痛みをもっていたならば，痛みに気づいてきたことは素晴らしいことでした。というのは，痛みは信号として役立っていたからです。慢性的な関節炎や末期ガンというような慢性的痛みを抱えていると，もはや痛みは信号としての価値は何もありません。痛みに気づくことが賢明でないにもかかわらず，痛みに気づく練習を何年もの間続けてきたのです。ですから，あなたの無意識は，ある文脈のなかでは賢明であることがかえって愚かな場合であっても賢明であり続けることがあるのです。

このことは，なぜトランスを用いるのかという質問に結びついてきます。どういうことに効果があって，どういうことには効果がないのでしょうか。どなたかが先ほどこういう質問を私にしました。どういうときに催眠を使って，どんなときに使わないのですか，いつでも使っているのですか，とね。いいえ，そんなことはありません。私のクライエントが待合室でパンフレットを見つけて「先生は催眠をするのですか」と尋ねない限り，私がトランスを使うことを彼は知らないでしょう。トランスを使うのがふさわしくないクライエントには，全く知らせていません。私がトランスを使うことを知っているクライエントもいます。その人は私が他に何をするのか知りません。何年か前にある人から「いつトランスを使うか使わないか決めるのですか」と質問されたことがあります。最初のセッションでトランスを用いるべきかそうでないかが分かると私は答えました。大ざっぱにいうと，**随意的訴え** voluntary complaints と **不随意的訴え** involuntary complaints に症状や問題を分ければよいのです。私はこれに基づいて，トランスを用いるべきかどうか決めています（資料4-1）。

随意的訴えとは，要求に応じて見せることができるものです。皆さんが患者に症状や問題を提示するように求めると，この場合にはその人たちは問題を見

| 資料4-1 | 催眠の適用基準 |

随意的・意図的な活動に関する 訴え−非適用	不随意的・自動的な活動に関する 訴え−適用
活動 相互作用 意図的な（自動的でない）思考	医学的治療の効かない 身体的・生理的問題 強迫的・自動的思考 感情的な問題 幻覚・フラッシュバック

せられます。**不随意的訴え**とは，要求しても見せることができないものです。クライエントが「どうすることもできないのです」と言っても，必ずしも不随意的なものではありません。なぜなら，治療に来るほとんどの人は，何らかのレベルで，「どうすることもできません」，つまり，「助けてください」と言っているからです。ですから，要求したときに，その人が問題を意図的に行うことができるかどうかということを私は基準にしています。ある人がやって来て「私はタバコを吸うのですが，タバコをやめさせてもらえませんか」と訴えたとしたら，「あなたの問題を見せてください」と私は言うことができるでしょう。その人はタバコを取り出し，口にくわえ，火をつけて吸い込んで，灰皿に灰を落として，問題がどういうものかを私に見せてくれるでしょう。それから，「ショッピング・モールを歩いているときには，いつも必ず発疹がでます」と訴える人には，その発疹を見せてくれるように頼むこともできますね。すると，「できません。どうやってお見せすればよいか分かりません。ショッピング・モールへ行けば，お見せすることができるでしょうが」と答えが返ってきます。この場合が不随意的訴えです。

　「子どもに怒鳴ってしまいます」と訴えるクライエントに，「分かりました。その具体例を見せてください。どんなふうにしているのか私に見せてください」と要求することができます。「おまえ！　このチビ，バカ！　さっさと自分の部

屋に行け！」とクライエントはわめくかもしれません。家でするのと同じように見せられます。過食症のクライエントは，その行動を治療者に見せることができます。皆さんはそんなことまで見たくないと思われるかもしれませんし，私も普通オフィスのなかで見せてもらうことはありません。「偏頭痛で困っています。何とかしてください」とクライエントが訴えたとき，「分かりました。あなたが偏頭痛になったとき，ご家族がどのような反応をするのか私が理解できるように偏頭痛になってください」と要求するとします。「そんなこと不可能ですよ。偏頭痛が起きたとき，私の家に来れば，たぶんお見せできるでしょうけれど。でも，本当にできないんです」。おそらくこうこたえるでしょう。偏頭痛や発疹などのようなものは，私が不随意的訴えと呼んでいるものです。子どもにわめいたり，タバコを吸ったり，食べたりすることは，随意的訴えといいます。私はそういう訴えが何を**意味する**のかということについて話しているのではありません。私は自分に向かって，これは再現が可能なものかどうかを問いかけているにすぎません。催眠は不随意的な訴えにはよく効き，随意的訴えにはそれほど有効ではないと私は考えています。

　それは何故でしょうか。無意識の心とは何であるかという問題に戻ってみます。というのは，催眠は自動的に内的体験を変えるのに適していると私は考えているからです。皆さんが意識的に変え方を知らないようなことについて，無意識は本当に賢明なのです。例えば，「分かりました。それがどのように起きるのか教えてください。子どもにわめくかわりにあなたはどんなことができるでしょうか」と尋ねたとしましょう。クライエントは「そうですね。別の部屋に行って気持ちを落ちつかせるでしょう」とこたえるかもしれません。この場合，問題を変化させるための行為を意図的にすることができます。しかし，「偏頭痛になるかわりにあなたは何をすればよいでしょうか」と尋ねても，「分かりません。薬をのんで生活のストレスを減らすためにリラックスしようとするのかな。何ができるか分からないな」と答えるしかありません。クライエントはどのように偏頭痛を起こすのか知りませんし，どうすればやめられるのかも知らないのです。つまり，クライエントが何かを意図的に行ったとしても，偏頭痛や発疹にはほとんど作用しないのです。タバコを吸ったり，子どもを怒鳴ったり，配偶者を殴ったりすることは，クライエントの意図的な行動が影響したものです。随意的訴えは行動に典型的にあらわれ，不随意的訴えは内的な体験にあら

われます。

　参加者：抑うつはどこに入りますか。

　それはクライエントがどのようにしているかによりますね。主に抑うつは随意的訴えととることができますが，なかには不随意的訴えの領域に入る要素もあると考えられます。一般的には，抑うつはその人の行動，認知，感情の結合したものといえます。私は抑うつを随意的な領域にみなし，催眠を使うことはありません。もちろん皆さんが別の方に解釈したときには，催眠を用いることがあるかもしれません。随意的な要素と不随意的な要素が結びついていることもあるにはありますが，一番肝心な特徴は何かと自分に向かって問いかけてみるとよいでしょう。それが私の考えです。

　学校恐怖症というような問題を考えてみましょう。以前この問題について調べていたとき，実際には学校恐怖症は学校回避であるという説を耳にしました。もし学校恐怖症が学校回避だとすると，それはほとんど随意的な訴えであって，その子は単に学校へ行っていないことになるのではないでしょうか。それが学校恐怖症と呼ばれるのは，一般的にそういう名称で通ってしまっているからです。しかし，実のところただ学校に行っていないだけです。また，学校恐怖症のなかには，現実的な恐怖の対象が存在している場合もあります。例えば，学校で誰かが暴力をふるって，それを恐れて学校に行けない場合もあります。そして，これは本当の恐怖症ではなく，恐怖ですから，恐れていることを変えるために何かできる行動があるかもしれません。他の友達をつくったり別の学校へ行くことも考えられます。また，恐怖症の要素もあるかもしれません。つまり，動悸がしたり，手のひらに汗をかいたり，震えたり，神経質になったりするような催眠で扱える特徴です。しかし，結局，恐怖症の要素を変えたとしても，それからもその子どもを学校へ歩いて行かさなければならないことに変わりがありません。例えば，タバコを吸いたいという欲求を変化させたとしても，その後でその人の喫煙の習慣自体を変えていく必要があるでしょう。それは行動です。二つの要素に分けられます。一つはタバコを吸いたいという欲求，喫煙から得られる解放感です。これらの内的体験は不随意的訴えにあたり，もう一つの喫煙の行動は随意的訴えになります。

訴えの主な特徴が随意的か不随意的かということを査定することが，私の治療の基礎になっています。私の目には，主な特徴は喫煙という行動であると映ります。性的虐待によるフラッシュバックは，不随意的な体験が主要なものです。催眠は不随意的なものには非常に効果がありますが，随意的なものにはあまり効果がありません。こういうと「ちょっと待って。電話帳や雑誌に載っているほとんどの催眠家は，喫煙や体重のコントロールの宣伝ばかりしているようだけれど」と疑問に思われるかもしれません。たしかにその通りです。お金のためにはよい戦略だと思います。しかし，実際の調査では，こういった問題をもった人のうちの約25％の人が催眠を使ったアプローチで改善されますが，残りの人は2年間の経過を追っても改善されないことが示されています。しかし，この25％の人が高い被暗示性と高い被催眠性をもつ人と合致していたとは思えません。おそらく合致してはいなかったでしょう。その人たちが比較されたかどうか知りませんが，たとえ何を使ったとしてもよくなる人もいるのですから，それが暗示でも偽薬アプローチでも，改善されたのでしょう。けれども，随意的な行動の訴えを扱うのに催眠が有効だと私は思いません。

　催眠は非常に効果的な手段ですから，今まで随意的な訴えを扱うことしかできなかった治療者にとっては，新しいスキルになると思います。私が催眠を使いはじめた頃，イボを問題とした人が私のところにやって来ました。その頃，イボに悩んで私のところくる人は滅多にありませんでした。私はイボをどう治療すればよいか分かりませんでしたので，そういった訴えで私のところに来ないことは賢明なことですね。私がイボを治療するために考えられた一つの方法は，イボはストレスから生じることを自分自身やクライエントに納得させられるかということでした。その後で，おそらくイボを取り除くためにストレスを減らすことができるでしょう。ストレスの減らし方は，治療者として知っているからです。しかし，催眠を使っていくなかで，イボの治し方が適確に分かりました。

　不随意的な領域には，生理学的な問題，身体的な問題，そして，ある種の思考が位置づけられます。ある種の思考とは，つまり，強迫的思考といわれるもので，思考のなかに自動的に侵入してくるものです。随意的カテゴリーには，意図的な思考が位置づけられます。何かを話している自分の姿を皆さんに想像してもらうとします。この皆さんの想像は意図的な思考ですね。けれども，思

考には強迫的思考や侵入的思考という類のものもあります。自分で考えていないにもかかわらず考えてしまうのです。例えば，家に戻ってガスの元栓を閉めたり戸締りをしたり，以前の対人関係について強迫的に考えたりするのです。幻覚とは，不随意的にあなたの体験に侵入する知覚のことです。随意的領域には，行動，相互作用，意図的な思考が入ります。

　催眠が不随意的なものには有効だとどうして私は考えているのでしょうか。昨日お話したトランス現象というものは，<u>体験をコントロールするノブ</u>にあたります。催眠現象は体験を変える方法を皆さんに提供します。ステージ催眠家がステージに人を上げて催眠をかけ，リンゴと偽って玉ねぎを食べさせるのを見るとき，皆さんは催眠を通して不随意的な体験を変化させる人間の能力を目撃しているのです。催眠家はステージ上の被験者に向かって「これはとても新鮮でジューシーなリンゴです。さあ，かじってごらんなさい」と命令します。すると被験者は本当においしそうにかじるので，観客の誰もが驚嘆します。催眠は内的体験を変える能力を与えてくれます。そのため，リンゴの味は私たちの記憶からよみがえり，玉ねぎを食べている間でさえその体験が起こってくるのです。また，皆さんは手術中に血液の流れをコントロールすることもできます。ほとんどの人にとっては，これは全く不随意的なスキルでしょう。私が「ウェイン，膝の手術中に血液の流れをコントロールしてごらん」と言っても，「分かりました。やってみましょう。でも，できるかどうか分かりません。全くできないかもしれません」と答えるしかありません。しかし，私がウェインの無意識の心に向かって「麻酔がかかっている間は，傷を治すのに十分なだけの血液を送ることや外科医を心配させないことがあなたにとってとても大切なことだよ。それから，出血を止めてごらんなさい」と話します。そうすると，何らかの成果が得られるでしょう。

　ケイ・トンプソンKay Thompsonは，しばらくエリクソンのところで学んでいた人ですが，麻酔もせずに出血を止め，鼻の手術を受けているところがテープにおさめられています。それは見るに耐えないものですが，また，非常に感動的でもあります。生理機能や体験を自発的に変えるために調整を行いました。出血を止めて感覚を変えることに成功しています。

　私の義理の父は，自己催眠を使って骨髄の摘出をやってのけました。彼は麻酔を用いませんでしたが，全く快適そうにしていたので，それを見た医者と看

護婦は驚きました。骨髄の中心に達すると，たいていはもがきまくり，押さえ込むはめになるので，医者や看護婦と話すことなどできなかったからです。しかし，彼は本当に快適そのものでした。自己催眠を使っていることを医者に話していなかったので，医者は理解に苦しみました。義父は周りがガヤガヤ言っているのを全て聞いていて，どうしたのかと尋ねました。すると，「本当なら，患部にあたると，非常に痛がるものです。患部にあたったかどうかそれを目安にしているのですが」と医者は答えました。彼は医者の話した痛みの話をすぐさま消去し，叩かれたときの感覚で代用しました。そして，「そうですか。先生方がそのようなことを知りたいとは気づきませんでした。何か違う感じがしたときはお教えしましょう」と話しました。不随意的な体験と一般的にいわれている痛みを彼は変えることができました。催眠は私たちに体験をコントロールするノブを与えてくれます。なぜそうなるのかは正確には分かりません。催眠の領域に携わっている多くの研究者は，いろいろな理論を提供していますが，まだ誰も本当の理由を知っている人はいないのではないでしょうか。何かが起きているようだということしか分からないのです。

　トランスに入れてから皆さんは何をしますか。そのポイントは何でしょうか。体験を変化させるため自然な力に接近します。繰り返しますが，解決志向催眠の領域にある私たちは，人にはあらかじめ自然な力が備わっていると信じています。それから，どのような種類の体験を変えることが必要なのでしょうか。生活を通して身につけたスキルや能力を呼び起こします。メガネをかけている人は，メガネをかけていることを忘れることや自分の体験からメガネをなくすことを学んできました。それは有効なスキルなのです。おそらく皆さんはそれをスキルとして考えたことはないでしょう。スキルとみなせるのです。トランスのなかで呼び起こして拡大すれば，手術の感覚に気づかずに手術をやり通すことさえできるのです。ケイ・トンプソンがしたように。これが負の幻覚です。

　虐待などの理由で自然に解離することを生活のなかで学んだのなら，フラッシュバックや絶えずでてくる外傷体験で苦しむかわりに，なぜそのスキルをトラウマを見るために使えないのでしょうか。解離する能力を使用するだけでなく，それを変化させて一定の方向へ導くようにしましょう。そうすると，あたかもテレビの画面や映画のスクリーンに映っているように見ることができます。自然な力を使えば，トラウマを見ながらでも，身体は快適でいられるのです。

解決の仕様のない過去の出来事を思い起こすかわりに，自然な力やスキルを用いて，それらを広げて利益になるような方向性を与えていくことが大切です。昨日私が話したトランスに入った男性のことを思い出してください。恐怖症の治療者でした。彼はトランスのなかで両腕を上げたり，笑ったり泣いたりする体験をした後，恐怖を感じそうな状況に入る前に，不思議な感覚が起こって恐怖から解離される感じになることに気づきました。彼は不安を感じていましたが，不安のなかにつなぎとめることがないのです。たいていの人がそうであるように，不安をよく感じていた場面で，今の彼はちょっとした不安を感じている自分を観察します。そうすることによって，彼は不安に感じることを不合理だと考え，おかしいことだと思うようになったのです。もはや恐怖に巻き込まれなくなり，次第にその恐怖症は遠ざかっていきました。

　それでは，このようなトランスで治療するとき，何を扱えばよいのでしょうか。能力を喚起したり，以前の解決法や体験のパターンを喚起したりすればよいのです。皆さんが温かいお風呂に入って，リラックスをした経験が何度もあるなら，皆さんは筋肉をゆるめる体験のパターンや筋肉をリラックスする能力をすでに身につけています。マッサージを受けたことがあるならば，筋肉がリラックスしたときの記憶をおもちでしょう。トランスを用いて，皆さんはご自分の体験を編集したり再構成したりすることができるのです。分割することもできます。ある恐怖症の男性がいました。彼は広場恐怖症で，ショッピング・モールや大きなスーパーマーケットのような広いところに入って行けませんでした。そしてまた，高速道路の中央の車線で運転しているときに，失神しそうな感じに襲われることがありました。彼は医者を見ても，こういうパニックに襲われ，失神しそうに感じます。

　こういう状況から恐怖を分割して，ユーモアや不合理さとの連結を行いました。そうです。分割と連結です。皆さんも新たに結びつきをつくり，古い連結を壊したいと思うことでしょう。スーパーマーケットへ歩いて行くことが，不安を呼び起こさせないような連結を彼の体験のなかでつくらなくてはなりません。医学的な場面をテレビで見ることが，彼の場合には不安やパニックと連結されていますが，そうである必要はありません。クモや蛇を見て不安になる必要がないのに，不安になってしまう人のようなものです。体験のある部分を分割させ，以前にはなかった区別をつけさせましょう。この後で皆さんにお見せ

する性的虐待を扱ったケースなどでこういった例をご覧になると思います。新しい結びつきや新たな連結をつくり，体験を変えていくのです。例えば，皆さんは痛みのかわりに，ヒリヒリした感じを体験させてもよいかもしれません。出産間近の女性と関わるときは，痛みに注目するかわりに，どんな子どもになってほしいかという期待に焦点をあてることができるでしょう。どんな目の色をしているのか，どのくらい髪の毛は生えているのか，どういう性格に育つのかといったことを考えることができます。これらは全て皆さんが注意を向けられる類のものです。術後の痛みの感覚へ注目するかわりに，皆さんは快適な体験の側面に焦点をあてることができます。

　それでは，そうするにはどのように進めればよいでしょうか。どんな技法を使いますか。解決志向催眠において喚起のための方法を昨日はいろいろと話してきました。皆さんは逸話や物語を話したり，喚起しようとするものと関係のある日常の出来事や対象を使ったりすればよいでしょう。散在技法も使えますし，メタファー，言葉のもじり，前提，エンプティ・ワード，一般的な許容暗示を用いられるでしょう。新しいアイデアや新しい計画を話すのではなく，**体験の喚起**こそが大切な点なのです。体験させることが私たちの狙いです。催眠は人の体験を援助するために効果的です。「いいかい。あなたは自分の身体を解離できるのです。分かりますか」とウェインに私が話しかけると，彼は「ええ，そうみたいですね。その言葉を信用します。そういう可能性があるのですね」と答えるかもしれません。しかし，私がそのことについて話すだけのときよりも，彼がそれを体験するときの方がはるかに効果的です。そして，催眠は体験をつくりあげることに適しています。「今すぐにあなたの身体を解離しなさい」とウェインに言っても，「どうすればよいか分かりません。昨日はできたように思ったけれども，またできそうなのですが，でも，分からないんです」とこたえるでしょう。しかし，私がトランスへと導入する込み入った手続きをやり終えて，「さあ，首から上は覚まして，身体はトランスのなかにとどまりなさい」と言えば，彼はその通りにできますし，特に以前に体験したことがあるのなら，ほぼ確実にそうするでしょう。私たちが解決志向の催眠ですべきことは，よい考えについて話したり，新しい計画を組み立てたり，児童期に戻したりするのではなく，何らかの方法で新しい可能性に接近できるような体験をもたせることなのです。

私の目的は，問題を説明することではありません。その人にふさわしい信念を再構成することでもありません。私の目的は，その人にとってリソースとなる体験，そして，状況を変え得るような体験を提供することです。知的なだけの治療と人に影響を与える治療とは違うものではないでしょうか。単なるよい考えでは，片方の耳に入っても，もう一方の耳から抜けていきます。しかし，その人に実際に体験をもたせたとき，それは影響を与えます。知的なだけの治療とは区別しましょう。
　そうです。これこそが重要な点であり，技法なのです。皆さんがトランスを使うときのために，なぜトランスに入れるのか，どのようにするのか，人をトランスに入れて何をするのかということについて，明確でシンプルなモデルを提供しました。では，次に皆さんに何回か実際に練習していただき，治療での介入を考えていただきます。技術面では，もう少し練習していただく必要があるでしょう。それから，グループに分かれて，「問題のクラス・解決のクラス」というモデルから，ケースにどのように介入すべきか活発に議論してほしいと思います。その前に何か質問はありますか。

　　参加者：喫煙のような随意的行動に対して，催眠でアプローチできないでしょうか。タバコを吸うときに玉ねぎの味をイメージさせるというように，随意的行動とその行動を制御できる不随意的行動を連結させるのです。

　できる場合もあります。以前そういったことをして成功もしました。しかし，それは私の好みではありません。というのは，そんなにうまくいくわけではないからです。文献や私の経験から，喫煙や体重のコントロールの問題には，あまりうまく作用しません。作用する人には，100％効きます。しかし，全般的に効果的なアプローチではありません。

　　参加者：25％ほどですか。

　そうです。嫌悪技法を用いて，将来に向けて非喫煙者になることの期待を投映させる人たちもいます。ちょっとはうまくいきますね。ですから，随意的訴

えには絶対に効果がないと主張しているわけではありません。催眠はどんな問題にも用いられてきましたから。ガンをはじめとして，夜尿，非行まで扱います。随意的訴えにはそれほど効果的ではないとただ考えているだけです。とはいっても，時々は効き目があります。時々私は自分の基準を破り，随意的訴えに催眠を使うことがあります。このケースには意味があるから，催眠で進めようという直感がわいたから，また，他の手段が何もないので，これでうまくいくかもしれないからといった理由です。しかし，それでは治療の選択とは言えないでしょう。しかし，あなたの質問から，催眠の有効性という私の話の要点をあなたが理解したことが分かりました。つまり，その要点とは，不随意的体験に接近し，それと随意的訴えを連結させることです。そうすることで，不随意的体験や行動が変化していきます。

　　参加者：エリクソン派の「意識・無意識」とゲシュタルトの「図・地」との間に何か関係がありませんか。患者に催眠を体験させるときにその関係はどういう価値があるでしょうか。

　なるほど。この二つの間のつながりをあなたは発見されたのでしょう。美しいシンプルな関係ですね。「図」は意識を表わし，「地」は無意識の心のことです。私はそのことをどう説明すればよいかよく分かりません。しかし，誰かにそのモデルを用いることには価値があると思います。治療をどのようにして，何をするのかということは，説明することよりも，もっと解決に目を向けていることだと理解しています。タバコを吸うと吐き気をもよおすとか，玉ねぎの味になるという介入が，ダメだというのではなく，むしろ能力やスキルを喚起する方向へ目を向けています。私の関心は，能力やスキルを喚起することにあります。より素晴らしい能力やスキルを連結し，よい結びつきをつくります。その人に効き目のあることなら，私は試みていくでしょう。

　　参加者：チックについてはどうですか。

　私はふつう不随意的な訴えとみなしています。これは私のチックの捉え方です。もし私が一体の身体であるならば，どのようにチックを起こせばよいでしょ

うか。**なぜ**私がそうするのか，どんな機能が働いているのかということではなく，また，それについての説明でもありません。実際にどのようなプロセスになっているかということです。通常，チックは不随意的なプロセスで，よく言われているように筋肉の痙攣とみてよいでしょう。筋肉の痙攣の反対を起こすにはどのようにすればよいでしょうか。どのようなリソースを用いるでしょうか。その一つは筋肉のリラクセーションです。その人の体験のなかから筋肉のリラクセーションを**喚起する**のです。**教える**のではありません。なぜなら，解決志向の催眠では，その人が筋肉をリラックスできるスキルを身につけていると仮定しているからです。それでは，それをどういう面で見つけることができるのでしょうか。一つの方法として，「リラックスということについてただ考えるのではありません。以前，温かいお風呂に入り，お風呂から上がって，自分の筋肉が本当にリラックスしているのを実感したことがありますか」と尋ねることができます。リラクセーションをどのように体験するのかを細かく小説風に描写することも，リラクセーションを喚起する方法になるでしょう。「たとえあなたの心がとても緊張しているときでも，あなたの身体はお風呂の温かさを感じているので，筋肉を緊張させておくことができません。お風呂から上がってから，やらなくてはならないことについて100以上も計画があるかもしれません。しかし，しばらくの間ただ横になって，リラックスするのです」。その人の体験を喚起し，それから問題の文脈へと移していきます。**すべきこと**を考えてください。問題のなかで用いていることと反対のリソースを喚起して，それから必要とするところへ移していきましょう。

練習 ④──腕浮揚の喚起

　昨日は，プリシラとシャロンの二人が，皆さんの前で素晴らしいデモンストレーションを見せてくれました（130-134頁）。これからそれと同じ練習をしていただきます。催眠療法がはやく上達するための練習です。今回は，相手の体験を認めていくだけではなく，正確な練習をしていきます。特定の反応を引き出していきます。シャロンの手を顔まで上げるという反応をプリシラが引き出そうとしたようにね。これまでにお話してきた技法を使います。息をはくときに話します。前提や含意を用いて腕浮揚を喚起します。つまり，「腕が上がって

いくときには，どのくらいのはやさなのか，どちらの腕が上がるのか，私には分かりません」という具合ですね。腕が上がっていくことを決して疑わないでください。そして，いったん腕が上がりはじめたら，顔まで上がることも絶対に疑ってはいけません。たとえ上がらなくても，顔までいかなくても，自分の言葉を決して疑ってはいけません。その次に手や腕の動きに関係した逸話やアナロジーを話してください。自動的な動きならどういうものでもよいですから引用してください。赤ちゃんにご飯をあげるときに自分の口を開けるというようなことです。車の助手席や後部座席に座っているときに急にブレーキを踏む動作をするような自動的な動きの話も結構です。そのなかでも特に手や腕の動きに関したものがよいでしょう。では，少し考えてみてください。ちょっと話し合いましょう。私は皆さんにはじめるきっかけは提供しましたが，今話したことを理解するためには，それなりに年をとっていなければならないと思います。つまり，シートベルトをしめるようになる前の子どもがいる年齢になっていなければならないでしょう。車のブレーキを踏む動作をしたとき，あなたは隣に座っている子どもの方へ自然に手が伸びて子どもを守るでしょう。子どもがシートベルトをしめていても，まだそうするかもしれません。

　　　参加者：手を伸ばしますが，子どもはいないということですね。

　子どもの方へ手を伸ばしますが，そこに子どもがいません。しかし，そうしてしまうのです。そうすることに慣れていますからね。エルマ・ボンベック Erma Bombeckが，仕事仲間や外交官たちとの大切なディナーに招待されたときのことです。エルマは幼い子どもたちとの暮らしが長すぎたことに後から気づいたそうです。彼女は隣に座っている男性と楽しい一時を過ごしていました。その男性は外交官でした。二人は本当に素晴らしい時間を過ごしていましたが，突然その男性はひきつった顔で彼女を見ました。こともあろうに，彼女は彼の皿の肉を切ってあげていたのです（笑）。これでもう皆さんも腕を自動的に動かす話ができますね。よろしいですか。自動的に腕を動かすものでは，他にどんな話を思いつきますか。

　　　参加者：歯を磨くことです。

その通り。歯ブラシはほとんど無意識で動かしています。

 参加者：身体を伸ばしたりすることはどうですか。

いいですね。他にはありませんか。いたずら書きについては前にお話ししましたね。授業中にノートをとっているときはどうでしょうか。

 参加者：ベルトにいつもポケットベルをつけているのに慣れている場合，部屋で他の人のポケットベルが鳴ると，自分のポケットベルを探ってしまうというような話はどうですか。

 いいでしょう。特に手や腕でするような自動的な運動を考えてみてください。不意にボールがあなたのところに飛んできたときのことなどもあげられます。その他にも，解離した動きをすることは，例えとして使えますね。私たちは逸話とアナロジーの二つのカテゴリーを使っていきましょう。アナロジーとは，風船があなたの手に結ばれているというようなものでした。また，「手のひらが下から押し上げられるように感じる人もいますし，指や手首に鎖がつながれて少しずつ上に引っぱりあげられているように感じる人もいます」とお話することもあります。
 皆さんがアナロジーを用いるときに覚えていてほしいことは，少し遠回しのアナロジーをつくるということです。いきなり「あなたの腕をもちあげているものをイメージしなさい」と言うのではなく，「……とイメージする人もいます」「人によっては，……することもできるでしょう」と言ってください。「**あなたがこうします**」とは言わないでください。プレッシャーを与えすぎますし，それにかなり指示的ですから。許容暗示を用いてください。つまり，「その腕は自然に上がることができます。あなたが上げなくても，上がっていくことができます。あなたの無意識の心が上げていくでしょう」という感じです。ここでは，曖昧な形ではなく，**できる**というように可能性を示す言葉遣いにしてください。また，散在技法も使ってください。つまり，**動く**，**上がる**，**上**，**腕**といった言葉を非言語的にも強調して，暗示を散りばめるわけです。「無意識はたくさんの知識を上手に handy 蓄えることができ，そして，瞬時に正しい知識を**取り**

出せますcome up。あなたが自分の目標へ**動き出す**ことや以前に**直面した**faced ことのないものに**直面**faceすることを無意識は援助してくれるのです」という具合です。よろしいですか。「そして，**手が上がっていく**ことについて，あなたが考えているかどうか私にはよく分かりませんが，意識的にはおそらくその**手が上がる**ことはないだろうと思っているかもしれません」

さて，相手が息をはくときに話すということを思い出してください。これから，ちょっとした実験をしてみたいと思います。手を膝の上においてください。二，三回深呼吸をしましょう。吸って，はいて，そして，あなたが息を吸うときに手や腕がどうなっているのかを意識してみてください。息を吸い込むとき，胸は少しふくらみ，腕もわずかに上がります。ですから，「あなたの手は上がってきています」と話すときに，相手の人が息をはいていたとすると，その人の体験にはしっくりときません。上がりますという暗示をするために，息を吸うのを待った方がよいこともあるでしょう。一人が話し手で，もう一人が聞き手です。20分位ですね。私が皆さんのところへまわっていきます。皆さんのなかに備わっている智恵を備えた自己の役割を私がとって，しっかりできているかどうかを確認していきましょう。

(参加者の練習)

　いいでしょう。では，もとの大きなグループに戻ってください。はじめて腕浮揚を体験した人はどれくらいいますか。ゆっくりと，手を上げてください。なるほど，分かりました。質問や感想などありますか。

　　参加者：集中したり，呼吸を観察したり，いろいろなサインを探したりするのが難しかったです。

　そうですね。それは他の皆さんにも共通することでしょう。この場をまわっていて，私は皆さんの素晴らしい反応を観察していました。聞き手の腕が上がりはじめていたのを見て，話し手の方に「いいですよ。できていますよ」と言いました。すると，「えっ，私が」というように驚いていました。というのも，私は皆さんの手のことだけに集中していたので，話している内容までは考えていませんでしたから。起こりはじめていることだけに注目していたのです。皆さんも

そういった反応を見たら，すぐにそれを強化したり広げたりしてください。

　　参加者：ロバートの腕がピクピク動いているのを見たとき，私は興奮して，それを強化しました。けれども，それだけでした。

　そこが問題です。ちょっと動いただけでした。あなたは強化したのですね。デビットに話したことは，ちょうどあなたにもあてはまるでしょう。ずっとやっているのに手がかりになる反応がまだないのなら，この二点に注意してみてください。一つは，大きな動きよりも，ごく小さな微妙な動きを見ようとすることです。親指やその他の指のわずかな動きを引き出すことに集中してください。もう一つは，「いいでしょう。その手は脚にぴったりとくっついてしまって，重くてもち上がらないと感じられます」と話すことです。そうすれば，一方の手に全ての重さをおいて，もう一方の腕は自由に上げられるようになるかもしれません。腕浮揚はよい考えだったのかもしれませんが，聞き手の腕をうまく動かすほどのものではなかったのでしょう。その人はそのままにしていたかったのかもしれませんから。

　　参加者：相手の方が私のゆっくりしたペースを認めてくれたことがよかったと思います。彼は時計の例えを用いていましたが，何か動いていくように感じられました。そして，動かさなくてはいけないような気持ちにもなりましたが，いそいでそうする必要はありませんでした。また，解離しているような感じでした。動きを感じたりやり方を考えたりしました。それから，どの腕が上がるのか意識的に考えてしまいました。

　そっちのもう一方の手が上がったことに驚いていましたね。

　　参加者：ええ，こちらの腕の方にずっと注意を向けていたからです。

　　参加者：なかには腕浮揚を起こさない人たちもいると思うのですが。そういったときには他の方法でトランスに入れた方がよいのでしょうか。

そういうことは大きな障害になりませんか。

そうですね。そういう人たちはゆっくり学ぶ人なのでしょう。あなたが最大限のことをしたとしても，うまい具合に結びつかなかったのでしょう。私が浮揚を起こそうとするとき，その人が本当にできるという感じをもっています。けれども，結びつかないこともあります。あなたと同じくらい失敗する可能性もあります。まずはやってみてください。そして，うまくいかなかったら，それは無視して他のものに進んでください。トランスに入る方法はたくさんあります。腕浮揚以外にも，不随意的な筋肉反応を得る方法はたくさんあるわけですから。

参加者：何回か昨日深いトランスに入っていたことに気づきました。昨日のことですが，はっとしてリンダの声を聞くのですが，彼女の話を聞き逃していました。今日は全部聞きましたけれど。コントロールによるものなのでしょうか。昨日の相手のリンダの気分を害したのではないかと思いもしましたが，これでいいのだと考えました。今日は目を開けることができましたし，意識がはっきりしていたと思います。

さて，二つお話しましょう。一つは，トランス現象は深いトランスのなかだけで起きるという考えです。しかし，必ずしもそうではありません。あなたは昨日よりも軽いトランスに入っていたのです。もう一つは，腕浮揚の暗示に抵抗する人もいるということです。そういう人たちは自分に対してとても注意が向いているのです。ある面では，トランスというのは本当に興味深いものですから，ほとんどの人は「本当にそんなことが起きるのかな。いや，こっちの手かあっちの手で起きればいいのに」などと心のある部分で分析したり考えたりしているのではないでしょうか。そうでしょう。心のなかのある部分では，そのプロセスにとやかく言ったり，観察したり，考えたり，判断したりしているのです。そして，他の部分では体験しています。それが解離です。観察したり，いろいろ言ったりするような部分がありますが，その一方では，腕は上がっていて，皆さんはそれを体験しています。一つのことを体験しながら，もう一つの体験をしているのです。よろしいでしょうか。他にありますか。

参加者：昨日のシャロンへの誘導のことに戻りますが，何だかとても彼女がコントロールしていた印象を受けました。もし私のオフィスで，私を相手にクスクス笑いはじめたら，「もういいよ。うまくいかない。もうやめよう」と言うと思います。なんだか気持ちのよいものではなかったからです。

そうですか。それでもね，こういう過程をもう少し続けてみたりほんの少しでも信頼したりすることも大切ですよ。すぐに投げ出さないでください。彼女はできないし，自分ではうまくいかないなどと決めつけないでほしいのです。そのまま続けてみてください。少しだけ信頼してみましょう。仮にその人がうまくできなくても，失敗者という烙印を押してはいけません。その人がうまくいかなくても，別に恐れる必要はありません。あなたが頼んでいただけなのですから。要求よりも，むしろお返事をいただくという気持ちで誘導してください。要求しすぎてはいけません。

参加者：トランスへ誘導されているとき，頭がぼんやりしてきました。自分自身を観察することはとても面白いですね。こういう許容的な言葉遣いを私も治療のなかで話していましたが，催眠のものとは想像もしていませんでした。けれども，他の人を前にすると，こういう言葉をなかなかうまく話せませんでした。

そういう時には，ノートを見ていいんですよ。

参加者：実は見ながらだったんですよ。けれども，「あれ，何をしていたんだっけ」というようになってしまったのですが，他の人たちもこうなのでしょうか。

そのようですね。たくさんの頭が上下に動いています。あなただけではありません。

参加者：私は自分の直観を信じてきました。先生がしていたことは，私が

よくやっていることでもあります。けれども，なかなかはやく引き出せません。

　それは仕方がありません。あなたはまだテニスの仕方を知らないのですから。トランス誘導はテニスのようなものです。どうして私はこうやってここに立って皆さんに教えることができているのでしょう。私がノートを見ていますか。私はここで，今までのトランス誘導をどのようにしてきましたか。私にとっては全て自動操縦なのです。さて，あなたはとても直観力が優れていて治療を自動的にしているのでしょう。しかし，最初はそうではなかったと思います。「クライエントと同じ部屋にいなくてはならない。あぁ，どうしよう。何を言ったらいいのだろう」と言っていたことだってあったはずです。催眠でも同じことです。ここで教えられるようになるためには，練習，練習，練習です。

　　参加者：昨日私が被験者になっていたときよりも，今日の方がはるかに入りやすかったのですが，面白いものですね。

　それはね，明らかに彼女が私よりもうまいということです。

　　参加者：たまたまうまくいっただけです。

　たしかに，組み合わせによるところもありますね。他にありますか。

　　参加者：たとえば，先生が誰かを誘導したときに，その人はぴくぴくと動きましたが，それだけだったとします。そういうときは「それでいいのですよ。これは一つのきっかけですから……」というように話していくのか，あるいは，「いかに反応していくかはすべてあなたにかかっているように見えますね」というように話せばいいのでしょうか。

　どちらかを使ったり両方使ったりします。決まったやり方はありません。その人がどの辺りにいるのかあなたの直感に従ってよいのではないでしょうか。プリシラと私が話していたことでもありますが，忍耐強さはある面では治療ス

キルですから，皆さんには一通り最後までやっていただきたいと思います。あきらめないでください。皆さんがクライエントに働きかけてそれが本当にうまくいったとします。その次のセッションで「ここ最近はやっていないんですよ」と彼が話します。そうしたら，「やっていないというのはどういう意味ですか」と皆さんは尋ねるでしょう。すると，「先生からするように言われた課題をやっていないんです」とこたえますが，「やっていないというのはどんな意味でしょう。やっているときはうまくいって，やっていないときはうまくいっていないということですか」と皆さんは確認していくでしょう。忍耐というのは，治療に必要なスキルの一つですが，皆さんが耐えようとしなければ耐えられません。同じことですね。学ぶためには，オフィスの外に出て何かをする必要があります。ただ座って話していても仕方ありません。疑いや不安をおいて少し耐えてみると，使えるようになっていきます。もちろん，いつでも役立つわけではありません。時には，ブロックで頭をガーンと殴られるようなこともあるかもしれません。私は自分の直観を活かしていこうとしています。このような練習を通して，皆さんに忍耐強さということを学んでほしかったのです。

> 参加者：ミルトン・エリクソンは，いつでも人に不思議な話をしていたのでしょうか。それとも，トランス誘導をしているときだけそういう話をしたのでしょうか。

エリクソンはほとんどの人に，ほとんどの時間，そういった話をしているようでしたね。ザイクが言うには，もし郵便配達の人が来ても，エリクソンはそういう話をしただろうということです。起きている時間のほとんどをトランス誘導や治療に費やしていましたから。エリクソンはたくましいトランス大好き男でした。

> 参加者：治療のなかで普段のような話し方ではなく，ここで学んだように人に話しはじめるとどうなるかと考えながら座っていました。例えば，呼吸を観察したり，それから……

彼らの方からトランスに入っていったでしょう。あなたが働きかけなくても

自発的にね。

　　　参加者：相手がトランスに入る前に，私は自分がすべきことを知っておきたいと思います。

　「あれっ，彼はトランスに入っているよ。私はこれからどうしたらいいの」というのは，そのこととは全く違う問題です。エリクソンがしていたことの大部分は，会話による誘導だと私は考えています。先ほどのジェフの誘導をお聞きになりましたね。エリクソンは，「トランスに誘導しています。腕や脚を組むのをやめなさい」というような型通りの誘導を行うこともありました。そして，会話での誘導も行っていましたし，時には両方用いていました。

　　　参加者：前おきなしに誘導をはじめられるようになりたいですね。

　フレッド，君はもう少しはできるようになっているのではないかな。というのも，ちょっと暗示しておきましたから（笑）。時には，誘導は詩のようであったりします。もうしばらくすると，誘導の構造のもつ意味が分かってくると思います。誘導には技術的レベルがあります。ですから，皆さんはできるようになるまでは，練習，練習です。

第5章
問題のクラス・解決のクラス

　これからトランスに入った人への介入のモデルを説明していきましょう。というのは，人をトランスに導入した後にそこで何をするかということが問われてくるからです。その人の手を空中にもちあげた後で「よし，いい反応が得られたぞ。……あれ，これから何をしたらいいんだっけ」というように戸惑わないようにしなければなりません。

　そのために，問題のクラス・解決のクラス・モデル class of problems／class of solutions model を考えました。私がこのモデルをどのようにうみだしたかお話しましょう。私はアリゾナから今住んでいるネブラスカに引越してきました。ネブラスカに来てすぐに個人開業をはじめました。同業者ならお分かりでしょうが，その辺りの住人に知り合いがいないため，開業したばかりのときには，自分の自由な時間がかなりありました。そこで私は原点に戻って，エリクソンに関するものを全てもう一度読み返すことにしました。ビデオテープを見たりカセットテープを聞いたり，エリクソンから直接学んでいたときのノートやエリクソン派のワークショップの記録などを読み返したりしました。エリクソンはある特定の介入をすることや物語を話すことがありますが，「どこでこういうものをつくりあげたんだろう」と私はいつも不思議に思ったものでした。ある患者がおねしょで困っているということを話したとします。すると，すぐにエリクソンは野球の話を患者にはじめるのです。「この話は夜尿と何の関係があるんだろう」とよく思いました。また，エリクソンは夜尿やインポテンツの治療に腕浮揚を用いることもありました。

　　参加者：その関係はちょうどここに示されていますよね。

　そうです。資料をご覧ください（資料5-1）。はじめの頃は，夜尿症と野球の

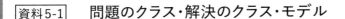

資料5-1 　問題のクラス・解決のクラス・モデル

　特定の問題　──→　介入　────────→　問題の存在する
　　　　　　　　　　　　　　　　　　　　　　　文脈への転移
　　　　　　　　　　　アナロジー
　　　　　　　　　　　逸話
　　　　　　　　　　　トランス現象
　　　　　　　　　　　課題
　　　　　　　　　　　対人的働きかけ

　　抽出　　　　　　　喚起

　問題のクラス　──→　解決のクラス
　　　　　　　　　　　体験のパターン
　　　　　　　　　　　リソース・スキル

話のつながりが分かりませんでした。エリクソンが特定の問題を解決に導くためにどのように介入するのかが私には不思議でした。今までお話してきた腕浮揚、感覚麻痺、時間歪曲などのようなトランス現象を喚起することによって、エリクソンはこのような介入を行ったのです。また、アナロジーや逸話を話したり、課題を与えたりすることもありました。エリクソンが介入のための公式化された手段をもっているようには見えませんでした。その人の個人的な体験を喚起する方法をとっていました。エリクソンは何らかの手段で人の内面にあるものを喚起し、介入することで、何か新たなことを体験させるようにしていました。エリクソンはこういう介入法のうちの一つを行います。問題のクラス・解決のクラス・モデルから考えはじめることで、ようやくどのようにしてエリクソンが問題から介入まで向かうのか分かってきました。

　エリクソンは直接的な関係を考えていたのではなく、**描写、喚起、アナロジー**という視点から考えていたことが分かったのです。エリクソンは、訴えられた特定の問題から問題が生じた背景まで含めて、その状態像を描いていきます。

例えば，夜尿症について考えてみましょう。つまり，おねしょを**する**ことは，いったいどのようなことなのでしょうか。**なぜ**その人がおねしょするのか推測する必要はないことを覚えておいてください。それは単なる説明にすぎません。今はおねしょという行為そのものについて話しているのです。おねしょはどうやって**する**のでしょうか。それには二つの方法があると思います。一つは，膀胱の筋肉の自動的なコントロールをなくすことです。問題のクラスを見る場合は，夜尿という問題を一般的なカテゴリーに入れて「筋肉の自動的コントロールの欠如」と言い換えればよいでしょう。もう一つは，おしっこで膀胱がいっぱいになっても，起きようとする信号をもたなければよいでしょう。どちらの方法をとったとしても，おねしょのベテランになることを受け合います。

　よろしいですか。今とりあげている問題はおねしょであり，問題のクラスは筋肉のコントロールの欠如です。エリクソンもきっとこうするでしょうが，その問題にアプローチするために，私はすぐに解決のクラスを考え，その人を援助する一連のスキルや能力を考えはじめます。その人の背景にある体験のパターンか何かを反対に変化させたり，あるいは，筋肉を自動的にコントロールさせればよいのです。このケースの場合，筋肉の自動的なコントロールが解決のクラスであることは明白です。ただし，日常生活のどういう場で，人は筋肉を自動的にコントロールできているかということを問題にする必要があるでしょう。エリクソンは，その人がすでに筋肉を自動的にコントロールできていることを取り上げたり，もうすでにコントロールできているとみなしたりすることがありました。また，いろいろな体験をさせて，リソースや体験のパターンをつくりあげることもありました。

　では，筋肉の自動的なコントロールについて話していきましょう。皆さんはどのようにして自動的なコントロールを喚起しますか。いくつかの例をお話しましょう。まず一つ目は，エリクソンのところにおねしょで困ってやって来た少年の話です。その少年は野球をします。その子のお兄さんの方はフットボールをします。エリクソンは二人の間にちょっとした対抗意識があることに気づきました。エリクソンは両親を診察室から出して，少年と二人きりになりました。しかし，エリクソンはおねしょについて全く触れようとしません。おねしょという言葉さえ遣いませんでした。「君は野球をするんだって」とエリクソンが語りかけると，「うん，そうだよ」と少年はこたえます。「君のお兄さんの方は

フットボールをしているんだって」「フットボール，そう，兄ちゃんはフットボールをやってる」「これは個人的な感想だけれど，フットボールをする人は，不格好な体つきの人が多いと思わないか」「うん」。少年はエリクソンをちょっと興味深そうに見あげました。「野球の場合はね，バランスのとれた筋肉が必要になってくる。君は野球が得意なんだろう」「うん。うまい方じゃないかな」。エリクソンは続けて話していきます。「ボールが君のところに飛んできたら，グローブを広げて，ボールの真下に身体をもっていって捕らなければならない。君はその時自然に動いていて，頭で考える必要は全くない。グローブをちょうどいいタイミングで開くと，ボールはストンとグローブのなかに入ってくる。その瞬間，グローブのなかのボールをしっかり握らなければならないし，もう片方の手にボールを持ちかえるときには，グローブを広げる必要もある。そして，ボールをもう一方の手で握る。ホームにボールを投げるときには，ボールを放すタイミングが早すぎても遅すぎても，投げたいところにはいかない。投げるタイミングがぴったりあったら，ボールはちゃんとホームの方へとんでいく。こうするとうまくいく。これが筋肉のバランスがとれているということだよ」

さらに，エリクソンは少年に「アーチェリーをしたことがあるかな」と尋ねます。「ないよ。でも，誕生日には弓矢セットがほしいな」「ああ，それはいい。アーチェリーでは，まず弓に矢をはさんで矢の先を見て，的を見て，そして，弓と矢と的を見る。狙いをつけている間は全く気づかないけれど，そのときには目の周りの筋肉が広がったり狭まったりして，目が焦点をあわせることを助けているんだ。ところで，食べたものがお腹の中でどのように消化されているか知っているかい」「知らない」。エリクソンは解剖学や生理学の本を取り出して少年に見せました。「ここが腸だよ」「これが僕の身体のなかにあるの」「そうだよ。これが君の身体のなかに入っている。食べたものが胃や腸を通っていく。胃の底には筋肉があって，それは身体に必要なビタミンやミネラル，栄養素などを吸収するために働いている。面白いだろう。その胃の底にある筋肉が閉じて食べ物を保存する。それから胃の底にある筋肉がいらなくなったものを胃の外に出すと，その筋肉はまた閉じてしまう。こういうことは全て自動的に行われているんだ。食べたものは腸のなかの細かいところも全部通っていく。こういう細かい筋肉も自動的に働いている。食べたものを意識的に消化しようとすると，土曜日に朝食を食べたら一日中食べたものを消化して過ごさなくてはな

らないんだよ。そうしたら他に何にもできなくなってしまう。幸いなことに君の身体は自分自身で自然に働いている」

エリクソンはおねしょのことには一言も触れずに，こういう話をしただけで少年を帰しました。その後，その少年はおねしょをしなくなりました。さて，エリクソンはどのような介入をしたのでしょうか。それはこのモデルではっきりしてきます。エリクソンはその少年の問題を「筋肉の自動的コントロールの欠如」とみなし，筋肉を自動的にコントロールする体験を喚起するような話をして少年を送り出しました。少年がおねしょのことで診察室にきたことは明らかでしたので，その関連についてわざわざ触れる必要はありませんでした。この関係をもっと明確化させたいでしょうか。たしかに，これはまだ一つの例にすぎませんからね。「エリクソンからこういう貴重な智恵を学ぶことができるけれど，たった一つの例だけではまだよく分からない」。こう考えて当然でしょう。それでは，エリクソンが夜尿症に対して同じような解決のクラスを用いたケースをお話しましょう。

エリクソンのところに，12歳になる少年がやってきました。この少年は母子関係の問題がありました。母親は息子におねしょをやめさせようとして，しょっちゅう怒ってばかりいました。罰としてシーツを洗濯させたり，おねしょをしたことを近所の人たちに話させたり，教会で少年を立ち上がらせて皆の前でおねしょをしたことを話させたりもしました。母親は，息子のおねしょが遺伝的なものではないかと思いました。なぜなら，夫は17歳までおねしょが治らず，母親の兄も19歳になるまでおねしょをしていたからです。しかし，母親は自分に対する欲求不満からおねしょをしているのではないかとも考えました。そして，とうとう彼女は息子に罰を与えたことやその後悔の念で混乱してしまいました。その子の父親は，息子のおねしょがなかなか治らないのでうんざりしていました。そして，息子との関わりを避けていました。学校でもその少年はあまりよい子ではありませんでした。エリクソンは「学校では何か問題がありますか」と母親に尋ねました。「息子は字がとても下手なんです。そのせいで全ての科目の成績が悪いのです。誰も息子の字が読めないので，正しい答えなのかそうでないのかが分かりません」と母親は話しました。

つまり，その少年は成績が相当悪く，評判もあまりよくないということでした。すぐにエリクソンは少年と二人きりになって話し，そのような状況を少し

ずつ理解していきました。その次に母親と面接をしました。それから，少年を呼び入れ，二人に向かって話しました。「あなた方のためのプランを用意しました。よろしいですか。お母さんは先ほど家族は7時に起きるとおっしゃいましたね。そこでお母さん，あなたは，4時か5時に目覚まし時計をセットしてください。時間がきたら，息子さんのベッドが濡れていないか確かめてください。もしおねしょをしていなかったら，またお休みください。おねしょをしていたのなら，息子さんを起こして台所に連れていってください。そこで彼の好きな本を写させるのです。本を写させている間は，一言も口出しをせず，彼がちゃんとやっているか見ていてください。その間に編み物や何か他のことをしていても構いません。家族が起きる時間まで本を写させてください」

　少年は毎週土曜日に写したノートをエリクソンのところにもってくることになりました。エリクソンは彼一流のやり方で，少年の筆跡や文字のつづりを改善させました。エリクソンは少年のノートを見て，正しく書けたところを全てとりあげたのです。「このTは最高だね。このTを見てごらん。線がしっかりと書けているだろう。本当に素晴らしいよ。ほら，このCHを見てごらん。仲よく並んでいる。本当に上手だよ」と誉めますが，他の部分には全く触れません。次の週も少年はノートをもってきました。ノートには，先週よりも上手になったTやCH，そして，他にもよい形の文字が書いてありました。エリクソンはまた正しいところにだけ感想を述べました。その後，練習するにつれて，少年は字が上手になっていき，また次第におねしょをしなくなりました。皆さんのなかには，これは試練ordealではないかと言う方もおられるでしょう。エリクソンは夜の間に母親と少年を起こさせました。たしかに，この症状を維持していく方が，症状をなくすことよりも厳しいことでしょう。これは介入の一つの側面です。これは家族療法の介入で，家族の成員間の関係を変化させるものではないかと考えた方もいるでしょう。その通りです。しかし，ここでは介入として示された解決のクラスに注目してください。この処方は，少年が筋肉を自動的にコントロールすることを助ける効果がありました。アナロジーや逸話を用いるのではなく，ここでは課題処方task assignmentにより，同様の能力を喚起したのです。

　さて，おねしょの治療のために，皆さんはどんなトランス現象を用いるでしょうか。すでにいろいろと見てきましたね。腕浮揚もよいでしょう。腕浮揚のク

ラスは何でしょうか。筋肉の自動的なコントロールですね。こういう場合に腕浮揚はよく使用されます。

　もう一つの例は、お配りした資料に喚起技法として載せているものです（資料3-3）。**対人関係を通して体験を喚起**します。11歳になる少女が、おねしょに困ってエリクソンのところにきました。少女は何度も泌尿器科にかかっていました（彼女は長い間膀胱炎を患っていました）。彼女は膀胱のコントロールを失っていました。学校のクラスメイトは、彼女が誰かを追いかけるとき、ちょっとおもらしをして下着を濡らしてしまうことを知りました。それからは、クラスメイトはよく彼女の本をとって逃げるようになりました。その少女は追いかけようとするのですが、クラスメイトは彼女が本気で追いかけてこないことを知っていました。こうやって彼女はからかわれていました。彼女の姉妹は、彼女が笑うと下着を濡らしてしまうことを発見しました。そして、その少女もまた実際頻繁におねしょをしました。その子はプライドが高く、本当におねしょに悩んでいました。

　少女がやってくると、エリクソンはこう話しかけました。「もうすでにどうすればおねしょや下着を汚すことをやめられるか知っているね」「いいえ、知りません」と少女はこたえます。「いや、知っているよ。知っていることを知らないだけだ」「そうね。私は自分が知っていることを知らないのね」「家のトイレでおしっこをしているとき、見知らぬ男の人が突然ドアを開けたらどうするかな」とエリクソンが聞くと、彼女は「身動きできないわ」とこたえます。「そうだね。身動きできずに、尿も止まってしまう。そして、それからまたおしっこをして、また止めて、そしてまたはじめます。いいかな。家に帰ったら、トイレにひょっこり顔をだしている男の人のことを思い出しなさい」とエリクソンは話しました。もう一度繰り返しますよ。エリクソンは家に戻ってケーゲル体操 Kegel exercises［訳注］をしなさいと話すかわりに、彼女のなかから筋肉をコントロールする体験を喚起しました。エリクソンは筋肉を自動的にコントロールする体験を喚起したのです。解決へのリソースを見いだしたなら、その体験をその人にもたせることが必要です。そのことを患者に知的に理解させることも実際に練習させる必要もありません。ただ、**体験させればよいのです**。これが皆

［訳注］骨盤や膣筋肉の強化を目的とする体操。ストレス性失禁などの治療に使用される。

さんのご覧になったビデオテープでエリクソンがしていたことです。体験を喚起し、その体験をもたせ、そして、スキルをマスターさせるのです。その次の段階では、スキルを患者が必要としている文脈、つまり、問題の存在する文脈に移していきます。

　他の例をお話しましょう。「今、私があなたについて何を考えていると思いますか。私が考えたことが全て分かったら、あなたは顔を真っ赤にするでしょう」とエリクソンは話すことがありました。つまり、これはその人の顔が火照るような体験を対人的な働きかけから引き出しているのです。性的な興奮に欠けている人を扱うときに、こういう体験を喚起することができます。性的興奮が欠けているということは、何を「している」のでしょうか。その一つは、性器への血液の流れが不足しているということです。ですから、その問題を扱うためには、身体の特定の部分へ血液がたくさん流れた体験を喚起することができます。いろいろな方法があります。今のような話をすることもできるでしょう。トランス現象を用いて、その人の手をトランスのなかで自動的に温かくすることもよいでしょう。あるいは、対人的な働きかけによって喚起しておいてから、「ご自分の性器も真っ赤になっていることに気づいていますか」と尋ねることも効果的でしょう。そうです。これを言うことで、この体験が問題の文脈に移されるようになります。**喚起して転移する**のです。物語や逸話、課題処方、トランス現象、そして、対人的に体験を喚起させることによって、問題の文脈に転移していきます。

　イボの治療に私のところへ来た女性の例をあげましょう。私は彼女の幼い頃のことについて軽く触れました。イボは血液の流れの変化にとても敏感だということを私はエリクソンから学んでいました。ですから、イボの治療のためにエリクソンから聞いた通りの介入を行いました。熱いお湯で脚を15分間温め、その後、冷水に脚を15分間ひたすことを、仕事から戻ったら毎晩するように命じました。何のためにこういうことをするのでしょうか。それは血液の流れを変化させるためです。そして、それからトランスのなかで、彼女の血液の流れを変化させました。

　自分がアリゾナのカサ・グランデに住んでいたときのことを彼女に話しました。カサ・グランデは綿を栽培している地域です。そこでは綿の面白い育て方をしています。そこには水を流す水路がほとんどありません。そこでその土地

の人は畑への水路に水をためておくための溝や水路をつくりました。彼らが畑に水を引きたいと思っても，畑の溝から水をまくためのチューブは数がしれていました。彼らは綿を植え，育ちはじめると水をやりました。しかし，雑草が少しでもはえはじめると，彼らはチューブをひっこぬいて雑草が枯れるまで畑に水をやりませんでした。それから，また水をまくと綿は少しずつ育ち，やめると照りつける太陽によって，それほど丈夫でない雑草は枯れてしまいます。彼らは雑草対策のために，実に組織的な水まきを行っていました。それはイボでも同じことです。私は彼女に言いました。「あなたの身体は，手のイボのあるところからイボを取り除くために血液の流れを抑えることができるでしょう。しかし，健康な肌にダメージを与えない程度に調節できます」。その女性は顔や脚にも同じようなイボがありました。血液の流れを変化させるスキルを問題の文脈に移すことを私は暗示しました。アナロジーを与え，彼女にトランス中でもトランスから覚めても，血液の流れを増加させたり減少させたりすることができることを体験させました。それから，問題の存在する文脈にそのスキルを転移させました。

　私はヨーロッパに旅行したときのことも話しました。9月6日だったと思います。カレンダーを見ていると，9月3日に医学校で講演をすることになっていたことを突然思い出しました。私はすっかり忘れていたのです。本当に当惑しました。顔が真っ赤になりました。これはばかげていると私は考えました。赤面が何の役に立つのでしょうか。講演を依頼した人が，そこにいたわけではありません。独り旅でしたので，真っ赤になった私を見る同行者はいませんでした。それにもかかわらず，私はまだ赤面していました。やっと赤面はおさまりました。イギリスに着いたら，すぐに電話をかけて講演を準備してくれた人に謝り，別の日取りを決めてもらおうと誓いました。数分後，再びカレンダーに目を向けると，また9月3日の日付が目に入りました。すると，再び顔が赤くなりました。「これは何を意味しているんだろう」と考えました。しかし，私の赤面はそのままで，私はただ顔を赤くしているだけでした。彼女もその話を聞いて顔を赤くしました。

　幼い頃，私はとても酸っぱいレモンキャンディをよく食べていました。キャンディを口に入れると唾液がでてきました。それ以来，キャンディの包みを開けようとすると，いつも開ける前から唾液がでてきました。皆さんのなかにも

私の話を聞いていて，唾液がでた人がいるのではないでしょうか。今，トランスに入っていたならば，より一層そういった体験が得られるでしょう。トランスのなかでは，体験的な反応をする能力が拡大されるからです。この話は，自動的な身体反応を引き出すために用いることができるでしょう。
　私にとってこのモデルは本当にシンプルなものです。今直面している問題は何か。問題が起こる状況はどのようなもので，問題のクラスは何なのか。問題に対して用いられるその人のリソースや体験のパターンはどんなものなのか。皆さんはどのように喚起していきますか。催眠を通して行うのか。アナロジーや逸話，対人的な働きかけ，あるいは，そういうものの全てを使うのでしょうか。「チック」といわれると，「チックね。チックって何をしているのかな」と私は考えます。つまり，筋肉の痙攣のことですね。痙攣しないとき，筋肉はどうしていますか。筋肉は緩んでいます。筋肉のリラクセーションを喚起する方法にはどんなものがありますか。目の前のその人を本当に心地よく感じさせることができれば，あなた自身がもっとリラックスできるかもしれません。温かいお風呂につかるという課題を与えるのもよいでしょう。親や友人からマッサージを受けることもよいですね。あなたが以前にリラックスしたときの逸話を話したり，筋肉がピアノの線が切れたようになって，全ての緊張がなくなるというようなアナロジーを話すこともできるでしょう。また，トランスのなかで筋肉のリラクセーションを即座に体験させることもできます。トランスでは自動的にリラックスできるために，リラックスするための練習を長期にわたってしなくてもよいのです。この点が，リラクセーションの訓練とトランス現象が違うところです。リラックスすることを**教える**よりも，**喚起する**方が効果的です。
　催眠治療での解決のクラスというものは，大ざっぱに言うと，ほとんどがトランス現象から構成されています。どうしてでしょうか。トランス現象というものは，トランス状態においては変化しやすい性質がありますが，たいていは日常生活でコントロールできるものではないからです。トランス状態では，記憶，知覚，感覚，そして感情を変化させることができます。こういう理由で，トランスでの治療に適しているものは，不随意的な訴えか，また元々は随意的なものでも不随意的側面をもつ訴えであるということを先ほどお話したのです。
　時間歪曲は，痛みの体験の主観的長さを縮めたり，快適な体験の長さを主観的に長くしたりするために使うことができます。負の幻覚は，ギブスの下のか

ゆみを気にさせないために用いればよいでしょう。解離は，心的外傷のある人を援助するときに用いることができます。つまり，快適な感情を保ったままで，心的外傷を調べていけるのです。年齢進行は，うつ状態の人に将来への肯定的な可能性を見いださせるために用いられます。昼食後には，二つの問題を取り上げ，このモデルやこの考え方を応用していきましょう。性的虐待の後遺症や痛みのコントロールを解決志向の催眠で扱っていきます。

よろしいでしょうか。こういう事柄について明確になってきましたか。家に帰ってからも，明確に理解していくことを忘れないでください。

私が皆さんに望んでいることは，トランスに入れてから行う介入に明快さを示してほしいということです。それが午前中にやってきたことです。では，午後にはもっとたくさんの例をお見せし，練習をし，デモンストレーションを通して，学んだものを統合して応用できるようにしていただきましょう。

皆さんの質問や感想は昼食後にしましょうか。ちょっと今の言葉はよくなかったようですね。それでは，昼食の前に質問しておきたいこと，理解できたこと，あるいは，このワークショップはピカいちであるとか何か言っておきたいことがありますか。

> **参加者**：私が治療を担当している人は手足が麻痺しているのですが，顔の表情が平板化することやリラックスしていること以外にその人がトランスに入っていることを知る方法はありますか。

どんな身体の反応でも参考にすることができます。その人が顔の筋肉を変化させる能力を備えていて，あなたがそれを観察できたとしましょう。反応として得られるのであれば，どんなにわずかな顔の動きであっても，その動きを活かしていけばよいでしょう。そうでなければ，おそらくその人が報告しただけの観察不可能なものを手がかりに進めなくてはならなくなります。それから，筋肉以外にも血液の流れの変化が身体の部位で観察できるでしょう。脊髄が損傷していたとしても，肌の色や血液の流れの変化を観察できます。頸動脈に注目することもあります。昨日，私は皆さんの鼓動を観察していました。皆さんの名札は心臓の鼓動と一緒に動いていましたよ。

外側から観察できたものを取り上げていくことによって，皆さんが必要とするような暗示を構成したり，連想を導いたり，何かをさせてその反応を見たりすることができます。特徴を取り上げることをしなかったならば，その人はトランスから覚めた後で，「あれ，腕が何にも感じないよ」「顔がピクピクしているぞ」「顔が火照っているよ」などと言い出すかもしれません。何も観察できなかった場合でも，その人が報告してくれるかもしれません。必ずしも観察しなくてはならないということではありませんが，反応があったことを確認できるものがふさわしいでしょう。その点，腕浮揚は端的に観察できるので最適です。

　参加者：腕浮揚でごくわずかな反応しか得られなくても，同じように成功だとみなすのですか。

　もちろんです。「うまくいったと私は思いましたが，おそらくあなたもそう感じたでしょう。これは以前には全くなかったことかもしれません。私がお話したようにあなたの無意識は確実に反応していますし，これからはさらに反応していくでしょう。私にはよく分かりませんが，顔の方にすーっと上がっていく反応でしょうか，あるいは，もう一度何かあなたなりに反応するのかもしれません」。こうやって話せばよいでしょう。そうです。私は成功した反応としてみなします。その反応を肯定的なものにしていくのです。（前に座っている参加者に）あなたはごくわずかな反応であっても，成功したと感じますか。

　参加者：ええ，もちろん。

　私はそれがよい反応で，成功した反応だと思います。

第6章
性的虐待の後遺症の治療

　性的虐待を受けた人に対しての解決志向アプローチを考えていきましょう。こういう問題が治療場面にもちこまれることが，最近特に目立ってきました。性的虐待の有無についてクライエントに尋ねる治療者も増えてきましたし，そうすることが治療の一部であると単純に思い込んでいる場合もあると思います。そこで，まず強調しておきたいことは，問題の区別が大切であるということです。クライエントが性的虐待に対して何らかの助けを求めているのか，それとも，治療者がこの問題についてのワークショップに行ったり本を読んだりしたことがあるためにクライエントに問題を押しつけようとしているのか，しっかりと区別してください。私の場合は，クライエントから頼まれてこの問題を扱ったこともありますし，また，他の問題を扱っていても明らかに関連があると考えて扱ったこともあります。基本的な問題は「この人は治療で何が起こるのを望んでいるのか。どのようにして治療が成功したと分かるのか」ということです。こういった方向に導いていってください。そして，もちろん性的虐待が現在はないこと，つまり，もう身にふりかかっていないことを確かめてください。皆さんが後遺症を治療する場合でも，実際にまだ性的な虐待が行われていることもありうるのです。このことは子どもたちの場合には，必ずと言っていいほどよく当てはまりますが，しかし，同様に成人にもあてはまります。つまり，性的虐待が依然として続いている場合だってあるわけです。

　その人の外傷体験の記憶にさかのぼって，治療していかなくてはならないとは考えないでください。それは単に一つの方法にすぎません。全く異なった方法で行う治療者だっているのですから。そして，そういうプロセスを皆さんにお教えしたいと思います。可能性を開くこと，これが皆さんの仕事です。クライエントが自ら癒し，自ら動きだせるような体験をもたせ，力づけることが，皆さんのすべきことです。

性的虐待を長いこと受けてきた人は，解離するスキルに長けていることが多いのです。ですから，皆さんもそのスキルを利用していきましょう。繰り返しますが，これが正統的なエリクソン派のアプローチです。私たちは，その人がすでに備えているスキル，リソース，能力を利用します。そして，その人がすでにできていることは可能性のリソースとして考えます。病理的機制やコーピング・メカニズムでさえも，リソースやスキルとみなし，用いていきます。ある人が性的虐待を繰り返し受けてきたならば，その人はもうすでに自分の体験を切り離したり解離したりするのに慣れています。ですから，皆さんは自己破壊的な悪い分割から，その人に役立ち，救いとなるような分割へと方向づけすることができます。心理療法においては，こういう人たちを傷ついた被害者とみなしがちです。彼らが混乱していて，全くリソースを備えていないように考えてしまう傾向が私たちにはあります。たしかに，多くの複雑な問題を抱えていて，非常に混乱しているかのように見えることもあるでしょう。しかし，解決志向催眠においては，強さや能力を備えていると考えます。どのようなリソースをその人は備えているのでしょうか。問題の構造や混乱の原因を見つけだすかわりに，その人が備えている可能性を探し出し，リソースや能力を引き出して治療を進めていきます。

　どのような治療法であっても，クライエントを支持して関心を向けることが大切です。支持することを忘れて，可能性を閉め出してしまうようなやり方をとってはいけません。その人の弱点にばかり焦点をあて，自ら動いていける可能性を備えていることを忘れてはいけません。その悲惨さや性的虐待の痛ましさにとらわれてしまい，それに浸って過去の痛みに焦点をあてるような催眠による治療を私はたくさん見てきました。解決志向アプローチでは，その人の立場や過去を承認し，それから変化の可能性を広げていきます。過去にさかのぼるよりも，**むしろ**解決に向かう方向性をもちましょう。もしクライエントが過去を振り返るようであったら，とりあえずそれについていくこともよいでしょう。しかし，「最終的にはどこに導けばよいのか。どこへ向かおうとしているのか。どの時点で達成したことが分かるのか」ということを頭に置いていてください。このアプローチは未来への志向であり，解決を志向しています。この説明をするときに，私はよくカーリングというスポーツをアナロジーとして用います。カーリングというのは，氷の上で行うスポーツです。氷の上で石や円盤

を使います。一つのチームが石を所定のターゲットに向かって押し出します。選手は石の直前の氷を滑らかになるように掃き，一定の方向にその石を導きます。私にはそれが治療と似ているように思えます。その人のすぐ前の道を滑らかになるように掃いていきます。その人の状態を認め，その人の反応を認め，そして，その人の体験を認めます。それと同時に，可能性を開いていくのです。私は選択肢をたくさん提供していきます。そして，彼らの反応や選択に基づいて，さらなる可能性を開いていきます。どんなときでもたくさんの選択肢をもっているのです。あなたはどうしたいのでしょう。こういうふうに，それとも，こんなふうにしたいのですかというように考えていきましょう。

　また，虐待は過去のものであり，現在と未来は可能性が存在すると私は考えています。ですから，「あなたは虐待を受けていました。それがあなたの歴史です」というのが，その人への私のメッセージです。そういう人たちは，過去，現在，未来を一緒くたにしている場合がよくあります。そこで，過去と現在，過去と未来，現在と未来を区別させることからはじめます。問題は過去のものであり，現在と未来には可能性が存在すると示唆するように言葉を用いていきます。これからお見せするビデオテープのなかで，それをお聞きになれるでしょう。この類の治療に関して，あと二，三つけ加えたいことがありますが，まずはこのテープをお見せしたいと思います。その後で，残りのことを話しましょう。

ビデオテープ 5 ──性的虐待の後遺症への催眠療法（オハンロン）

　このビデオテープは，解決志向催眠の数日間のワークショップに出席していたある女性を録画したものです。最終日に性的虐待の後遺症への治療について触れました。性的虐待を受けてきて，そのことでまだ何か解決していない問題を抱えている人がいるかどうかとその場で尋ねました。この女性は自分の状況について援助を求めていましたが，皆の前に出ることをためらっていました。というのは，彼女が虐待を受けているときに性的な喜びを体験していたことを覚えていたからです。そして，「私の場合は，先生が話している人たちとは違うと思うわ。だって，何となくそれを望んでいたところがあるし，性的な喜びも感じていたのだから」と彼女は思っていました。その日のうちに彼女に対して区別をつけられるような話をしました。「時には，性的虐待を受けているときに

喜びを感じていたという人もいます。つまり，その人たちは肉体的な喜びを感じていたということですね。そして，あなたは肉体的な喜びと虐待を受けたいと思う気持ちを区別することができます。あなたが肉体的な喜びを感じていたというだけでは，それを望んでいたとか好きだったということにはなりません。玉ねぎを切っているときに泣きはじめても，悲しいからではないでしょう。ただ身体が反応したにすぎませんね」。そういう話を通して，「そうなのね。誤解していたみたい。そんなに恥ずかしがる必要はないかもしれない。デモンストレーションに出てみようかしら」と彼女は思いはじめました。そして，デモンストレーションに出てみたいという旨のメモを私に渡しました。しかし，30分ほどしか時間が残っていませんでした。30分というのはちょっと短かすぎるかなとさすがの私も思いました。しかし，ビデオテープを見れば，デモンストレーションはうまくいったことがお分かりになると思います。

　時間の都合上，彼女について手短にお話しておきましょう。彼女は11歳までの記憶がなく，11歳からはっきりしていると話していました。また，自分の子どもの頃がどこか変だということに気づいていました。彼女は最近までそれが何であるのか分かりませんでした。数年前に彼女は性的虐待を受けた人の記事を読んでいるうちに，自分も性的虐待を受けていたことがはっきりとよみがえってきたのです。はじめは，自分の父親かもしれないと思っていました。というのも，虐待を受けた納屋の窓のところを通り過ぎる父親の姿が，フラッシュバックとして思い起こされたからです。しかし，しばらくしてから実際には自分をよく納屋へ連れていった16歳の従兄弟が，虐待していたことを悟りました。非常に支配的であった母親に反抗するという形で，彼女は自ら進んでその虐待を受けていたようなところがありました。彼女はそれが何かしらいけないことであり，禁じられていることだと知っていました。こういうことをすれば，母親が非難するに違いないという感じをもっていたのです。しかしながら，彼女はそうすることで精神的なショックを受け，それを恥じていました。

　彼女は数年間にわたって，自己催眠を行い，全てではありませんが，虐待という出来事のほとんどを思い出しました。彼女の妹が最近ガンで亡くなったために，空白になっている部分の記憶も必要になりました。というのは，彼女は子どもの頃の虐待の記憶を思い出しただけなので，その当時の妹との何か素敵な思い出が欲しかったからです。

彼女が話したことは，悲惨な人間関係の歴史のことだけでした。つまり，お互いに依存的で，しかもちゃんと機能していない関係だったのです。今の彼女はよい関係を結んでいて，そのなかで生活を送っています。実は，結婚を一週間後にひかえていました。婚約者は彼女の虐待のことを知っていました。その男性が彼女を虐待することは決してありませんでしたし，彼女の性的な問題に対しても注意を払っていました。しかし，セックスをする段になると，依然として彼女は恐怖に襲われました。セックスの間は，たいてい解離し，感覚が麻痺して，自分を子どものようにさえ感じていました。たしかに，彼女は性的に乱れた過去をもっていました。しかし，内心ではいつも本当に恐れて，感覚をなくして，まるで小さな女の子のようになっていました。彼女はサド・マゾ的な関係をもったこともあり，同棲していた男性にひどく殴られた経験もありました。そのような経験を経て，更正してSM生活から抜け出すことを決意し，治療者としてやっていく道を彼女は選んだのです。
　彼女の問題は，性行為を恐れて解離してしまうことです。また，子どもの頃，妹と過ごした楽しい日々の記憶が全くないと訴えました。こういう問題を扱うにときには，催眠が適していると私は考えます。このテープには，治療の様子がおさめられています。彼女は自己催眠のテープを使ってトランスに入った経験がありましたし，そのワークショップの練習のなかでもトランスに入ることを何回か繰り返していました。

　　オハンロン：ところで，以前に何回かトランスに入ったことがありますね。
　　被験者：ええ。
　　オハンロン：分かりました。いいでしょう。それでは，自分なりに**トランスに入ってください**。そして，こういう場ですから，あなたにふさわしく，できるだけ安全なやり方で話していきたいと思います。あなたが向かう必要のあるところに行くことができるでしょう。そういう目標や解決に向かって動き出します。思い出す必要のあることを思い出し，思い出す必要のないことは思い出しません。

　奨励と制限 encouraging and restraining という方法を用いて，トランス誘導をはじめています。彼女にトランスに入ることを暗示しているのが，奨励です。

けれども，深いトランスに入るのではなく，自分に適した状態でよいということや必要以上に思い出さないことも暗示しています。この手続きは，こういった公開の場においては特に大切なことでしょう。私が彼女の境界を侵さないことを明確にしたわけです。虐待とは，誰かが彼女の境界を著しく侵したことなのですから。彼女の境界に押し入ったり，体験したくないことを無理強いしたりするのではないことを確かめておきたかったのです。これが制限です。「思い出さなくてはならないことを思い出してください。忘れる必要のあることは忘れてください」。こう話すことで，トランスに入ることが促されます。しかし，それだけではなく，保護していることでもあるのです。彼女は私以上に，自分がしなくてはならないことを分かっていると思いますよ。

> **オハンロン**：そして，もうすでにあなたが思い出すべきことや思い出したかったことは，全て思い出してしまったのかもしれません。そして，少しはそこに余裕という空間をもつことができたのかもしれません。それはあなたという人物や性格に**関心を向ける**ための空間です。そして，生活史，経験，いろいろな出来事をその空間に入れておくことができるでしょう。**その当時のことはその時のなかに置いておきます。**そして，当時のことについて知っておく必要のあることは，あなたの背景にある**学習**や経験の一部として，今のあなたも知ることができるでしょう。そして，今現在にいる自分と自分自身を本当に**認める**ことができるのです……そうです……以前に感じていたことを感じ，非難と承認を分けて，あなたに意味をなすように，過去から現在，現在から未来を一致させ，結びつけていく方法を見つけていきます。あなたにとって無意味で無益な部分とは結びつけてはいけません。意識的にも，現在と未来をうみだしていくのです。

もしその人が解離や分割というスキルに長けているのなら，可能性をもたらすような分割をさせればよいでしょう。それこそが望ましい治療的なことなのです。最初のうちは，彼女は自分のしたことと自分がされたことの区別ができていませんでした。ですから，私は彼女がその区別をつけられるような援助を行いました。彼女が自分の体験を今までとは違った方法から組み立てていくの

を手伝っています。他にもいくつかの分割の仕方を提案しています。

>**オハンロン**：今までに話してきたように，能力やスキル，リソース，強さ，コーピング・メカニズムというものをあなたは備えていて，物事を扱ったり，扱わずにすんだりする方法も知っています。そして，あなたが望むような方法で，もう一度整理することができます。そうしていると，あなたの手は**上がり**はじめるかもしれません。これは以前にも催眠のなかでしたことがあるかもしれません。手が**上がって**，そして，**あなたの顔まで上がり**はじめるにつれて，あなたはしなくてはならないことに取り組むことができます。**解決**という側面から進めることかもしれないし，また，思い出していくことから進めるかもしれません。もしかすると，あなたの素敵な記憶の痕跡を邪魔するものを忘れることなのかもしれません。もち続けたいと思う記憶は，これからの生活のなかでたくさん浮かんでくるでしょう。

　彼女の得意とすることは何でしたか。身体の解離ですね。それではなぜ手が浮かぶのでしょうか。腕浮揚には解離の要素が入っているからです。つまり，それはすでに彼女がたやすくできていることでもあるのです。それから，私は身体の動きや筋肉運動を用いることで，解離から癒しへ，また，彼女自身の感情へと連結しています。彼女の解離というスキルが，新しく有益な結びつきをもつように働きかけています。

>**オハンロン**：その**手が上がり続け**，**顔の方に上がっていきます**。もちろん，そうする必要はありませんが，**顔まで上がっていく**かもしれません。そして，その手が顔に**触れる**と，それが合図になって，あなたがすべきことを知らせてくれるでしょう。そういう作業のなかに，以前に味わった感情や体験，現在の体験，そして，必要としていることや知らなくてはならないことを入れていくこともできます。そして，そういうことをするために，自分に適した方法で**時間を変える**こともできるでしょう。

「触れる comes in contact」というのは，言葉をもじっているわけですね。セックスをしているときでも，彼女は心から触れあっていません。解離してしまうのではなく，触れあってオルガスムスを得ることをここで言葉の上でもじったわけです。

>**オハンロン**：**変化の起きたことを教えてくれる何かを見つけることができます**。そして，手が顔の方へ上がり続けると，解決のために必要なリソースをあなたにふさわしい方法で見つけだすことができます。

「変化の起きたことを教えてくれる何かを見つけることができます」というくだりは，手の上がったことが，変化の生じたサインとして捉えられることを示唆しています。

>**オハンロン**：そして，顔に触れた後で，あなたの準備ができたら，**目を開けて私を見る**ことができます。それはちょうど今かもしれないし，数分後かもしれません。そして，少し質問をしますから，私が知っておいた方がよいことを教えてください。

「顔に触れた後で」というのは，手が顔に触れることを前提としています。そして，「ちょうど今かもしれないし，数分後かもしれません」というのは，選択の幻想にあたります。

>**オハンロン**：さて，私が知っておいた方がよいのはどんなことでしょうか。あなたの内面で起こっていること，あるいは，トランスに入っている間のことでしょうか。そうですね。今は何が起こっていますか。
>**被験者**：小さな箱が見えます。
>**オハンロン**：小さな箱。
>**被験者**：「その当時の箱」と「現在の箱」です。過去の箱には痛ましい全ての経験を引き受けているマイナスの印と矢印がついています。現在の箱を過ぎると，プラスの印があります。そして，その印は箱の周りで変化しているようです。お互いに重なったりしています。そして，こ

ういう印のおかげで，自分の存在が分かります。
オハンロン：なるほど。あなたがあなたであることを認めていくために役立つ興味深い方法ですね。いいですね。いろいろなやり方があっていいと思いますよ。

　悲惨な経験も後から役立ってくるという私の経験に基づいたリフレイミングを行いました。悲惨なことでも，現在や未来において素晴らしいことに結びつけることができます。それから学べられれば，役に立つことなのです。
　また，彼女は自発的に思い浮かべた視覚イメージについても話しました。彼女はトランスから覚めた後で，もっと詳しく説明してくれました。過去を置くことを私は暗示しました。過去にその当時のことを残し，現在は現在で，これからの未来を迎えることができるだろうと暗示したのです。彼女がその区別をつけるのを私は援助しました。それから，私は彼女にとって意味のある方法で過去と現在，現在と未来を結ぶことができることも暗示しました。彼女は自分の痛ましい経験や不幸な性体験の全てが入っている箱を見ました。それは過去を表わすものでした。その箱には「−」の印，つまり，否定を表わす印が描かれていました。それから，彼女は「＋」の印の描かれた現在の箱を持っていました。というのは，現在の彼女の生活は順調なものだったからです。その次に，彼女は「＋」の印の未来の箱を持ちました。彼女は未来にもっとよくなることを期待していたからです。私が彼女に有意義な方法でそれらを結びつけるように暗示すると，彼女は箱が重なり合っている様子を見たのです。そして，重なり合った箱には「＋」の印がついていました。
　彼女が私に話しておいた方がよいことがあるか私は確認しました。というのも，非常に短い時間しかなかったので，彼女の身体を読んでいくことよりも，言葉でのフィードバックが効果的だったからです。このことについて話し合う必要があるかどうか私は確認しておきたかったのです。振り返ってみると，こういうやり方をとったのはよかったのかもしれません。なぜなら，彼女が解離しているときに，目を開けさせて，私と視線を合わせるようにしたからです。彼女がセックスの前に解離を起こしそうになったならば，目を開けて「解離を起こしかけているわ。ゆっくりすることが必要なの」と夫に告げられるでしょう。ですから，解離しはじめたときでも相手に伝えられることをこのちょっと

した会話からも学べるでしょう。

> オハンロン：結構です。目を閉じて，それらの箱をふさわしい場所に置いておく方法を見つけてください。そして，あなたは遥か未来を見渡せ，未来へと一歩を踏み出せるプラットホームに立っています。そこは**安全**で，足元の地盤がしっかりしていると感じられるでしょう。トランスのなかで自分自身を整理する方法を見つけることは，とても素晴らしいことです。安全であなたが信頼できるような状況では，**セックスを満足にできる**でしょう。自分の体験のなかに堂々としていられ，当時起こったことは当時のこととして理解し，そのことから派生したさまざまなことを把握し，その意味を噛みしめ，そうして，あなたは成長していくのです。今のあなたが備えているリソースや理解力を活かして，一瞬一瞬を**進んでいきます**。何分，何日，何週間，何カ月，そして，何年かが**経つ**につれ，あなたは**改めて理解する**ようになり，**自分の歴史**を味わうようにさえなるでしょう。

　私はリソースや理解力を現在や未来へと連結しています。また，「進んでいく」という言葉を強調しています。実際に私はこのケースをまとめたのですが，「つくられた歴史から自分史へ History Becomes Herstory」という題名をつけました［訳注］。何年か前にある男性が彼女に行った行為に基づいてつくられた物語のなかで，彼女は人生を送ってきました。私は彼女に自分自身の人生に戻ってもらいたかったのです。そして，彼女は自分自身の物語を書くことができるようになりました。その時点では，**彼の歴史**でしたが，今は**彼女の歴史**なのです。

> オハンロン：私はかつて本当に暗くて，内気で惨めな感じにさいなまれていました。そして，そういう心の痛みに対する敏感さは，治療者という立場をとったとき，他人の痛みや苦しみ，あるいは，変化の可能性に気づける感受性となりました。私は自分で自分が全く望みのないケー

［訳注］O'Hanlon, W.H. 1992, History becomes her story: Collaborative solution-oriented therapy of the after-effects of sexual abuse. In S. McNamee & K.J. Gergen (Eds.) *Therapy as Social Construction*. London: Sage.

スだとあきらめていました。しかし，今は望みがないとは思っていません。そして，不安感にさいなまれながらも，どこか内面の奥深くで，やり抜けることを知っていたと思うのです。内面の深いところには，強さと回復への力が備わっていました。そして，私は不安でびくびくしながらも，自分の敏感さを認識し，強さを開発していきました。それが私の感受性を認識し，強さを開発した方法です。そして，自分自身で体験と痛みを一致させた方法とも言えます。また，トランスに入っている間に，子どもの頃や成長していく過程のなかでの楽しい思い出を浮かべようとするのは，とても素晴らしいことではないでしょうか。もしかすると，それはパッと一瞬によみがえるのかもしれませんし，はっきりとした記憶，体験，あるいは，感情なのかもしれません。小さい頃，私は姉と二人で折りたたんであったベッドの真ん中によじ登って遊んでいました。そこはとてもこじんまりとしていて，まるで二人だけのお城のように感じていたことを覚えています。私はどこにそのベッドが置いてあったのかは全く覚えていません。ただ折りたたんだベッドの感じを覚えているだけです。そして，身体はそういった心地よい感じを覚えているものです。つまり，あなたの体験，感情，記憶といったもののなかに，妹さんとのつながりや妹さんからの遺産が残されているのです。

　彼女は以前にフラッシュバックがありましたので，私もそれを用いることにしました。彼女が悪い経験をフラッシュバックしたとすれば，よい記憶もそうしたっていいとは思いませんか。性的虐待を受けた人が，いつでも最初は身体にその感じがよみがえり，その後で思い出すということを私に教えてくれました。ですから，私は彼女の身体が心地よい感じを思い出せるような可能性を提供したのです。

　　オハンロン：妹さんがたとえ側にいなくても，おそらく彼女はあなたと関係のある人たちにも影響を与えています。記憶や彼女の魂を通して。そして，あなたも同じように，こういう影響を現在や未来に及ぼしていくことができます。そして，このことについては，もっと時間をか

けてほしいのです。さて，間もなくその手が下がりはじめるか，あなたがその手をゆっくりとおろしていけるでしょう。あなたにとって快適であるならば，どのような方法をとっても構いません。そして，手が腿のところに戻ると……そうです。トランスでの体験を終わらせる準備をはじめられるでしょう。トランスの体験を終了させることも，また他のことの準備やはじまりであることがお分かりになるでしょう。そして，あなたなりに行ってください。準備ができたら，トランスに残すことはトランスに残しておいて，トランスからすっかり覚めます。いいでしょう。ご苦労様。

被験者：素晴らしい体験でした。妹の姿をはっきりと見ました。
オハンロン：それはすごい。よく頑張りましたね。
被験者：よい記憶が一つ戻ってきました。
オハンロン：よかったですね。いいでしょう。

この短いセッションに続いて，見ていた人たちと簡単なディスカッションを行いました。

私は彼女に対して，この体験から何を得たか1カ月以内に知らせてくれるよう頼みました。彼女からは次のような手紙が届きました。

親愛なるビルへ
　マイアミでのセッション後の私の進歩について，近況をお話したいと思います。そのデモンストレーションのときには，性的いたずらの問題を扱っていただきました。セミナーから1週間後の新婚旅行の夜に，夫とセックスをしたことを報告いたします。それまでは結婚式のことで，家族とずっと一緒だったこともあって，その夜にセッション後はじめてのセックスをしました。解離は起こりませんでした。その時，逃げだすこともなく，セックスを肉体的にも楽しめたのです。また，性欲が以前よりも増していることに気づきましたし，セックスの前の恐怖感を認めることもできました。私の目的はいつのまにか達成されていました。トランスに入っているときに先生から話してもらったことをそれ程覚えてはいませんが，先生が以前は内気で暗かったと話していたことは印象に残っています。その数日後に

「あの先生が内気だったなんて，全然そんなふうには見えないわ」と思い返しました。まだ虐待した人に対して手紙を書いていません（これは私（オハンロン）が彼女に提案したことです）。けれども，書くつもりでいます。こうしている今も，私は結婚の喜びにひたっています。私のために時間を割いてくださって，本当にありがとうございました。

それ以来，私は彼女と連絡を取り合っています。解離が起きることも時にはあるそうですが，そのことを夫に伝えられると話していました。そういう夜には，話し合ったり，中断したり，ゆっくり進めたり，あるいは，しなかったりすることもあるでしょう。けれども，夫とのセックスの最中にほとんど解離を起こすことはありませんでした。あの短いトランスにしては，相当の効果があったわけですね。3日間のセミナーで，彼女が自分を価値のあるものとして感じたことや皆さんと同じようにトランスのなかでたくさんのスキルを学習したことを覚えておいてほしいのです。このケースは，トランスが自動的に物事を行うということを説明するには，うってつけではないでしょうか。その週のうちに仕事に戻って，翌週の週末に結婚式をあげる予定だと彼女は話していました。そのため，彼女は私とのやりとりをじっくり考える時間がもてなかったはずです。これが催眠の面白いところですね。解決するためにしたことについて，皆さんも意識して考える必要はありません。自動的に物事を行う無意識のプロセスを私たちはいろいろな方法で刺激しているのですから。このケースは極めて理解しやすいものでしょう。彼女は非常に積極的で，しかも協力的でした。一緒に進めていくにはやりやすかったのはたしかですが，それだけではなく，催眠の原則がよく示されています。

参加者：性的虐待の後遺症というような問題を扱うときに，会話による誘導だけで効果的な働きかけが行えるのでしょうか。

そういうことは少ないと思います。私はその相手にトランスに入れることをはっきりと知らせます。それが私のやり方です。私の道徳的スタンスに負うところもありますけれどね。会話での誘導をしなくてはいけない人もいるかもしれません。皆さんが判断する必要があるかもしれません。スティーブン・ギリ

ガン Stephen Gilligan が，トランスをたいへん恐れていた女性のことを話してくれたことがありました。その女性にもそうですが，スティーブはよく目を閉じさせずに，相手の目の開いたままでトランスに誘導します。というのは，誰にも邪魔されないトランスという場所へ逃げ込むことで，関係を避ける人もいますから。治療されることはその人にとって恐ろしいことなので，自分が耐えられるような方法をやり通すのです。治療者が部屋の真ん中にいるのに，相手の人はドアのところで，身体の半分が部屋のなかで半分は外になるように座っていたりすることだってあります。それがはじめてトランスを体験するときに耐えられる近さなのかもしれません。

　治療が進んでくるにつれ，そういう人も少しずつ近寄ってくることができるでしょう。ですから，誰を相手にしている場合でもそうですが，とりわけ性的虐待を受けてきた人に対しては，どのように扱うべきかをその人の反応から教えてもらわなければなりません。もし標準的な誘導をすることがその人をがんじがらめにしていることを見つけたならば，会話を通しての誘導が有効かもしれません。私はトランスを使う旨を相手に知らせて許可をもらってからでないと，治療のなかでトランスを用いることはありません。けれども，私の経験によると，実際はちょうどその反対なのです。つまり，虐待を受けてきた人の大半は，トランスのなかで人生を過ごしてきたようなものですから，トランスに入るのが非常にうまいのです。それを私は発見しました。彼らはごく自然にやれています。もしその人たちが皆さんを信頼していない場合には，見事なくらいトランスに入りません。覚めたままでいるのもとても上手ですよ。そして，その人たちはそうしていて構わないのですし，それでよいのだと思います。

　　参加者：先生はいつもトランスという言葉を遣うのですか。それとも……

　「催眠」や「トランス」という言葉を私は遣っています。私のところの待合い室で，クライエントはこういう言葉の載っているパンフレットを見ることができるでしょう。それは私にとって何の問題もありません。しかし，ある状況におかれた人にとっては，そういう言葉を遣うことは問題になるのかもしれません。ですから，トランスという言葉を重視する必要はないと思います。「こちら側の心」「あちら側の心」とか「あなたのある部分」「あなたの別の部分」と言っ

たり、「内面に深く入っていく」「あなたのなかのリソースを発見する」というようにその場や相手に応じて言い換えて表現したりすればよいでしょう。けれども、私の場合は常にトランスと言っています。ご承知の通り、私はネブラスカのオハマで働いています。オハマの人たちは催眠に関してそれほど知識があるとは思えませんが、それなりにちゃんとやれていますよ。

参加者：情報を公開するようなことがありますか。

　非常に妄想的な人の場合は、皆さんが何をしてもその情報を欲しがるでしょう。私にはその種の問題は一度も起きていません。私が唯一法律に関して皆さんに教えられることは、催眠で引き出された証言というのは、合衆国のほとんどの州で認められていないということです。催眠で引き出された記憶は、催眠をする者、つまり、その研究者に影響を受ける可能性の高いことが、かなり確定的に示されています。皆さんがある人に催眠を用いて、後からその人が法廷で証言するようなことがあるとしたら、催眠の影響を考慮されて、その人の証言は退けられることもあるかもしれません。皆さんがそのような類の研究をするつもりがあるなら、催眠を録画したり一定の手続きを踏んでおいたりしておくことをお勧めします。FBIに聞けば、その手続きが分かるでしょう。その他には、催眠に関して特に話しておかなくてはならない問題はないでしょう。後は治療の手続きと同じことです。誰かから皆さんが倫理に反したとか傷つけられたなどと告発されることがあるかもしれません。しかし、皆さんが倫理的に振舞い、クライエントと適切な関係をもっているのなら、おそらくそういった問題は起こらないでしょう。けれども、もしも起こってしまったときには、皆さんが倫理的に振舞っていて、しっかりとケースの記録をとっていたなら、法廷で身を守ることができます。

　特定の介入をするときには、問題のクラス・解決のクラス・モデルを用いることができます。何が**この**人には必要なのでしょうか。これは「性的虐待の後遺症への治療」というように一般的に言えるようなものではなく、その対象となる個人の問題と介入プランに焦点をあてたものです。皆さんは**それぞれの**クライエントに応じて理解しなくてはいけません。**その**人にとっての性的虐待の後遺症は何なのでしょうか。それは人によって違います。皆さんが多くの人に

携わった後では，一般論を得ることができますが，その後でも，**この人の個人的な目標**を見いだしていかなくてはなりません。皆さんが今関わっている**この人の目標**は何でしょうか。**彼女の目標**は何であって，問題のクラスと解決のクラスは何でしょうか。それを見定めたら，次にどのように喚起していけばよいのでしょうか。

　ビデオテープの女性の場合では，彼女の問題**と**していたことで自動化されていたことは何でしたか。そのうちの一つは健忘ですね。では，記憶の健忘とはどういうことでしょうか。それは特定の出来事を自動的に忘れることです。彼女はフラッシュバックによって，虐待の記憶を思い出しました。ですから，同じように彼女は忘れていた出来事をパッと思い出すこともできるでしょう。感情も伴ってね。私はそういうリソースを治療に使っていきたいのです。話をすることでリソースを喚起していきます。幼年時代の姉との思い出を私は話しました。その話はベッドと関連していましたが，肯定的でよい感じを抱かせる話であることに皆さんは気づいたでしょうか。自分たちの砦のように感じていたその折りたたんだベッドの真ん中で，私と姉は腹ばいになって動いていました。そこは本当に安心できて，心地よいところだったのです。ですから，この話は安心できて心地よく感じられる場所や安心できるよい記憶へと結びついていきます。彼女はそれを問題の文脈に移して，自分の妹とのよい記憶を思い出しました。これが彼女に対して私が働きかけたことです。他に試みたことは，解離させるよりも連想させるようにしたことです。このようにして，解離を連想に導き，癒しやよい記憶へと結びつけていきました。

　参加者：先生の話を聞きながら考えていたのですが，私が受けもっているケースの半分は自分なりの援助ができていると思いますが，後の半分には自分でも何をしているか分からないといった具合なのです。先生でもいまだにどう扱ったらよいか分からないケースやうまくいかないケースがありますか。先生が今担当している全てのケースが順調にいっているのでしょうか。

　もちろん全てのケースがうまくいっているわけではありません。しかし，それぞれのケースのなかで，何が起こっているのかということについては，かな

りはっきりと感じとっています。いつでもうまくいっていたわけではありません。私は自分の経歴を三つの段階に分けることができると思います。第一段階は、さっきシャロンに冗談で話していたことなのですが、皆さんが学校を卒業したばかりで、面接室に入っているとします。すると、そこにクライエントが送られてきます。皆さんは「誰の担当。えっ、私の受けもち。クライエントをよこしたって、どうすればいいのか分からないのに」と思うでしょう。まったく途方に暮れてしまいます。こういう初心者意識で「どうすればいいか私が分かっていないのに、この治療にお金が支払われるなんて」と考えるかもしれません。とりわけカルト教団の犠牲者や拒食症といったまれにしかないようなケースにあたってしまった場合は、相手の人が治療中に命を落とすことさえあります。「間違った指示を出してしまったら、死んでしまう危険のある人が送られてきてしまった。どうすればいいのか私には分からないのに。何で私のところになんて送ってくるんだ」。こう皆さんは考えるでしょう。

　その後、十分な経験を積み、十分なモデルを学び、ある程度の自信をもつようになってきます。私自身も「問題ないよ。何でも治してみせるさ」というような段階に至りました。私のもとへどのようなタイプの人が送られてきても、何でも解決できると確信していました。専門家になったのです。

　それから、専門家を捨てて、もう一度初心にかえりました。私のお決まりのジョークは、クライエントが私の開くワークショップに来ればいいのに、というものです。そうすれば、私がいろいろな技法やアイデアを使うときに、起こってくる反応や改善していく様子がクライエントにもよく理解することができるでしょうから。

　今までに学んで身につけたどのようなモデルよりも、常にクライエントの方がバリエーションが豊かであることを私は知りました。治療がうまくいかないときには、クライエントが治療者に教えてくれるものです。もちろん、ほとんどがうまくいくのですが、うまくいかないこともあります。そういうときには、今まで身につけてきたモデルから離れて、再び初心にかえります。「初心者の心には多くの可能性があるが、熟練者の心にはほとんどない」。これは禅の格言です。初心者の心にもう一度戻るので、分からないということが理解できるのです。けれども、この時には知らないことが実に嬉しく感じられます。「私には分かりません。ですから、一緒に考えていきましょう」という気持ちです。こう

いうわけで，「どうしたらいいんだろう。どうやって治療していけばいいんだ」ということは滅多にありません。

　ある人が「頭痛の塊を扱えますか」と尋ねてきたことがありました。頭痛の塊なんて聞いたことがないと私はこたえました。それは偏頭痛のようなものだが，もっとひどいものだと彼は説明しました。「44口径の頭痛と呼んでいる」とも言っていました。その理由を私が尋ねると，こうこたえました。「もし先生にこの頭痛があったら，脳みそを銃でぶち抜きたくなるでしょうから」。その偏頭痛のようなものは，日に三，四回起きたり，半年から1年の間中毎日続いたりするということでした。彼がいろいろ教えてくれたので，私はこう考えました。「その頭痛について私の知っていることは何一つない。けれども，彼が頭痛の塊について教えてくれるなら，いいアイデアがきっと浮かぶに違いない。それから，治療を進めていけばいいじゃないか。彼と一緒にその頭痛をどのように扱えばよいか考えていこう」。カルト教団の被害を受けた人をはじめて受けもったときも，同じ状況でした。手がかりをまるでもっていなかったんですから。けれども，その女性がどのようにすればよいか私に教えてくれました。彼女は非常に素晴らしい指導をしてくれたと思います。

　ある人がエリクソンに対して「先生の素晴らしい治療スキルとコミュニケーションのスキルの全てを投入したら，中東の状況を救うことができると思いますか」と尋ねました。エリクソンは一言こう答えました。「診察室に連れてきなさい」。これも同じことを言っているのではないでしょうか。あらゆる問題についての解決策を見いだせると私は断言できませんが，私のところにその人が連れてこられたなら，可能性を見つけていくでしょう。いつもうまくいくとは限りませんが，きっかけや可能性は見つけられるでしょう。そして，問題が意味しているものを理解する方法も見いだせるでしょう。クライエントの問題に対して，私が援助する方法を見いだせないことは滅多にありません。もちろん，どんなときでも私が問題を解決できるという意味ではありませんよ。

　　参加者：クライエントが治療の中断を決めた場合はどうでしょう。

　たしかに，私の考えがいつでもその人の体験に通じるとは限りません。それはそれで仕様がないでしょう。

参加者：そういうことはよくあるように思うのですが。

　そうですね。私が高校のときの保健体育の授業は，とてもうちとけた雰囲気でした。例えば，その先生は「95％の男性はマスターベーションをする。……そして，残りの5％の人は嘘をついている」という話をしていました。この手の話は何かほっとさせてくれますね。治療でも同じことです。誰かが100％の割合で成功すると主張するならば，例の5％でしょう。そういう人たちの治療を長期にわたって見てみたいものです。その人たちは何を成功と定義しているのでしょうか。謝礼や何かを集めることですか。それとも，治療効果がずっと続くことでしょうか。100％成功している人を私は見たことがありません。そういいう人たちが開いているセミナーで，そう主張しているのは聞いたことがありますけれど。

　参加者：トランスの最中に先生が何か話をしたいと思ったら，たいていクライエントの目を開けさせているようですが。

　ふつうはそうです。いつもではありませんが。

　参加者：トランス中に話を交わすときにおさえておかなくてはならないことは何か他にありますか。

　私は普段話を交わすことはありません。普段は相手に話させることもしません。というのは，その人の身体が十分私に伝えていると考えているからです。私が尋ねようと思っていることをその人の身体が教えてくれます。身体を観察することで，多くのことが得られます。よく考えてみるからではありません。また，私は解決志向モデルを用いているので，説明を求めたり，隠されているものや抑圧されたものを探したりはしません。ですから，クライエントからたくさんのことを言葉で伝えてもらう必要がありません。私はただ可能性を提供しているだけです。カーリングのようにその人のすぐ前を掃いていくだけです。「これはどうでしょう。こうしたいですか。これは役に立つ体験となりますか」というようにその効果について触れるだけです。私なりのメタファーを混入す

るときには，バイキング形式の食事のように可能性を提供していきます。私は話をすることが多いのですが，それはその人にとって何らかの意味のある体験をうみだそうとしているからです。クライエントが話したがっているようなら，治療のはじめか終わりに話を聞くこともあります。

　これも一つのスタイルと言えるでしょう。皆さんは特定のやり方でトランスに誘導することに慣れています。私はエリクソンから多くを学んでいますが，彼の場合はトランスで働きかけている間は，会話をほとんど支配していました。けれども，トランスに入るとき話をしたいという人やずっと目を開けたままにしていたいという人がいるのなら，皆さんはそれを認めてあげてください。「目と口は閉じた方がいいと私はワークショップで習ったのです」なんて言わないでください。そうすることは，自分で自分の限界をつくってしまうことになります。

　　参加者：今までにトランスの最中に恐がってしまうような人はいましたか。自分の記憶や過去の出来事が浮かんできたりしたら，きっと怖くてたまらないと思います。そういう場合はどのように接したらよいのですか。それにつきあう必要があるのでしょうか。それとも……。

　私がはじめて催眠のワークショップに出かけたとき，「除反応abreactionに注意しなさい」と言われ続けたので，私は心底恐ろしくなりました。除反応とは，非常に興奮した様を表わすそうですが，実体のない言葉です。私は除反応を除くためのさまざまな技法を学ばされました。はじめの5年位は，トランスを用いるときに少しばかり慎重になりすぎていました。「どういうところが除反応なのだろう。まだはじめてから日も浅いし，きっと私は正しくしていないだけなのだ」。こう考えていたのです。しばらくしてから，ワークショップで言われてたことは，私が考えていたことではないことが分かりました。私はクライエントが天井や壁まで飛び上がったりすることだと思っていました。ワークショップで本当に言われていたことは，トランスに入っている人が泣いたり，落ちつきを失ったり，ヒステリックになったり，非常に恐がったりすることがあるということだったのです。私は「えっ，そんなものが除反応なの。全然問題ないじゃないか」と思いました。私は危機カウンセリングの領域で働いていました

から，やって来る人はいつでも興奮状態だったのです。外来のカウンセリングでは，いつだってその相手は興奮していました。最終的に私は自分でその謎をときました。つまり，トランスに入っている人に当たり前に接していけばよいのです。ちょっと分かりにくいでしょうか。では，このように考えてみてください。トランスに入っている人が泣きだしたら，どうすればよいでしょう。そして，トランスに入っていない人が泣きだしたらどうしますか。

　　参加者：ティッシュを渡します。

　そうです。ティッシュをあげてください。あるいは，「その涙はどうしたの」とか「泣いているけど大丈夫ですか。私に何か話したいことがありますか」と尋ねてもいいでしょう。トランスから覚めなかったらどうなるでしょうか。これは私がよく受ける質問です。まず第一に，トランスの神秘性を解くことを忘れないでください。その人が何かの「中に」いることはありえません。椅子に座って，話を聞いているのですからね。その人は何の「中に」もいません。単なるメタファーなのですから。私たちは心的なプロセスやトランスに対して空間的なメタファーをよく用います。「深く」とか「ずっと入っていきなさい」というのは，深さのメタファーです。メタファーを文字通りに受け取ってはいけません。それでは分裂病です。椅子に座っていて，目を閉じたままで少しも動かない人がいたとします。セッションを終える時間になったのにそのままで，話しかけてもこたえないようでしたらどうしますか。

　　参加者：立ちあがって動きます。

　そうです。皆さんが立ちあがって，動けばよいのです。それは「時間ですよ」という社会的な合図となりますからね。では，あなたが立ちあがって動いても，その人がまだ座っていたらどうしますか。

　　参加者：その人に触れます。

　トランスに入っている人に触れれば，だいたいトランスから覚めますね。

「おーい，誰もいないの」と呼びかけるかもしれません。しょっちゅう私はユーモアを使っているんですよ。トランスに入っていない人が，同じように目を閉じたままで少しも動かないという行動をとっていたらどうしますか。これは皆さんへの質問です。トランスにいるといっても，その人は精神病でもないし，あなたに協力していないわけでもありません。ただ何かを体験しているだけなのです。そのような体験にちょっと深く入り込みすぎることもあります。内的な体験のかわりに，皆さんとの会話にその人の注意を向けさせるにはどうすればいいでしょうか。クライエントや患者にいつも皆さんがしているようにすればいいわけです。

　他に質問はありませんか。次に進んでもよろしいですね（頷く）。

練習 5──相互の催眠

　練習に移りましょう。この練習を私はとても気に入っています。これはスティーブから習いました。彼は非常に優秀な催眠家です。いつか彼のワークショップに行くことをお勧めしておきます。この練習は，**相互の催眠**mutual hypnosisと呼ばれるものです。それぞれがお互いに連続して催眠に誘導するものです。何度も言いますが，相手が息をはくときに話してください。私がティナとこの練習をするとしたら，「あなたはその椅子に腰掛けながら，頷いたり，瞬きをしたり，私の話を聞いたりしています。そして，変化がはじまったのかもしれません。気持ちよく感じられるように，目を閉じたくなるかもしれません。けれども，トランスに入るために目を閉じる必要はありません。あなたの好きなようにしていてください。自分が考えていることを意識していて結構です。そうです。そして，無意識の心は，トランスに入りはじめていることやそのプロセスを続けていくことを認めています」。こういうように四つか五つの暗示を話した後で，相手がよい感じで反応していると思ったら，「そして，あなたは素晴らしいです」と言って，交替してください。つまり，意味ありげにティナを見て，「あなたは素晴らしい」と言うわけです。

　分かりましたか。まず息をはくときに話すことをおさえてください。次に，はじめに話す人が五つから十ぐらいの催眠の暗示を話し，「そして，あなたは素晴らしいです」という言葉で終わりにします。それから，交替して，「そして，

あなたは素晴らしいです」と言うところまで，同じように進めてください。この練習では，目を開けたままでするのがよいでしょう。

　さて，次に相手の人が快適で安心できるような体験やシンボルを見つけられるようにしていきます。お互いに相手に働きかけてください。そのシンボルは視覚的なイメージかもしれないし，特定の人物かもしれません。快適で安心でき，しかも安全な時間なのかもしれません。視覚イメージや特定の感情か記憶かもしれません。ある人物の持ちものなのかもしれません。私の担当していたクライエントにとって，それはアフガンでした。彼女の家族のなかで，唯一虐待をしなかった人がくれた毛布のことでした。彼女はその毛布を持ってセッションにやって来ます。思い出したり向きあったりしているときに，その毛布のおかげで自分が落ちついていられることを彼女は発見しました。もし皆さんがそうしたいのなら，相手の人を内面に向けていってもよいでしょう。その人の心や体験の上で，快適で安心できる体験が浮かんだのであるなら何でも認めていってください。だいたい20分程度かかるでしょう。私は回りながら，皆さんの様子を見ていきます。必要な時間だけ交互に行ってください。目を開けたままにしておく方がよいと思います。つまってしまって，それ以上話せなくなってしまうかもしれません。もしそうなったら，練習を終えてください。自分の番が終わる合図として「そして，あなたは素晴らしいですね」と言うことを忘れないでください。すると，今度は相手が話す番になります。メガネをかけている人は，相手がよく見えないといけませんから，この練習ではメガネをかけたままにしておいた方がよいでしょう。では，**今から**はじめましょう。

(参加者の練習)

　はい，時間です。どんな体験をしましたか。何を学びましたか。うまくできたと思うのはどういうことでしょう。何か役に立ちそうな体験をしましたか。目の前がトンネルのように狭まったり，オーラのような光を見たりするような何か視覚の変化を体験した人はいますか。(たくさんの参加者が手を上げる) いいでしょう。えっ，いつでもそうなの (笑)。

　参加者：催眠の文句が突然すっかり抜けてしまいました。一連の言葉を聞いていたら，急に何も考えられなくなってしまいました。

それでもどうにかやり通すことができたのですね。

　　参加者：ええ，何とか。

「そして，その椅子に座っていて，あなたは素晴らしいですね」（笑）。それから，ウェインは「あぁ，また俺の番だよ」とぼやいていましたよ。

　　参加者：私は自分勝手にやっていました。私の後ろにいたグループから，「そして，あなたは素晴らしい」という声が聞こえたので，「そうよ，私は素晴らしいの」と思っていました。それから注意を戻しました。

　誰か他の人の言葉に乗ってしまったのですね。あなたのパートナーはなかなか含蓄のあることを言っていました。そばを通ったときに話が聞こえました。聞き逃すなんてもったいない。

　　参加者：私の体験は変な感じでした。目を閉じるとやりやすいのですが，開いたままにするのは好きではありません。ですから，内容について意識的な注意を払ってしまって，無意識的に何をしたのかは分かりません。けれども，「とにかく信じていこう」という感じはありましたから，たぶん何かをしたのでしょう。

　　参加者：私は左手がぴくぴくするような感じがしました。そのことを相手の人に尋ねてもらいたいと思いました。この手がぴくぴくしていて，とても重たかったので，手をもちあげられませんでした。すごい体験をしたと思います。

　セミナーが終わる前にもう一回練習をしていただきます。この次は言葉で相手を誘導します。しかし，相手の身体を読み取ることに注意を向けてください。というのも，私たちは言葉で返してくれたことや言葉での感想に合わせやすいからです。手がぴくぴく動いたりするような，相手の示した**身体的な**コミュニケーションに合わせてほしいと思います。この次の練習では，相手に質問をし

て言葉で感想を返してもらってください。

　　参加者：相手の人からじっと見られていたので，私は自分をとても意識してしまいました。相手の人のメガネに私の姿が映っていたのです。

きっとその人は瞬きもせずにあなたをじっと見つめていたのでしょうね。

　　参加者：自分がトランスに入れば，相手をトランスに入れることは簡単なものだと感じました。

それがこの練習での目標の一つです。トランスに入っていると，催眠の誘導文句が簡単に浮かんでくるものなのです。また，トランスに入っていても，外側に注意を向けられるということも体験してもらいたかったのです。それは，私がこの場や自分のオフィスでしていることですし，皆さんが治療するときのやり方でもあります。皆さんは自分で治療トランスというものに入って，外側に注意を向けて治療しています。そうですね。他には。

　　参加者：私はトランスというものに入っていたとは思えません。

あなたにとっては，今の練習はトランスを促進させるものではなかったかもしれません。お互いにすることを気にして，トランスに入れないでいたのかもしれません。催眠の誘導文句を考えることが邪魔になったのでしょう。

　　参加者：進めていくためには，合図の言葉を言わなければならなかったので，私は満足できませんでした。望んでいる深さまで入れないことに私はどこかで気づいていました。トランスに入るためには，私の場合もう少し時間が必要だったからです。だから，満足できませんでした。

そうですね。話すことを予期していたので，あなたは十分にトランスに入れなかったのでしょう。

参加者：私の場合は，はっきりとトランスに入っていることが分かりました。けれども，それほど深くはなかったと思います。

デニス，今言ったことと君の実際の体験とは違うようでしたよ。トランスにいることやそこで話したり聞いたりすることは，あなたには難しいようには見えませんでした。

参加者：私の場合うまくできたのかよく分かりません。でも，「そんなにうまくいっていない」という批判的な声が私のなかにあって，それが少し邪魔したのではないかと思います。

そうですか。あなたがトランスに入っていくときに，今までのようにはその批判的な声は入り込んでこなかったのではないでしょうか。私のなかにはスポーツ・アナウンサーのハワード・コーセルがいて，いつでもどこでもついてきました。そして，私の体験について，「なんて馬鹿なんだ。そんなことをしたらだめじゃないか。今日は一段と間抜け面だね」などとコメントしていました。そんな風に私はしてきました。

参加者：相手が目を開けたままでも誘導するのが楽になっていました。というのも相手が目を閉じていると，間違いを見られないですむから自分は落ちついていたのだということに気づいたからです。だから，今は大丈夫です。

ご自分や相手への信頼が少し高まったのでしょうね。

参加者：オフィスで私がこういう手続きを進めて，その相手が目を開けたままトランスに入ったならば，きっと私もトランスに入って気持ちよくなるだろうと思います。相手が視点を固定させることは，自動的合図のようなものですから。

いいでしょう。私は治療をしているとき，非常に深いトランスに入っている

ことがあります。それがこの練習を皆さんにしてもらった理由でもあります。皆さんはトランスに入っているときでも，専門的なリソースを活かすことができます。よろしいですね。休憩にしましょう。次は，痛みのコントロールと身体の問題を扱っていきたいと思います。

第**7**章
痛みと身体の問題の治療

　ここでは，痛みと身体の問題について扱っていきます。皆さんに例をお見せしてから何回か練習していただきます。まず最初は，ジョー・バーバーの録音テープを聞きましょう。ジョーの誘導では，**散在**が用いられています。これを皆さんに練習していただきます。これは言葉を何回も強調していくものです。皆さんは，ジョーがある特定の言葉を強調して話すのをお聞きになるでしょう。彼が「注意attention」という言葉を話すときには，「緊張tension」という部分を強調して話しています。それから，「気持ちいいcomfort」や「リラックスrelaxed」も強調しています。ですから，緊張，リラックス，緊張，リラックスの繰り返しというわけですね。皆さんはこれを実際に体験したいと思うかもしれません。つまり，ジョーの暗示に目を閉じて耳を傾け，体験するということですね。あるいは，テープを聞きながら，資料と照らし合わせて完全に理解したいと思うかもしれません。テープを聞きながら，強調している部分を私が指摘していきましょう。

録音テープ ④――痛みのコントロールのための散在技法（バーバー）

　　しばらくあなたにお話しますが，自分がどれくらい**気持ちよく**，**リラックス**したいと思っているのか分かっていただきたいと思います。さて，あなたがすぐにでも**くつろいで**，できるだけ**気持ちよく**なろうとしているのであれば，何も言うことはありません。何か特別なことをしたり，期待したりする必要はありません。どういう方法で**くつろいだ**としても，それが今のあなたにとって，**気持ちのよいもの**ならばそれでよいのです。そうです。**くつろいで**，腕をだらりとさせても，手を膝の上においても構いません。足を投げ出して**リラックス**してもいいでしょう。**くつろいで**，今感じ

199

ていることに**意識**を向けてください。おそらくあなたの感じ方はその瞬間瞬間で変わっていくでしょう。私の話に耳を傾けながら，**楽に気持ちよく**呼吸をしてください。そして，自分の呼吸に注意attentionを向けます。自分の呼吸に注意attentionを向けて，呼吸しているときの感じにも注意します。例えば，息を吸うとき，胸の**感じ**が変わっていることに意識を向けます。息をはきだすときに，体の感じがどのように**変わる**のでしょうか。そして，もう一度息を吸うと，身体のなかに空気が入ってきて，胸が一杯になるのを感じるでしょう。息を吐くとその息の温かさがあなたを**気持ちよく楽に**させるのを感じます。そして，今のあなたの呼吸の仕方に特別な方法は必要ありません。呼吸をしていることにちょっと意識を向けて，特にその一回一回の呼吸から**感じられるもの**に注意attentionします。そうしている間は，まぶたを閉じたままにしておきましょう。目を閉じていると，呼吸に意識を向けたままにしておくことができます。そして，呼吸しているときの身体の感じを意識することもできるでしょう。そうしていると，息をはきだすたびに少しずつ**リラックス**した感じになっていきますが，それに注意を向けてください。息をはきだすたびに，背中から胸にかけて温かさを感じることに気づくかもしれません。それはとても**感じのよい温か**さ，とても**自然な**温かさです。こういうことは，あなたが**リラックス**し，血管が**ゆるみ**，血液が身体中を**自由に調子よく**流れるようになると生じることなのです。ですから，身体がやすらぎはじめると，**あなた自身もやすらぎはじめます**。目を閉じているとやすらいでいきます。呼吸を楽にして，その一瞬一瞬の体験に意識を向けてみましょう。そうしている間は，私の話は聞かなくても結構です。けれども，あなたは私の話していることが**全て聞こえる**でしょう。それは当然のことです。あなたにはよい耳がありますし，私も大きな声ではっきりと話していますから。でも，本当に私の話を聞く必要はありません。あるレベルでは，私の話を音として聞くことができます。しかし，耳を傾ける必要はありません。注意を払いたくなければ，払わなくて構いません。その必要はありません。無意識の心は私の話を全て聞いています。ですから，意識的に注意を払う必要は全くありません。意識では，心がさまよい漂うのを楽しむかもしれません。意識的に楽しかった昔のことについて空想を楽しむかもしれません。あるいは，将来

にしてみたいことについての空想を楽しむ方が好きなのかもしれません。あるいは，私には分かりませんが，私の話を注意深く正確に聞きたいと思っているかもしれません。

さて，次に特定の痛みをコントロールする技法の例を紹介しましょう。ところで，ジョーの話のなかで，一つだけ訂正しておきたいところがあります。彼のこの言葉は，ちょっと言い過ぎとは思いませんか。「あなたにはよい耳がありますから，私の話を全て聞くでしょう」というくだりです。誰もが自分でよい耳をもっているとは思わないでしょうし，実際に誰もがよい耳のわけではありません。私にはちょっと言い過ぎたように聞こえましたね。

録音テープ 5 ——耳なりと幻肢痛の治療（エリクソン）

次は，エリクソンの治療セッションを例にあげましょう。このセッションでは，エリクソンが夫婦に対して治療をしています。夫には幻肢痛 phantom limb pain があり，妻には耳なりがありました。幻肢痛とは，手足を切断した後にも手足の痛みを感じることです。脊髄を損傷した場合にも見られます。主に切断手術をしたときですが，腕や脚がなくなったにもかかわらず，依然としてそこに痛みを感じるのです。時には腕が背中でねじられるような感じがしますが，実際には腕はありません。腕は切断されて存在していません。それなのに，患者はこのような体験をするのです。もう皆さんは「なるほど。エリクソンはそういう患者の痛みをコントロールしたのか」とお気づきになられたでしょう。夫には幻肢痛があり，妻には耳なりがありました。これが主訴です。では，問題のクラスと解決のクラスに移りましょう。二人の主訴に共通しているものは何でしょうか。エリクソンはすぐに治療をはじめました。問題のクラスを**不適切な感覚刺激**とみなすのも一つの方法です。二人ともかなり不適切な感覚をもっているわけですからね。

皆さんも，不適切な感覚刺激のイメージをもっていると言われるかもしれません。夫は脚がないにもかかわらず，脚の感覚を感じていて，妻は雑音がないのに雑音を聞いているわけですから。これを「不適切な感覚刺激」と呼びましょう。そして，解決のクラスの一つは，常に生じている不適切な感覚刺激を変化

させることです。催眠の正式な言葉では，**負の刺激**negative stimulationの変化と言えるでしょう。さらに，エリクソンは治療のなかでいくつものことを行っていました。逸話を話し，その後で催眠に入れて不適切な感覚刺激を変える能力を喚起しています。そこでは，エリクソンがこの他の問題のクラス・解決のクラスも用いていますが，ここで最も肝心な問題は，私が今とりあげたものです。ですから，皆さんはこれを念頭において聞いてみてください。また，このテープは私がちょっと手を加えて，部分的に削除したところがあります。はじめに，妻の方が「この幻肢痛が一番の問題です。もしも克服できれば，素晴らしいことなのですけれども」と訴えています。それから，エリクソンが話しはじめます。

妻：この幻肢痛をもしも克服できたら，素晴らしいことなのですけれど。
エリクソン：分かりました。さて，お二人に一つお話をしましょう。その方が，きっといつもとは違うやり方，つまり，新しいやり方で私たちは物事を学んでいくということをよく理解していただけるでしょう。私は大学に入学した年の夏に，あるボイラー工場の前を通りかかりました。作業員は同時に12台のボイラーを動かしていました。三交代制でした。そして，ボイラーのなかの圧縮空気のハンマーが，ガンガン音をたてて動いていました。私はそのすさまじい音が何の音なのか知りたいと思いました。ボイラー工場に入ってみると，人の話し声が全く聞き取れないのです。作業員が笑いながら話している様子は分かりました。現場監督の唇が動いているのも分かりましたが，私に向かって何を言っているのか聞き取れませんでした。彼の方は私がしゃべったことを聞き取れていました。そこで，私は外に出て，彼と話しました。そして，毛布にくるまって一晩そこで過ごせないかと頼みました。現場監督は，私をどこかおかしいのかと思ったようでした。私は，自分が医学部進学課程の学生で，**学習**というプロセスに興味をもっていると説明しました。そして，現場監督は，毛布にくるまって床に眠ることを許してくれました。彼はそこにいた作業員全員と交替した作業員にそのことを説明してくれました。次の朝，私は目覚めました。作業員たちがいかれた変なガキの話をしているのが聞こえてきました。

あそこの床の上で眠っている奴は，いったいどういうつもりなんだ。あのガキは何を学べるって思っているんだ。眠っている間に，12台以上の圧縮空気ハンマーの不快きわまる騒音が完全になくなって，人の声を聞けるようになっていたのです。もしもあなたが耳を適切に調節すれば，聞きたい音だけを聞けるようになることを私は知っています。あなたには耳鳴りがありますが，調節することを考えなかったので，耳鳴りをなくすことができなかったのです。……そして，聞こえていないものを聞くことにあなたの耳はたいへん熟練しています。

さて，ここまでのところで，「あれ，これは何をやっているのだろう。妻の方にはよい治療かもしれないけれど，二人は夫の幻肢痛のためにやってきたのではなかったかな」と皆さんは思われるかもしれませんね。妻に対しての問題のクラス・解決のクラスは，ちょうど夫にも当てはまることがお分かりでしょうか。エリクソンは妻に働きかけているようにみえますが，また夫の方にも語りかけているのです。つまり，「あなたにも同じことができます」というメッセージです。

参加者：エリクソンが夫のかわりに妻からはじめたのは，どのような理由だと先生は考えますか。

テープを終わりまで聞けば，彼女からはじめる理由がよく分かると思いますよ。それがまず一つ。エリクソンは間接的に働きかけるのが好きだったこと，これがもう一つの理由です。つまり，意識的なプロセスから生じる抵抗を回避するためですね。エリクソンが妻の方にこういう話をすれば，夫の方は「私はそんなことできない」「私には効かないだろう」とは思わないでしょう。夫は「ほお，面白いものだ。妻は自分の耳鳴りを調節することが学べるのか」と興味をひかれています。そうする一方で，夫も同じように体験的に学んでいるのです。だいたいこのような理由でしょう。確かなことは，私には分かりませんが，おそらくエリクソンは二人に対してこういう洗練されたやり方を見つけたのでしょう。また，それが導入の際には，ふさわしい方法でもあったのです。その後で，少しずつ夫の方に焦点をあてはじめます。そして，エリクソンはさらに

話を進めていきます。また，別のアナロジーや逸話を用いています。

> **エリクソン**：KAETの「部族の目」という番組［原注］によると，イランには狂っている人が一人もいないということです。誰もがペチコートをまとっているのに，どうやって砂漠の灼熱の太陽の下で快適に過ごせるのでしょうか。

いいでしょう。これは二つ目のアナロジーであり，逸話ですね。一つ目は，ボイラー工場についての話でした。今のは，砂漠の灼熱の太陽にさらされて生活しているイラン人の話です。その人たちは何枚もの服をまとっていますが，快適に過ごしています。けれども，どうすればそうできるのでしょうか。彼らは熱さを調節して感じなくしているのです。いつでも熱いわけですから。

> **エリクソン**：私は農場で育ちました。そこで数年間過ごしましたが，家畜小屋の臭いを知る前に農場から離れなければなりませんでした。農場にいたときには，その臭いを嗅いだことはありませんでした。けれども，長い間そこから離れていたので，はじめて農場の臭いというものが分かったのです。

三つ目のアナロジーと逸話ですね。いつでもどこでもどんなときでも家畜小屋の臭いのしみこんだ手をしていれば，それに気づかないでしょう。けれども，農場から離れてまた戻ってきたら，気づくことになるのです。後からエリクソンはこう言っています。「家畜小屋の臭いをなくすのには，どれくらいかかるのだろうと考えました。お昼までかかりました」。これは彼らの痛みを除くのにどのくらいかかるかという間接暗示の一つです。

> **エリクソン**：人はどうして知らないのでしょうか。自分で痛みをなくせることを。耳のなかでジンジンしている音も消せることを知りません。私が家畜小屋の臭いを発見したのは，農場に戻ってきたときです。強

［原注］フェニックスの地方テレビ局の番組

烈に臭いました。どのくらい経てば，臭いを感じなくなるのだろうと考えました。ようやくお昼になって臭わなくなりました。

　ランクトン夫妻の著書には，このように書かれています。話しはじめてからその途中で話をとめ，そこで暗示を与えます。それから，またその前の話に戻って話を終えます。それが与えた暗示を忘れさせる方法です。こうすることで，暗示が無意識に処理されやすくなるのです。今のところはその一つの例にあたりますね。エリクソンは家畜小屋の臭いについて話しはじめています。そして，「人は痛みをなくしたり，雑音を消したりすることができるということを知りません」と言ってから，また戻って家畜小屋の臭いの話を終わらせています。

　エリクソン：誰もが痛みのあるときには，それに注意しなければならないという信念を育てあげてきました。そして，耳がジンジンしたとき，あなたはそれを聞き続けなければならないと信じ込んできたのです……私があなたに話している間に，彼も何かを学んでいます。

　人が抱いている意識的な信念についてエリクソンは話しています。リフレイミングですね。「**あなた**に話している間に，**彼**も何かを学んでいます」と言って，再び夫の方に話を向けています。含意によって夫の体験に連結しています。

　エリクソン：彼は自分が何を学んでいるのか知りません。しかし，学んでいるのです。そして，「これを学べ，あれを学べ」と彼に言っているわけではありません。彼が望んでいるものは何でも，望む通りの順序で学べるのです。

　「彼は自分が何を学んでいるのか知りません。しかし，学んでいるのです」というのは，前提にあたりますね。すでに彼が学んでいると言ってあるので，今度はそれを前提としているのです。

　エリクソン：さて，椅子の背にもたれかかって，組んでいた脚を戻すとよいでしょう。そこの点を見てください。話さないで，動かないで。ト

ランスに入ること以外にすべきことは何もありません。あなたはご主人のすることを見ていました。そして，いい感じです。

「話さないで，動かないで」とは，非常に指示的ですね。いろいろな話をしてきたので，エリクソンは一連の反応をすでに得ていたのです。彼女はトランスに入る準備ができています。

> エリクソン：血圧はもうすでに変わってきています。あなたは目を今閉じるかもしれません。そして，トランスに深く深く入っていきます。何かをしようと頑張る必要はありません。ただ起きるままに任せておけばよいでしょう。

「あなたは目を今閉じるかもしれません」。ここはとても許容的に聞こえますが，また，非常に指示的でもあります。

> エリクソン：そして，前のことをふり返りましょう。今日の午後にも耳鳴りがやんでいたときがかなりあったはずです。耳なりが起こらなかったことを思い出すのは難しいことです。しかし，耳なりはやんでいました。けれども，そこには何もなかったので，あなたはそのことを覚えていないのです。耳なりについて忘れること，そして，耳なりがなかったときのことを思い出すことが大切です。そして，それはあなたが学んでいくプロセスなのです。

いいでしょう。エリクソンはある日のあのときの体験を指摘しています。彼女が不適切な感覚刺激を調節して除いていたときの体験です。これこそが解決志向アプローチです。エリクソンは以前に戻って，なぜ彼が痛みを持つようになったのか，彼女がどうして耳なりに苦しむようになったのかということに焦点をあてたり，それが二人にどう機能しているのか調べたりしているのではありません。そうするかわりに，エリクソンは不適切な感覚刺激を調節して除いていた体験を**彼女**のなかから見いだし，うみだしています。それから，**彼**のなかでもそのような体験をうみだしています。セッションの他のところでは，エ

リクソンが標準的な手続きによって，夫をトランスに誘導し，痛みを消し去る能力を喚起して，拡大しています。

　次に，はじめの話に戻り終わらせています。一番はじめの話です。ランクトン夫妻はこれを**多重埋め込みメタファー** multiple embedded metaphor と呼んでいます。一連の話のなかに，それぞれの話は埋め込まれていて，その埋め込まれた話のなかに暗示が埋め込まれているのです。

>　エリクソン：一晩の間に，ボイラー工場の圧縮空気ハンマーの音を聞かないことを学びました。そして，前日には聞き取れなかった人の会話を聞くことを私は学びました。作業員は前の晩にやって来た私のことを話していました。そして，私は作業員に話しかけましたが，作業員は「けれどな，おまえは俺たちの言っていることが聞けないだろう。まだ慣れていないからな」と言うだけでした。作業員には理解できなかったのです。作業員たちは，私がほんの少しの時間，つまり，一晩しかいないことを知っていました。そして，会話を聞き取れるようになるには，どれくらいの時間がかかるかということを知っていました。作業員は少しずつしか**学べ**ないことを強調していました。私は身体が自動的にしてくれることを知っていました。さあ，自分の身体を信頼しなさい。信頼して，信じるのです。そして，あなたを快適にするために身体が後押しをしてくれることに気づくのです……。

　この話の一番のポイントは，無意識の心は意識の心よりもはやく学ぶことができるというものです。皆さんが意図的に学ぼうとするよりも，身体はもっとはやく学ぶものです。エリクソンが期待し，狙っていたものは，自動的な学習です。

>　エリクソン：私が20まで数えると，あなたはトランスに入ることができます。そして，20から1まで逆に数えると目覚めます。けれども，一人一人がそれぞれのやり方でトランスに入るように，彼は自分自身で自然に**学ぶ**でしょう。そして，あなたは素晴らしい方法を**学び**ましたが，それはあなたのやり方です。それを楽しみ，いろいろな異なった方法

でトランスの効果を拡大していくのに喜びを感じます。あなた方お二人はお互いから**学ぶ**ことができます。そして，**学ぼう**としなくても，**学ぶ**こともできます。他人から私たちはとてもたくさんのことを**学ん**でいます。そして，私たちは**学ん**でいることを知りません。そして，非常に難しい学習でも，達成したことに**気づかず**に達成することが，大切なことです。そして，お二人はとても反応性が高い方たちです。お二人は自分自身についてのことを**簡単に学べ**ますし，学んだことに気づかずに**学べる**のです。何を学んだのかを知らずに学んだことを使えるのです。

ここで，エリクソンは夫に語りかけています。トランスに入るための数唱技法について話しています。

 エリクソン：お二人に尋ねますが，気持ちよく快適に目覚めましたか。
 夫：先生，お話したいことがあります。他の先生がしてくださった以上に素晴らしいものでした。これでよくなっていくと思います。
 エリクソン：成長という新しい学習に，お二人とも驚かれるでしょうね。
 妻：素敵，素敵だわ。
 エリクソン：そのときを特別な日と呼びましょう。

さて，何か意見や質問がありますか。このテープから何を観察しましたか。

 参加者：エリクソンは，彼女から耳なりのないときがあることを聞いていたのですか。それとも，エリクソンが予測したのですか。

エリクソンが予測していたのだと思います。その後で，彼女は自分の体験を話しています。エリクソンは彼女の楽しい体験を耳と結びつけるようにしています。彼女は知的障害の子どもに少しの間ピアノを教えていたことを思い出しました。夫は「その子よりも妻の方がレッスンを楽しんでいたようでした」と語っています。そして，エリクソンはその知的障害の子どもが弾いていた音楽を耳なりのかわりに思い出させています。けれども，耳なりから解放されたこ

とについて，特に何かを言ってはいないと思います。

> **参加者**：こういう障害についてよく知らないのですが，普通は耳なりがなくなる時期があるのでしょうか。

何回か私も扱ったことがあります。消えていったとか，小さくなって背景の方にいく時期があると私は聞きました。

> **参加者**：すると，彼女の体験にエリクソンが無理矢理押しつけているわけではないということですね。

その通りです。非常に安全な設定ですね。同じことが痛みについても言えます。人はいつでも痛いと訴えます。しかし，実際に具体的に聞いていくと，それに注意が向かなかったり，体験していない瞬間があったりするものなのです。

> **参加者**：それから，エリクソンはダブルバインドも用いていませんか。「耳なりのないときにそれを思い出すのは難しいでしょう。というのは，その時には耳なりがなかったからです」というのは，絶対に耳なりのない時があったというように聞こえますね。

その通りです。確かに耳なりのないときにそれに気づくのはとても難しいことでしょう。本当に巧みですね。少しずつ彼女は納得していきます。というのも，エリクソンは論理的にも体験的にもそうしむけていったからです。おそらくそのセッションのある時点で，彼女は自分の問題を消失させたのでしょう。なぜなら，彼女はトランスから出たり入ったりしていましたから。トランスに入ると，耳なりがなくなったり痛みがほとんど消えたりする人を私は時おり見かけます。このテープは，エリクソンが実際に治療したものを録音している数少ない例です。ほとんどがデモンストレーションを録音したものです。しかし，これは夫婦がエリクソンのところに治療を求めてやってきたものが録音されています。問題のクラス・解決のクラス・モデルが非常によくあらわれている素晴らしいものです。エリクソンは特定の能力やリソース，そして，スキルを喚

起する働きかけをしています。一連の逸話やアナロジーを話し，それから，トランスに誘導して喚起した体験を広げています。

このケースを通して，痛みをコントロールする方法や身体の問題に対するトランスの使い方を私たちは確認できます。資料のリストには，痛みのコントロール法を載せておきました（資料7-1）。

私が痛みのコントロールのために用いているのは，11の方法です。こういう可能性を一緒に混ぜて用いていくのが，よく私がとる方法です。というのも，はじめの段階では，どの方法がその人にとって，体験的にも論理的にも納得させるのに最も効果的かが分からないからです。ですから，このリスト通りにやったり，一緒に混ぜて提供したりします。その人にとって効果的な方法が，そのうちの一つか二つか，または三つなのか，その人の反応を見て判断していきます。そして，その次の回にやって来て，「よく分からないのですが，私は痛みを忘れていることが多いのです」と報告します。それは健忘暗示に反応したことになります。「痛みはあるけれども，それと少し距離がとれています」というのは，解離が効くことを教えてくれているでしょう。また，「何か感じるのですが，ちょっとジンジンしています」と報告されることもあります。感覚の変容という方法を使ったわけですね。こういう一連の対処法のうち，何か一つを使いますが，セッションのなかでクライエントが反応として見せてくれるか，トランスから覚めた後で話してくれるか，あるいは，こういう痛みをコントロールする治療を何度か体験した後で話してくれるかのいずれかでしょう。幅広い可能性をもってはじめ，セッションの最中やセッションごとに，その人の言語的・非言語的な反応の仕方を観察して，それに基づいて進めていけばよいでしょう。

参加者：薬物を多用して痛みをコントロールしている人を先生はどう思われますか。そういう人を扱うには，特別な方法があるのですか。

エリクソンがよく話していたのは，そのような人には，催眠の12時間前から薬物を服用させないということでした。薬物がその結果にどのように作用するものなのか私にはまだよく分かりません。もしその人が薬物から離れたために，私の話に全く注意を払えなかったり応じられなかったりするのであれば，治療の妨げになりますね。その人が薬物をやめようと思っていなくても，私は催眠

| 資料7-1 |　　　　痛みのコントロール法

1. 感覚麻痺
   身体の感覚の喪失

2. 無痛
   身体の痛みの喪失

3. 健忘
   以前に体験した痛みの忘却

4. 解離
   意識的な気づきや体験の切り離し

5. 解釈の変更
   準拠枠の変化・痛みを感じる知覚の変化

6. 時間歪曲
   主観的な快適な体験の時間を伸ばし，痛みを感じる時間を減らす

7. 感覚・生理的プロセスの変容
   痛みに関連した感覚（例 ジンジンした感じ，冷たさ）の変化，痛みに関連した生理的プロセス（例 筋肉の緊張，血圧）の変化

8. 痛みからの解放感や痛みと相反する記憶の喚起
   記憶のなかから快適な時間や体験を喚起し，痛みが起きていないときのことを呼び起こす

9. 注意のそらし・注意への没入
   痛み以外の体験に注意を向ける

10. 痛みの置き換え
    他の身体部位や別の空間に痛みを置き換える

11. 痛みからの解放・消失後の未来の創造
    前提，アナロジー，メタファー，年齢進行，イメージ（正の幻覚）を用いて，痛みが弱まりなくなる可能性に満ちた未来を示す

を用いて何とかしようとするでしょう。今のところ，私の薬物への対処法はこういうものです。

　その人を守ることに対しては，念には念を入れてください。私は昨日ウェインに「不要な不快さは全て取り除いてください。信号として価値のないものやあなたに効果的でないものはどんなものでも」と話しました。人は自動的に自分を守るものですが，用心して安全に進めていってほしいのです。

　身体の問題を抱えている人に関しては，すでに詳しく説明した問題のクラス・解決のクラス・モデルに包括モデルを加えています。偏頭痛を訴えている人がいるとしましょう。その人がトランスに入り，トランスにいる間に私はこう話すでしょう。「あなたは偏頭痛を取り除くエキスパートなのでしょう。私は偏頭痛に悩んだことがありませんから，偏頭痛を取り除いたこともありません。けれども，あなたは偏頭痛をもっていて，その痛みを取り除いてきたのでしょう。さて，あなたは薬物が偏頭痛に効果がなかったとお話されました。ということは，何かをしたり何らかの方法をとったりした結果，その時の偏頭痛はなくなったわけです。どういうわけか，あなたの身体は変わることができたのです。おそらくは筋肉，血圧，身体の化学反応，筋肉の緊張度に変化が起こったのかもしれません。あなたの身体が偏頭痛を取り除くのにどうすればよいかは，よく私にも分かりませんが，あなたには何らかのやり方でなくすことができるのです。ですから，次に偏頭痛が起こりはじめたら，その後で偏頭痛を取り除くパターンをとればよいということを言っておきましょう。つまり，偏頭痛でずっと苦しむかわりに，ちょうどはじまりかけたら，それを除くパターンをとれるかもしれないのです。そして，感情の変化，心の変化，また，他の変化を生理的にも心理的にも起こして，頭痛を取り除けるのかもしれません」。身体の問題で非常に長く援助を受けている人を私は知っています。ご承知の通り，私は身体というものがその問題に対して智恵のあるものだと考えています。そして，私たちにできることは，そのような観点から身体自体の智恵を引き出すことなのではないでしょうか。「どのように頭痛を取り除いていますか」と私が尋ねても，「よく分かりません」とその人はこたえるでしょう。けれども，「しかし，あなたの身体は知っていて，無意識の心はその智恵に接近し，それを引き出したことがあります。そして，その智恵をこれからはあなた自身のために役立てることができます」と皆さんが語りかければ，その人を勇気づけたり，その人

の治癒力や変化の力を刺激したりするのです。デモンストレーションのなかでそのモデルをお見せしたいと思います。

デモンストレーション ③――痛みと身体の問題の治療

　また，二，三人の方に出てきていただきましょうか。身体に痛みのある方にここでトランスを体験してもらいたいと思います。慢性の痛みや急性の痛みを抱えているとしたら，それを扱っていきましょう。偏頭痛，頭痛，関節炎のような痛みや身体の問題を扱っていきます。今までの医学的な治療に効果があらわれず，ここで何らかの働きかけをしてみたい人ですね。こういう問題のある方はおられますか。はい，一人，二人ですね。こちらにいらしてください。（括弧内はオハンロンのコメント）

> オハンロン：お二人それぞれにお尋ねします。これが終わって，あなたたちがこの椅子から離れていくときには，自分に起こった変化や援助を受けたことをどのようにして知るのでしょうか。1週間は分からないかもしれません。分かるには2週間かかるかもしれません。もしかすると，1カ月後かもしれません。けれども，この椅子に腰掛けている間か，あるいは，椅子から離れてからなのか，それとも，明日，1週間後，半年後なのかもしれませんが，ここでしたことからくる違いをどのように気づくのでしょうね。
>
> 被験者A：私は慢性関節炎にかかっていて，両膝が痛むのです。もう少し楽に階段を昇り降りできるようになりたいのですが。
>
> 被験者B：今日は緊張からきた頭痛と鼻のあたりからくる頭痛があります。
>
> オハンロン：なるほど，もう違いに気づいたのですね。こういう頭痛は慢性的なのですか。
>
> 被験者B：頻繁に起こります。
>
> オハンロン：そう，そのうち変化に気づくかもしれません。しかし，この椅子から離れるときに，ここで確認することももちろんできるでしょう。ここに来たときよりも，確かに変わっていることにちゃんと気づくことができるでしょう。あれっと思うほどよくなったことを。

被験者Ａ：骨まで響いてくるような痛みがなくなったら，立ち上がったりしゃがんだりするときも，それほど辛くはなくなると思います。ここの前のところです。

オハンロン：ええ，分かりました。それでは，お二人ともそれぞれトランスに入る準備をしてください。メガネを外して，トランスに入るつもりで目を閉じていると，トランスに入ることができます。また，目を開けたままにしていても構いません。お好きなようにしていてください。はじめに，そこで感じていることや体験していることをただそのままにしていてほしいのです。**リラックス**しようとか，**ゆったりとした感じ**になろうとか，**トランスに入ろう**としなくても構いません……意識によって注意がそらされても，意識的に何かをしようという気持ちがそこにあっても，そのままにしておくことができます……そして，あなたの思うままに……あなたに合ったやり方で**トランスに入っていきましょう**……以前にここでトランスに入ったという記憶……あるいは，別のトランス様の体験を思い出すことで……あなたの感覚が**変化**したり……**変化**してきたことを感じはじめたりするでしょう。**感情の変化**かもしれないし，感覚なのかもしれません。トランスに入ると感じるような**筋肉のリラックス**感をもちはじめているのかもしれません。あるいは，無意識の心や身体によって，筋肉が自由になって解離した感じが起こるのかもしれません。手や腕の浮揚という自動的に**上がっていくプロセス**は，**さらに深い**トランスを喚起する一つの方法として，以前に体験したり繰り返し体験したりしていることなのかもしれません。あなたはトランスに入っています。あなたのこういう問題は，自分の意思に反してもち続けてきたものであるため，**よくなりたい，楽になりたい，心地よくない** discomfort **もの**は必要ではない，と心から思っていることでしょう。**手が動いたり，手が上がってきたりする**と……それはある感じに結びついてきます。その感じとは，**トランスに入ること**や**無意識が自らのために働いていること**を信頼する**よい感じ**です。そして，その感じは，あなたが必要とするリソースを引き出す手がかりを与えてくれるでしょう。困難を**克服**したり，**変化の可能性を切り開いたり** open up，**よりよく，もっと心地よくなる**ことを助け

たり，さらには**愉快**な感じまでおぼえたりしてきます。そして，**腕がひとりでに動いて，勝手に上がっていく**ことも面白く感じられるでしょう……けれども，本当はしっかりとした目的があって……そして，その目的というのは，**もっと気持ちよく，心地よく感じられるために**，あなたの無意識の能力を引き出すことなのです。さあ，あなたは**もっと気持ちよく，もっと心地よく**なるために，**時間の長さを変える**こともできるでしょう……**癒し**……**変化**……そして，**気持ちよく，より快適**な時間を伸ばすことができるでしょう。「鍋を見つめているときには，なかなか沸かない」という諺があります……何かを眺めていたり，見ていたりするときには，非常に長い時間がかかっているように感じるという意味ですね……そして，またそれはあなたのリソースでもあります。つまり，**時間を伸ばす**ことを学んできたので，**変化に必要な**時間を必要なだけつくることができます。そして，その**変化**がどんなものか，私にはよく分かりません。それは感覚的な**変化**かもしれません。感覚のなかの**変化**が起こることもあるでしょう。今までにどこか寒い所で，手袋をはめないで外に出たことがあるでしょうか。家に戻ると，あなたの手は寒さで**何も感じなく**なっています。それから，水道の蛇口の下に手をもっていきますが，その水が温かいのか冷たいのか全く分かりません。というのも，この**不思議な感覚**しか感じないからです。神経がしっかり判断して，脳にちゃんとした情報を伝えていないので，正しい解釈ができなくなっているのです。そして，脳が解釈するまでは，感覚は単なる感覚であって……その**解釈を変えることができます**……ちょうどあなたの生活のなかのさまざまなことについて**解釈を変えた**ように。そして，指示的な催眠では，脳のなかに色のついたスイッチをイメージさせる場合があります。神経の末端や終わりのところに色のついたスイッチがついています。あなたはそのスイッチを普通に切ることができます……黄色いスイッチ，青いスイッチ，あるいは，赤いスイッチなのかもしれません……**必要のない信号を送っているもの**……その信号はあなたにとって必要のないものです。伝統的なアプローチの場合はこう語りかけるでしょうね。「あなたはスイッチを切らなければなりません。切りなさい」。けれども，切ることもで

きます，と私の場合は言うでしょう。それは一つの**可能性**にすぎませんから……**心地よくない**discomfort感じに慣れてくるのは，**心地よくない**discomfort感じに備えてタコをつくるようなものでしょう……私がギターをはじめた頃，2, 3分で指は痛くなってしまいました。今では，何時間でも弾き続けることができますし，私の手も**快適な**ままです。指先の皮膚の硬くなったタコがそれを象徴しています。ですから，**今は**演奏することが**とても快適**なのです。そして，あなたの神経やシナプスも，不思議なやり方でこのようなタコをつくることができます。なぜなら，あるレベルの感覚には慣れてしまっているからです。しばらくすれば，シナプスの化学作用がなくなるでしょう……何も新しい情報がないため，もうそれ以上の情報を伝える必要がありません……あるいは，シナプスの隙間をさらに大きな感覚で結ぶというようなこともあるでしょう。まるで火花が散ったプラグのように。あなたはシナプスの隙間を違う方法で結ぶこともできます。そして，それは別の**可能性**です……。そして，はじめはどのようにして，**もっと快適な感じ**がしていることに気づくのでしょうか。……**よい感じ**であることをどのように気づくのでしょう。……**最初は**どんな**変化**に気づくでしょうか。他の人は**すぐに**気づくと思いますか。そのことについてあなたが他の人に話す必要があるのでしょうか。あなたの意識の心が**気づく**のでしょうか。もしくは，少し時間が経ってから，あなたの意識は気づくのでしょうか。そして，もはや問題が問題でなくなったとき，つまり，**過去の**ものになったときに，あなたは何をしているのでしょうか……そして，あなたが**気持ちよくなる**ために無意識が援助してきたことをあなたは実際に確信しているのでしょう。今，その手は**動いて**いくでしょうか。もっと動くのか，それとも，そこで止まっているのでしょうか。顔まで**上がる**でしょうか。顔の方まで上がってしまうか，そのままなのでしょうか。意識的には，あなたにもよく分かりませんが，**手がそれ自身の旅を続けている**ことを意識的に発見することもできます……あなたは自分の反応を自ら確認することができます。そうしている間にも，あなたの無意識の心は，**心地よくない**discomfortものを取り除き……**もっとよくなって，さらに快適になる**ための能力を

引き出すことを学んでいるのです。以前の困難なものを克服したり……切り開いたり open up……無意識が知っていることやあなたに役立つことをちょうど今気づいたり……そして，はい，いいえ，とこたえたりするために……今，自分で**もっと快適に感じる**ためにしなくてはならないことは特にありません。あなたは意識的に**もっと快適になろう**と調整しようとしますが，脳はもともとその能力を備えています。心もその能力があります。身体にもその能力があります。いろいろな選択肢をうみだす能力です。こういう理由で，あなたは**自分の身体を信頼し**続けられますし，気にかけなくてはならないことに注意を向けられるでしょう。意識的に知る必要はありませんが，ある方法で**もっとよくなって，さらに快適に感じる**ようにしていけるのです。それはどのように起こるのでしょうか。あなたはその結果を体験できるのです。今，そして，将来に**幸福な感じ**……**健康な感じ**……**治っていく**という感じに向かって，あなたのやり方で続けていきます。そして，その手の旅が終わったら，そこには嬉しい驚きがあなたを待っています……ただあなたにはそれが何であるのかが意識的には分かりません。あなたは不審に思うかもしれませんし，意識の心はその結果を疑うことも，その反応を疑うこともできます。また，そういう疑い，懐疑などをもち続けることもできます。けれども，**より快適になり，現在と将来によくなり**，あなたに必要なリソースが育っていくにつれて……必要のない**心地よくない**discomfortものは全て取り除かれ，**快適な体験が**喚起されるのです。もしかすると，休暇や休日を過ごしているとき，背中をゴシゴシ洗っているとき，全身のマッサージをされているとき，音楽を聴いているときのことかもしれません……そして，その音楽にのめり込んでいたり……大好きな匂いを嗅いでいたりするときなのかもしれません。昼食の時に話したことなのですが，私は焼き立てのパンの香りが大好きです。その香りが家中に漂っていると，何とも言えない感じにつつまれます。私は自動パン焼き器をもっているので，タイマーをセットすると，焼き立てのパンの香りで目覚めることができます。最高の目覚ましです。そして，あなたはどのように自分自身を大事にしていますか。そして，何か楽しい連想や素敵な連想が思い浮

かぶのでしょうか。そうです。無意識の，また，身体のレベルでの活動は続けていますが，そのままに任せましょう……無意識のおかげで**癒しや心地よさ**をあなたは手に入れることができます。そして，おそらく今あるように将来の自分を見ることができるでしょう。**気持ちよくなっていく，いい感じ**になって，**心地よくない**discomfortものをどのように取り除いていたのか，それがどんなものであったのか，あなたは誰かに話しています。それから，そのようなイメージがあなたをまさにその状況へと磁石のように引っ張ってくれます。そして，あなたの無意識は，身体的，感情的，心理的，精神的にあなたの必要とするやり方で，あなた自身を守っていくのです……**新しい可能性，変化，新しい方向性，新しい関係**を自分自身で切り開くopen upことができます。そして，同時に，ウェインが昨日体験したことも体験してもらいましょう。私が手の上に軽く触れると……首から上だけトランスから覚めます。そして，あなたは他の人の話を聞くかもしれませんし，ただ自分の思考に漂っているのかもしれません。また，その両方を続けて行うのかもしれません。そうです。同時にね。身体はトランスに入ったままで，首から上だけトランスから覚めてほしいと思います。そして，あなたが今どんなことを体験しているのか，どんなことを体験していたのかをお尋ねします。

被験者A：声をだしにくいですね。頭が重たい感じです。私はここにぴったりとくっついています。（椅子にですか）ええ，快適です。（快適なのですね。いいですよ。他には）ありません。

オハンロン：いいでしょう。あなたは目を閉じることができますし，またすっとトランスに戻ることができます。**あなたの方は**どんなことを体験しましたか。

被験者B：ふわふわした感じでした。実感はないのですが，そのとき重たさを感じました。また，呼吸が変化していることに気づきました。呼吸しているところや首の感じがはっきりしていました……もうよくなったような感じがします。（他に何かありますか）ええ，椅子が硬いですね。（椅子が硬いのですね。それについては，あなたがもとに戻るときに何かできることがあるかもしれません。他には）（首を振る）

オハンロン：結構です。目を閉じられるでしょうし，そのままトランスに戻ることができます。そして，二つのことをお話しましょう。あなたが椅子を硬いと言うのを聞いて思い出したことがあります。それは私が身体を解離させたときのことです。私が秘書の部屋を使わなければならないときがありました。彼女の部屋に他の人が入ることはほとんどありませんが，セールスマンが来たときなどのために椅子が一つ置いてありました。そして，ある晩私はその部屋を使わなければならなくなって，クライエントと私は，その部屋でのロープ編みのハンモックのような結構硬い椅子に座りました。そのクライエントはトランスにはじめて入ったのですが，30分ぐらい経ったとき，彼女はつわりのように苦しそうな呼吸をしていました。15分から20分経った頃から，私はその椅子が全く**快適**じゃないuncomfortableと感じていたので，彼女には身体の解離を体験させようと考えました。治療をはじめてから30分ほど経ったとき，身体が解離して椅子にぴったりとくっつくことができるでしょう，そして，身体は**快適**になって，意識的に知らなくてもいいような方法で，身体が息の仕方に気を配ることができるでしょうと彼女に暗示を与えました。彼女の体験したものはこういうことでした。私にとっては，その椅子にずっと座っているのがとても辛かったのですが，彼女はとても**快適**になったとすぐに話しています。面白いものです。あなたにどんなことが起こるのか分かりませんが，そういったことがあなたにもできると思います。そして，あなたの無意識の心が**自動的に変化**させていくことを知ると，あなたはもっと楽に呼吸することもできるでしょう。それを続けて，そして，トランスから覚める時間がきたらお知らせしましょう。

　ウェイン，どんなことを体験していますか。どんなことを体験しましたか。

ウェイン：えーと，手が重くて，ちょっと冷たい感じです。（その上がった方かな）いえ，両手の感覚がなくなったみたいです。今日はもっと難しいことまでしたいような気がします。（少し努力したい）ええ，そうです。癒しのイメージやこれからの2カ月間にどんなことをしているのか，もっと考えてみたいですね。痛みを感じないで脚の怪我が治っ

て，テニスをすることをイメージしてみたい感じがします。（今日は意識のプロセスでも行っているのですね。他にはないですか。分かりました。いいでしょう。あなたは目を閉じて，またトランスに戻ることができます）

オハンロン：さて，自分に合ったはやさやペースで，あなたにとって適切なやり方で，このトランスのなかで必要なことをやり遂げてください。あなたにとってのちょうどよいはやさとペースでね。おそらく将来に向けて準備するのかもしれません。あなたが眠っている間に……夢を見たり，別のやり方で働きかけを続けたり……あるいは，トランスのなかに残しておかなければならないものをトランスのなかに残しておいたりするかもしれません。そして，トランスを終える準備がととのったら，もしまだだとしても，あなたの手はもとの位置に下がってきます。椅子の上の身体に戻りはじめます。そして，あなたが正しいと思うやり方で，現在の時間，現在の場所に戻ってきてください……トランスから覚める準備がすっかりととのったら，目を開けて，戻ります……。

　いいでしょう。少しの間，質問や感想を聞いて，それから皆さんにも練習していただきましょう。あなた方も何か感想がありますか。それとも，ちょっと時間をおいた方がいいですか。

被験者Ａ：先生が硬い椅子のことを彼に話しているときだったので，私は自分の身体に戻りたい気がしませんでした。それに，尾骶骨の辺りが椅子で痛かったのですが，「彼には効くことなのかもしれないが，私へのものではないだろう」と思いました。それから，ここに座っていないような感じで，痛みが止まっていました。そして，先生から自分の身体に戻りなさいと言われても，「嫌だ。そうしたくない」と思いました。

被験者Ｂ：話さなくてはいけなくなった時点で，椅子の硬さが多少気にならなくなったと思います。

オハンロン：話したときにですね。話すことで楽になったのでしょう。気がつきましたよ。

被験者Ｂ：その前までは両手が浮かんでいるように感じましたし，まわり

に何もなかったような感じでした。見えませんでしたが，手が顔の前に浮かんでいるような感じでした。

被験者Ａ：痛みの入った箱をトランスのなかに置いて，素敵なアイデアで一杯の将来への夢がつまった箱を脇に抱えて歩いていくというイメージがトランスの終わり頃に浮かびました。

オハンロン：それはとても素敵なイメージですね。さて，よろしいでしょうか。今までのプロセスや体験について何か質問や感想はありませんか。先ほどお配りした痛みのコントロールの資料に対する質問でも構いません。聞きのがしたものはありませんか。結構です。デモンストレーションのなかで，教わったことを確かめられたのではないでしょうか。

被験者Ａ：先生が話していたことを覚えていません。誰か後で教えてくれるとよいのですが。

オハンロン：そうですね。私も何を話したのか，思い出せないんですよ。ですから，どなたか後で私にも教えてください。後で逐語録を読んだら，「おっと，これはいいね。気に入ったよ」と自画自賛するかもしれません。

参加者：先生が誘導している間，私はただそれに任せていたのですが，トランスに入っていても，先生は自分ですることを決められるのですか。先生が誘導しているとき，誰の手がどのようになっているのか知りたかったのですが，目を閉じたままで「開けたくない」と思いました。そして，腕や脚がむずむずしたり，感覚がなくなったようになったりしました。それからもとに戻りました。

オハンロン：あなたは自分の質問に自分で十分な答えをだしていると思います。そうです。自分で選べます。そして，あなたはトランスから完全に覚めることもできます。あなたは，誰の手が上がっているのか見ようとして，途中でトランスから出て，それからもとに戻っていきました。人は自分で独自の選択をしていると考えています。それは本当に大切なことなのです。私は人をコントロールしているのではありません。ジョー・バーバーは「トランスで人をコントロールできるなら，小さな軍隊でもつくって，面倒くさい仕事をやらせるんだけどね」と

いうジョークを話していたことがありました。私は自分ではなかなか優れた催眠家だと自負していますが，人をコントロールするのは苦手です。人は常に自分のすることを選択する権利があると私は考えています。ですから，皆さんがトランスを用いても用いなくても，それとこれとは無関係です。人をコントロールするということは，また別の問題です。

参加者：私の指が他の指に触れていたのですが，変な感じでした。変な感じがした後に，意識的に指を動かそうとしたら，指は麻痺していました。先生が話していたことやその感じをイメージしたようです。

オハンロン：なるほど。そうですか。他にありますか。

参加者：指示的にするかどうかはともかくとして，先生は手や腕の浮揚をいつもさせるのですか。

オハンロン：いえ，そういうことはありません。前にもお話したように，たとえ指示したとしても，いつでも腕浮揚を用いるとは限りません。しかし，ワークショップには向いていると思います。腕浮揚を起こせば，皆さんはそれを見ることができますから。身体の問題をもっている人にも適しているでしょう。というのも，身体の自動的なプロセスが，腕浮揚には含まれているからです。こういった類の問題には，腕浮揚を用いるのを私は好みますね。けれども，私はいつでもどんなときでも，そうしているのではありません。そうしなかった人もいますし，暗示を一切与えなかったことだってあります。他に質問は。

参加者：エリクソンのテープのなかで，モンドはよく笑っていました。ここの人たちはあまり笑うようには見えませんが，何か理由があったのですか。

オハンロン：たしかにこのときは笑えるようなおかしいことはありませんでした。もっと前の私のデモンストレーションのなかでは，私が変なことを言うと，聞いている人が笑っていましたね。

参加者：いつもではありませんが，モンドは笑っているように見えました。

オハンロン：そうですね。時々彼女は自分を意識することがあります。そういうときにエリクソンはそれを利用し，「そうです。おかしなことですね」と語りかけます。トランスのなかでも，人はほほ笑んだり笑っ

たりできると思います。この場合に笑っていたのは，特別面白いことがあったからではないでしょう。

被験者A：ある時点で，もっと深く入ろうと自分で決めたことに気づきました。そうしたいと心のなかでつぶやいていたら，そうなりました。

オハンロン：あなたはこういうプロセスを多少コントロールしたか，あるいは，影響を受けたのでしょう。それは実際に意識と無意識が混ざったものなのでしょう。意識的に「もっと深く入りたい」と考えることができて，そうなったのかもしれません。時には，そう考えても，ならないこともあるでしょう。実際に意識と無意識のプロセスが混ざりあったわけです。一方が主体になったり，もう一方が優位になったりします。

被験者A：私が手に注意を向けはじめたとき，同時に葛藤を感じはじめていることに気づきました。私としては，そう思いたくはなかったのですが。先生が話していることをしたり，何か考えたりしたかったのです。

オハンロン：そうです。そういう暗示を私はしていたのですよ。「鍋を見つめてもなかなか沸かない」ってね。

被験者A：そうですね。見ようとしませんでした。

被験者B：首から上だけ意識が戻るようにと言われたとき，私は「ああ，どうしよう。そうなったら笑ってしまうんじゃないかな。だって，自分の手は浮いているのだから」と思いました。けれども，それは大したことじゃありませんでした。

オハンロン：そのことはあなたにとって，その時点では大して重要なものじゃなかったのですね。

練習 6 ── 身体の解離

皆さんにこれから練習をしていただきます。今回は，先ほど私がトランスに入っている人に話したように，言葉でのフィードバックも加えてください。息をはくときに話すことを確認しておきましょう。二点目は，相手をトランスに招き入れることです。三点目として，トランスから覚める前に，どんな体験をしたのか，尋ねてください。「体験」という言葉は大切ですよ。というのは，感

情，視覚，感覚，思考といった言葉で制限しないからです。これはとても曖昧なものなので，その人が報告することや報告の仕方に対して，最大限の自由を与えているのです。

　先ほどは，首から上だけをトランスから覚ましましたが，ここではそのままにして「どんなことを体験していて，どういうことを体験しましたか」と尋ねてみてください。そうすることで，相手の話に基づいて舵を取っていけるわけです。つまり，皆さんが一連の催眠暗示を言い終えたら，次に「今はどんなことを体験していますか」と尋ねればよいということです。首から上はトランスから覚めてくださいとは言わないでください。ただこう尋ねるのです。「どんなことを体験していますか」。相手の人が「色が見えます」とこたえたのなら，その人が話したことに戻って話しはじめます。「色が見えています。そして，おそらく他の色も見られるでしょう。そして，こういった色は他のものと結びついて，あなたをさらに深いトランスに導いていくでしょう」。その人が話しているものへ結びつけるのです。「手が上がろうとすることに葛藤を感じます。そこに注意を向けているからです」と話したとしたら，「それでいいのです。そのまま葛藤していることもできますし，他のことに注意を向けることもできます。そうしていると，あなたはもっと深いトランスに入っていき，そして，手が上がりはじめます」。もう分かりましたね。連結です。そして，トランスにいろいろなことを含めていってください。

　参加者：あなたがそうしていくために，何かできることがありますかと尋ねるのはどうでしょうか。

　いいと思いますよ。「あなたの体験を深めるために，私が話せるものがあるでしょうか。あるいは，何かできることがありますか」という具合ですね。完璧です。よくつけ加えてくれましたね。私も気に入りました。それでは，はじめてください。

（参加者の練習）

　皆さんうまくいきましたね。たくさんのトランスの反応や腕浮揚が見られましたよ。

第**8**章

私はただの催眠家です

　私たちは解決志向催眠を一緒に学んできました。そして，はじめるときに私は皆さんに無茶な要求をしました。つまり，それはこのワークショップが終わるまでにトランス誘導ができるようになるということです。昨日は一日中催眠誘導とその方法に取り組みました。今日はトランスに入れた後にすべきことや体験させることについて扱ってきました。現時点で皆さんの無意識はテニスをすること，つまり，トランスを使うことに賢くなりはじめています。また，皆さんは自分の向かいに座っている人のなかに優秀なコーチをもっています。皆さんの知っている理論や今までに読んだ本のことなどは，気にしないでください。皆さんのクライエントが最も優秀なスーパーバイザーなのですから。

　お別れに一つ話をして，皆さんに実践のなかで考えていただくことにしましょう。ちょっと前に私は学ぶということについて考えさせられることがありました。私はハドソン・センターという所で働いていまして，そこは私の妻のパットが経営しています。他に12人ほどの職員がおりますが，とても有能な臨床家であり，豊富な臨床経験を積んでいます。たいていの職員は他のところで働いた経験があります。そして，私たちのところにしばらくいた後で開業していきます。ですから，多くの経験をもった人と一緒に仕事をしています。経験の少ない人を迎えることもたまにはありますが，まあそれは滅多にありません。2,3年前にそういったことがありました。学生が一人やってきて，研修することになりました。彼女の名前は，オードリー・バーリンAudrey Berlinといいます。研修が修了した後，彼女を非常勤の職員として，つまり，臨床家として迎え入れました。6カ月程経った頃，スタッフの研究会のなかで彼女は自分がしている治療について話していましたが，それは私が6年かかって学んだものであることに気づきました。私には6年かかったものをオードリー・バーリンはどのようにして6カ月で学んだのか不思議に思ったものです。彼女は，腕浮揚，

自動書記，健忘，感覚麻痺という手法を習得していました。ブリーフセラピーや解決志向の手法を使っていたのです。

　大学院の講義のなかでは，彼女がこういう手法を教わっていないことを私は知っています。それから，私はしばらく彼女を観察して，オードリー・バーリンの学習スタイルを理解しました。それはビル・オハンロンのスタイルとは全く異なったものでした。ビル・オハンロンの学習スタイルは，ワークショップに行き，本を読み，それについていろいろ考え，他のワークショップに行って，また別の本を読み，そのことに熱中し，さらに関連した本を購入するというものです。皆さんは本を読む時間もないほど忙しくなって，すでに読んだ本に書かれていたことを見つけるためにワークショップに出かけます。それから，他のワークショップに行って，さらにそれを考え，夢中になって，友人に話し，試してみようかと考えます。ワークショップに行ったり，本や論文を読んだり，考えたりすることが十分ではないと皆さんは知っています。けれども，最終的に試してみるまでにたくさんの時間を費やしてしまうのです。それが，ビル・オハンロンの学習スタイルです。

　オードリー・バーリンの学習スタイルは，次のようなものです。まず週末のワークショップに参加して，月曜日に戻ってきて学んできたことを試してみます。「私は週末にワークショップに行ってきましたが，まだ十分に習得していません。ちょっとここで試してみてもよいですか」と皆さんもクライエントにきりだすことができるでしょう。信頼しているクライエントを選んでください。あるいは，部屋に入ってそのまま試すこともできるでしょう。彼女は何かを読んだら，次のセッションで早速試してみるのです。一方，私は「革新的な学習アプローチなど**決して存在しない**」と考えていました。いや，考えたことすらありませんでした。

　私がオードリー・バーリンの学習法を学んでから，彼女の方法に準じることに決めました。どなたでも望めば，ビル・オハンロンの学習法を借りたり，貸したり，買ったりすることもできます。しかし，もちろん私はオードリー・バーリンの方法をお勧めします。私はただの催眠家ですから……そうです。今のはもちろん暗示の一つですね。

　私がもう一つ暗示しておきたいことは，この週末にここで本当にいろいろなことがあったということです。いろいろな感覚器官を通して，意識的にも無意

識的にも，たくさんの情報が皆さんのなかに入ってきています。資料，ビデオ，録音テープを通したり，デモンストレーションや実際の練習をしたり，そして，休憩時間にも昼食の時にもいろいろな情報を得たりしているのです。全てのものが浸透したり，涌き出したりして，自分にとって何が大切で何がそうでないか，ということを理解するにはちょっと時間が必要でしょう。ですから，おそらくこの時点では，全てのものをいったん無意識のレベルに沈め，それから機会を得たときにそれを実践するのが一番よいと私は提案します。そうやって染み込ませ，あなた自身をリラックスさせ，夕方の休息を楽しんでリフレッシュしてください。

　仕事で忙しかった人もおられるでしょう。そういう人たちには「そのままにしておきなさい」と助言しておきましょう。そして，そういう皆さんは，自分で自分に役に立つようにこのワークショップを活かせていけるでしょう。意識と無意識のレベルで物事を統合してください。私が話したことで，自分には適切でないことや役立たないことは無視されて構いません。私の言葉を自由に取り入れて，理解できるように翻訳してください。そうすることによって，皆さんは本当に習得することができ，自分に取り入れていくことができるのです。繰り返しますが，これは暗示です。ですが，単なる暗示にすぎません。それをするかしないかは，あなた次第なのです。

　すでに達成してしまったことですが，お分かりのように，私はこのワークショップで本当に長い時間をかけてお教えしたということを強調しておきたいのです。こういう催眠や解決志向という考え方に私はとても情熱をかけています。ここにいる皆さんに本当に感謝しています。私が本当に楽しめる機会を与えてくださって，ありがとうございます。こういう考え方に非常に情熱をかけています。というのは，人を勇気づけることにつながると考えているからです。人を力づけ，人に手を差し伸べることが私たちにできるとするなら，おそらくこの世界を少しだけでもよい方向に動かすことになるのではないでしょうか。ですから，皆さんがこのワークショップで本当に楽しめたならば，出かけて行って，人のためになることをして力づけてほしいのです。これを皆さんにお願いします。皆さんがそうしたならば，もしかすると私たちは世界を動かすことになるのかもしれません。お互いに自慢しあうのではなく，幸せをつかんで，虐待で苦しむ人をなくすことが大切ではないでしょうか。そして，飢えて亡くなっ

たり，家をなくすような人があったりしてはなりません。もしかすると，自分たちの国でちょっとしたペレストロイカを行うことができるのかもしれません。そして，私たちはここで物事を少しよい方向に導く方法を学んだのかもしれません。

　これが他の人に私が貢献する方法です。ですから，もし皆さんがこのワークショップによって多少なりとも動かされ，影響が与えられたとするならば，どうか外に出て他の人を動かし，影響を与えるようにしてほしいのです。

　心からここにいる皆さんに感謝いたします。(拍手喝采)

訳者あとがき

　本書は，"Solution-oriented hypnosis: An Ericksonian approach"の全訳です。ブリーフセラピーや家族療法の隆盛に伴って，ミルトン・エリクソンの名とそのユニークな治療について多くの人の知るところとなりました。しかし，彼が治療手段として重んじた催眠については，残念ながらまだ十分な理解や実践がなされていないような印象を受けます。

　本書は，エリクソンの催眠を基礎から学ぶことのできる恰好の入門書と言えるでしょう。エリクソンの催眠をテーマにした著作は，アメリカを中心に何冊も出版されていますが，そのなかでも本書独自の特徴として少なくとも二つの点をあげることができるでしょう。一つは，ポイントが整理され分かりやすいこと，そしてもう一つは，催眠の治療上の役割についてしっかりと考察が加えられている点です。

　ビデオテープやオーディオテープによって，また，逐語録を通して，私たちはエリクソンの催眠誘導の実際に触れられるようになりました。しかし，それらを見聞きしたとしても，自らの臨床のなかで役立てていくのは相当に難しいことではないでしょうか。おそらくはエリクソンが何をやっていてそれが何を狙いとしたものなのか分からないままであることも多いでしょう。また，理解が進み，エリクソンの催眠が「名人芸」と称される所以が分かってきたとしても，そうであるからこそ，なおさら催眠は難しいという印象を強くするかもしれません。

　その点，本書では催眠という複雑なコミュニケーションを習得する道筋が明らかにされ，一つ一つ学んでいくことが可能になっています。そのスモールステップの教授法の分かりやすさに加えて，本書がワークショップの記録であるという構成も読者の助けになると思われます。ワークショップの参加者はいろいろな疑問を抱いたり失敗したりしながら練習を重ねていきます。そして，読者も自らを参加者の姿に重ね合わせながら学んでいくことができるでしょう。

　そして，オハンロンが催眠という治療手段の役割について正面から向き合っ

ている点が本書のもう一つの特徴です。

オハンロンは参加者にこう問いかけます。

「いったいなぜ皆さんはトランスを使うのでしょう。催眠というものは何の役に立つのでしょうか。皆さんはこれまで催眠を使わなくても，臨床の場で上手くやってきたのではないでしょうか。それなのに，どうして今さら催眠が必要なのですか」

これは催眠の独自性や役割を問い直す非常に大きな問いかけです。たしかに，催眠を使わなくても他の手段によってゴールが実現できるならば，わざわざ誤解を受けやすいこの手段を採用する必要はないのかもしれません。催眠だからこそできることや催眠によってアプローチが容易になるのはどのようなことなのでしょうか。

オハンロンはこの問いに対して一つの答えを用意します。それは「不随意的訴え」に対して催眠を使用するという適用基準です。催眠において，自動的で不随意的な現象が引き起こされやすいことは古くから知られてきました。オハンロンはこの特性に着目し，コントロール不能で意図的に再現することのできない問題に対して催眠を用いるとしています。

続いて，問題のクラス・解決のクラス・モデルという治療モデルが呈示され，不随意領域においてリソースやスキルを喚起し，解決を構成するプロセスが具体的に語られていきます。つまり，単なる催眠の誘導法にとどまらず，解決志向の視座からの催眠療法が明らかにされているのです。

ブリーフセラピーは，MRI以来，観察可能な相互作用や再現可能な行動の領域において問題や解決を捉えてきました。もちろん，エリクソンの影響をうけているため，インフォーマルなトランス（例えば，BFTCのミラクル・クエスチョン）をはじめとして催眠のエッセンスはブリーフセラピーのなかに取り入れられていきました。けれども，催眠そのものを治療手段として公式に採用することはありませんでした。このような流れのなかで，オハンロンは，解決志向セラピーのなかに，相互作用や行動とともに不随意領域に接近する手段として催眠を採用しています。PTSDや解離性障害などのケースが増加しているなかで，不随意領域への接近を可能にする催眠という治療手段は改めて見直される価値の高いものでしょう。

＊　＊　＊

　変化の激しいブリーフセラピーの領域のなかで，本書の著者オハンロンも治療スタンスの上でも生活の上でもいくつかの変化を経験しています。本書のなかで語られていることと現在の状況との異同について，次に触れておきたいと思います。

　本書のなかでは，ハドソン・センターのこと，そして，妻や義父のことが度々話題にのぼっています。しかし，現在のオハンロンはハドソン・センターを離れ，新たにポシビリティズPossibilitiesというオフィスをサンタフェに開いています。これはパトリシアと別れ，新たな家庭を築いたことを意味しています。また，彼は現在の自らのアプローチを「可能性療法Possibility therapy」と称することが多くなってきました。名称の変更にはいくつかの理由がありますが，その最たるものは，ディ・シェイザーのSolution-focused therapyとの差異化をはかることにありました。

　オハンロンとディ・シェイザーのアプローチは，その名称もまた実際の関わりの上でも多くの点が重なり合います。ですから，両者が混同されることは，本邦はもちろんアメリカでもそう珍しいことではありません。

　訳者が直接オハンロンに両者の相違について尋ねたところ，「スティーブはクライエントとアイコンタクトをしないけれど，ぼくは重視しているよ」と彼一流のジョークに包んで返してくれました（ディ・シェイザーは天井を見ながら面接をする癖？　があります）。

　オハンロンによると，初期のBFTCはクライエントの感情や体験に関心を向けたり承認したりすることを重視していなかったということです。また，決められた型通りの質問で構成された面接も，柔軟性を旨とするオハンロンとは相容れない点でもありました。

　このようなことから，オハンロンは自らのアプローチを可能性療法と称し，変化や解決とともに，クライエントの体験に関心を向け承認することの重要性について強調しはじめました。しかし，これは初期の著作から一貫した姿勢であって，可能性療法から言いはじめたことではありません。また，可能性療法を提唱した現在においても，解決志向の名を冠した書物を出版したりワークショップを開催したりしています。つまり，可能性療法はこれまでの解決志向

アプローチとの決別を示すものではなく,強調点の違いを示したものとして捉えられるべきでしょう。

＊　＊　＊

　ミルトン・エリクソンのアプローチに訳者が関心をもちはじめた頃,旅先で立ち寄ったカリフォルニア大学バークレー校の書店で,出版されたばかりの本書を手に入れました。その後,エリクソンのアプローチを学んでいくなかで,この本は随分と訳者を助けてくれたものです。その当時,訳者は柴田クリニックの柴田出先生のもとで精神科臨床の研修を受けていました。柴田先生は催眠をコミュニケーションのエッセンスとみなされて,とても重んじておられました。本書のことが話題にのぼった折に,柴田先生は「エリクソンを理解するには彼の重視した催眠からはじめるのがよい」という自説をお示しになり,翻訳を勧めてくださいました。

　翻訳にあたっては,新潟大学の宮田敬一先生に監訳をしていただきました。宮田先生からはエリクソンのアプローチについて,すでに手ほどきをしていただいておりましたが,本書の訳出の作業を通して,さらに多くの点を学ばせていただきました。新潟大学に訳者がお邪魔し,研究室に終日こもって訳の見直しをした作業は楽しい想い出となっています。また,金剛出版の田中春夫社長には,本当に根気強く訳の進行を見守っていただきました。

　柴田先生,宮田先生,そして,田中社長に心より感謝いたします。

2001年1月

訳者　津川　秀夫

◉ 参考文献

Cade, B. & O'Hanlon, W. H. 1993, *A Brief Guide to Brief Therapy*. New York: Norton.（宮田敬一・窪田文子監訳，白木孝二・磯貝希久子・高橋国法ほか訳，1998，ブリーフセラピーへの招待，亀田ブックサービス）

原口葉一郎，1994，オハンロン・モデル，宮田敬一編，ブリーフセラピー入門，pp.118-129, 金剛出版

Hoyt, M. F. 1996, Welcome to possibility land: A conversation with Bill O'Hanlon. In Hoyt, M. F. (Ed), *Constructive Therapy 2*. pp.87-123, New York, Guilford Press.

O'Hanlon, B. & Beadle, S. 1994, *A Field Guide to Possibility Land: Possibility Therapy Methods*. Omaha, NE: Possibilities Press.（宮田敬一・白井幸子訳，1999，可能性療法：効果的なブリーフ・セラピーのための51の方法，誠信書房）

O'Hanlon, W. 1998, Possibility therapy: An inclusive, collaborative, solution-based model of psychotherapy. In Hoyt, M. F.(Ed), *The Handbook of Constructive Therapies*. pp.137-158. San Francisco: Jossey-Bass.

O'HanlonのURL——http://www.brieftherapy.com/

エリクソン派アプローチ関連文献

●1次資料

Cooper, Linn, & Erickson, Milton H. *Time Distortion in Hypnosis* (Reissued). New York: Irvington, 1982.

Erickson, Milton H., Hershman, Seymour, & Secter, Irving I. *The Practical Application of Medical and Dental Hypnosis* (Reissued). Chicago: Seminars on Hypnosis Publishing Co., 1981.

Erickson, Milton H., Rossi, Ernest L., & Rossi, Sheila I. *Hypnotic Realities: The Induction of Clinical Hypnosis and Forms of Indirect Suggestion.* New York: Irvington, 1976.

Erickson, Milton H., & Rossi, Ernest L. *Hypnotherapy: An Exploratory Casebook.* New York: Irvington, 1979.

Erickson, Milton H., & Rossi, Ernest L. *Experiencing Hypnosis: Therapeutic Approaches to Altered States.* New York: Irvington, 1981.

Erickson, Milton H., & Rossi, Ernest L. The February Man: *Evolving Consciousness and Identity in Hypnotherapy.* New York: Brunner/Mazel, 1989.

Haley, Jay. *Advanced Techniques of Hypnosis and Therapy: Selected Papers of Milton H. Erickson, M.D.* New York: Grune & Stratton, 1967.

Haley, Jay. *Conversations with Milton H. Erickson, M.D. Volume I: Changing Individuals;* (門前進訳, 1997, ミルトン・エリクソンの催眠療法：個人療法の実際, 誠信書房) *Volume II: Changing Couples; Volume III: Changing Children and Families.* (森俊夫訳, 2001, ミルトン・エリクソン子どもと家族を語る, 金剛出版) New York: Triangle (Norton), 1985.

Havens, Ronald. *The Wisdom of Milton H. Erickson.* New York: Irvington, 1984.

O'Hanlon, William H., & Hexum, Angela L. *An Uncommon Casebook: The Complete Clinical Work of Milton H. Erickson.* New York: Norton, 1990.

Rosen, Sidney. *My Voice Will Go With You. The Teaching Tales of Milton H. Erickson.* New York: Norton, 1982. (中野善行・青木省三監訳, 1996, 私の声はあなたとともに：ミルトン・エリクソンのいやしのストーリー, 二瓶社)

Rossi, Ernest L. *The Collected papers of Milton Erickson on Hypnosis.* New York: Irvington, 1980.

Rossi, Ernest L., Ryan, Margaret O., & Sharp, Florence A. *Healing in Hypnosis: The Seminars, Workshops and Lectures of Milton H. Erickson, Volume I.* New York: Irvington, 1983.

Rossi, Ernest L., & Ryan, Margaret O. *Life Refraining in Hypnosis: The Seminars, Workshops and Lectures of Milton H. Erickson, Volume II.* New York: Irvington, 1985.

Rossi, Ernest L., & Ryan, Margaret O. *Mind-Body Communication in Hypnosis: The Seminars, Workshops and Lectures of Milton H. Erickson, Volume III.* New York: Irvington, 1986.

Rossi, Ernest L., & Ryan, Margaret O. *Creative Choice in Hypnosis: The Seminars, Workshops and Lectures of Milton H. Erickson, Volume IV.* New York: Irvington, 1992.

Zeig, Jeffrey K. *A Teaching Seminar With Milton H. Erickson.* New York: Brunner/Mazel, 1980.（成瀬悟策監訳, 宮田敬一訳, 1984, ミルトン・エリクソンの心理療法セミナー, 星和書店）

Zeig, Jeffrey K. *Experiencing Erickson: An Introduction to the Man and His Work.* New York: Brunner/Mazel, 1985.（中野善行・青木省三監訳, 1993, ミルトン・エリクソンの心理療法：出合いの三日間, 二瓶社）

●2次資料

Bandler, Richard, & Grinder, John. *Patterns of the Hypnotic Techniques of Milton H. Erickson, M.D. Volume I.* Cupertino, CA: Meta, 1975.

Combs, Gene, & Freedman, Jill. *Symbol, Story, and Ceremony: Using Metaphor in Individual and Family Therapy.* New York: Norton, 1990.

Dolan, Yvonne. *A Path with a Heart: Ericksonian Utilization with Resistant and Chronic Patients.* New York: Brunner/Mazel, 1985.

Dolan, Yvonne. *Resolving Sexual Abuse: Solution-Focused Therapy and Ericksonian Hypnosis for Adult Survivors.* New York: Norton, 1991.

Gilligan, Stephen. *Therapeutic Trances: The Cooperation Principle in Ericksonian Hypnotherapy.* New York: Brunner/Mazel, 1987.

Gordon, David, & Myers-Anderson, Maribeth. *Phoenix: Therapeutic Patterns of Milton H. Erickson.* Cupertino, CA: Meta, 1981.

Grinder, John, DeLozier, Judith, & Bandler, Richard. *Patterns of the Hypnotic Techniques of Milton H. Erickson, M.D. Volume 2.* Cupertino, CA: Meta, 1977.

Haley, Jay. *Uncommon Therapy: The Psychiatric Techniques of Milton H. Erickson, M.D.* New York: Norton, 1973.（高石昇.宮田敬一監訳, 2001, アンコモンセラピー：ミルトン・エリクソンのひらいた世界, 二瓶社）

Haley, Jay. *Ordeal Therapy: Unusual Ways to Change Behavior.* San Francisco: Jossey-Bass, 1984.（高石昇.横田恵子訳, 1988, 戦略的心理療法の展開：苦行療法の実際, 星和書店）

Havens, Ronald, & Walters, Catherine. *Hypnotherapy Scripts: A Neo-Ericksonian Approach to Persuasive Healing.* New York: Brunner/Mazel, 1989.

Kershaw, Carol J. *The Couple's Hypnotic Dance: Creating Ericksonian Strategies in Marital Therapy.* New York: Brunner/Mazel, 1992.

Klippstein, Hildegard. *Ericksonian Hypnotherapeutic Group Inductions.* New York: Brunner/Mazel, 1991.

Lankton, Stephen, & Lankton, Carol. *The Answer Within: A Clinical Framework of Ericksonian Hypnotherapy.* New York: Brunner/Mazel, 1983.

Lankton, Stephen, & Lankton, Carol. *Enchantment and Intervention in Family Therapy: Training in Ericksonian Approaches.* New York: Brunner/Mazel, 1986.

Lankton, Stephen, & Lankton, Carol. *Tales of Enchantment: Goal-oriented Metaphors for Adults and Children in Therapy.* New York: Brunner/Mazel, 1989.

Lankton, Stephen (Ed.). *Elements and Dimensions of an Ericksonian Approach.* New York: Brunner/Mazel, 1985. [Ericksonian Monographs #1]

Lankton, Stephen (Ed.). *Central Themes and Principles of Ericksonian Therapy.* New York: Brunner/Mazel, 1987. [Ericksonian Monographs #2]

Lankton, Stephen, & Zeig, Jeffrey (Eds.). *Treatment of Special Populations with Ericksonian Approaches.* New York: Brunner/Mazel, 1988. [Ericksonian Monographs #3]

Lankton, Stephen, & Zeig, Jeffrey (Eds.). *Research, Comparisons and Medical Applications of Ericksonian Techniques.* New York: Brunner/Mazel, 1988. [Ericksonian Monographs #4]

Lankton, Stephen, & Zeig, Jeffrey (Eds.). *Ericksonian Hypnosis: Application, Preparation, and Research.* New York: Brunner/Mazel, 1989. [Ericksonian Monographs #5]

Lankton, Stephen, & Zeig, Jeffrey (Eds.). *Extrapolations: Demonstrations of Ericksonian Therapy.* New York: Brunner/Mazel, 1989. [Erickson-ian Monographs #6]

Lankton, Stephen (Ed.). *The Broader Implications of Ericksonian Therapy.* New York: Brunner/Mazel, 1990. [Ericksonian Monographs #7]

Lankton, Stephen, Gilligan, Stephen, & Zeig, Jeffrey (Eds.). *Process and Action in Brief Ericksonian Therapy.* New York: Brunner/Mazel, 1991. [Ericksonian Monographs #8]

Leva, Richard (Ed.). *Psychotherapy; The Listening Voice: Rogers and Erickson.* Muncie, IN: Accelerated Development, 1988.

Lovern, John D. *Pathways to Reality: Erickson-Inspired Treatment Approaches to Chemical Dependency.* New York: Brunner/Mazel, 1991.

Mills, Joyce C., & Crowley, Richard J. *Therapeutic Metaphors for Children and the Child Within.* New York: Brunner/Mazel, 1986.

O'Hanlon, William Hudson. *Taproots. Underlying Principles of Milton Erickson's Therapy and Hypnosis.* New York: Norton, 1987. (森俊夫・菊池安希子訳, 1995, ミルトン・エリクソン入門, 金剛出版)

Overholser, Lee C. *Ericksonian Hypnosis: Handbook of Clinical Practice.* New York: Irvington, 1984.

Ritterman, Michele. *Using Hypnosis in Family Therapy.* San Francisco: Jossey-Bass, 1983.

Zeig, Jeffrey K. (Ed.). *Ericksonian Approaches to Hypnosis and Psychotherapy.* New York: Brunner/Mazel, 1982.

Zeig, Jeffrey K. (Ed.). *Ericksonian Psychotherapy. Volume I: Structures; Volume II: Clinical Applications.* New York: Brunner/Mazel, 1985.

Zeig, Jeffrey K., & Lankton, Stephen R. (Eds.). *Developing Ericksonian Therapy: State of the Art.* New York: Brunner/Mazel, 1988.

＊エリクソン財団のニューズレター，エリクソンのビデオおよび録音テープ，トレーニングの情報，エリクソン研究所の所在に関しては，エリクソン財団（Milton H. Erickson Foundation, 3606 N. 24th St., Phoenix, AZ 85016, (602) 956-6196）へ問い合わせること。

● 本文中の録音テープ・ビデオテープの出典

録音テープ ①── 基本的誘導（エリクソン）
Hypnotic Re-alities (one cassette) from Irvington Publishers; accompanies the book Hypnotic Realities.

録音テープ ②── 会話による誘導（ザイク）
Introduction to Ericksonian Hypnosis (two cassettes) from the Milton H. Erickson Foundation.

録音テープ ③── 許容と分割を用いた誘導（エリクソン）
Life Refraining in Hypnosis (one cassette) from Irvington Publishers; accompanies the book Life Refraining in Hypnosis.

録音テープ ④── 痛みのコントロールのための散在技法（バーバー）
Introduction to Naturalistic Hypnosis (one cassette) from Joseph Barber, 921 Westwood Blvd., Suite 201, Los Angeles, CA 90024.

録音テープ ⑤── 耳なりと幻肢痛の治療（エリクソン）
Hypnotherapy (one cassette) from Irvington Publishers; accompanies the book Hypnotherapy.

ビデオテープ ①── 前提を用いた誘導（エリクソン）
The Artistry of Milton H. Erickson, M.D. (two videocassettes) available from Irvington Publishers or Herbert Lustig, P.O. Box 261, Haverford, PA 19041.

ビデオテープ ②── 喚起による誘導（エリクソン）
1958 Milton H. Erickson Hypnotic Induction (one videocassette) available from The Family Therapy Institute of Washington, DC, 5850A Hubbard Drive, Rockville, MD 20852.

ビデオテープ ③── 腕浮揚（エリクソン，1958）
The Reverse Set in Hypnotic Induction (one videocassette) available from Irvington Publishers.

ビデオテープ ④── 腕浮揚（エリクソン，1975）
The Artistry of Milton H. Erickson, M.D. (two videocassettes) available from Irvington Publishers or Herbert Lustig, P.O. Box 261, Haverford, PA 19041.

ビデオテープ ⑤── 性的虐待の後遺症への催眠療法（オハンロン）
Not available for sale or rent.

索　引

人名索引

ウィルク（Wilk, J.） 35, 64
ガーウェイン（Gawain, S） 35
キュービー（Kubie, L.） 37
ギリガン（Gilligan, S.） 184
グリンダー（Grinder, J.） 29, 45
ザイク（Zeig, J.） 60-63, 75, 158
トンプソン（Thompson, K.） 144, 145
バーバー（Barbar, J.） 137, 199, 221
バーバー（Barbar, T.X.） 39
バーリン（Berlin, A.） 225
ハドソン（Hudson, L.） 145
ハドソン（Hudson, P.） 89, 97, 225
バンドラー（Bandler, R.） 29, 45
ヒルガード（Hilgard, J.） 79, 106
ベイトソン（Bateson, G.） 78, 79
ヘイリー（Haley, J.） 39, 108
ランクトン夫妻（Lanktons, S. & C.）
.... 205, 207
ロッシー（Rossi, E.） 30, 32, 49, 50
ロッシー（Rossi, S.） 49, 50
ワイゼンホッファー（Weitzenhoffer, A.） ... 79

事項索引

あ

合図 43-44, 71, 178, 192, 196, 197
曖昧さ 47, 119, 127, 224
アナログ的マーキング 58
アナロジー 93, 119, 120, 151, 152, 161, 204, 210, 211
アンカー 89
暗示 31, 41, 44, 57, 63, 75, 89, 125, 205
　間接―― 58, 204

許容 ―― 119, 121, 130
散在 ―― 120, 130
随伴性 ―― 54, 125
意識の心と無意識の心 19, 51-55, 73, 81, 85-86, 121-122, 135, 149, 207, 223, 227
痛みの置き換え 211
逸話 75, 93, 119, 151, 161, 167, 202, 204, 210
因果的連結 55
腕（手）浮揚 36, 65, 67-69, 83, 101, 107, 109, 114, 116, 120, 121-126, 126-129, 130-134, 150-155, 160-161, 166, 171, 178, 214, 220
エリクソン（Erickson, M. H.）
　指示的な治療者としての―― 34, 80
　状態派としての―― 39
　――と観察 30-32, 49
　――と間接的働きかけ 203
　――と混乱技法 62
　――と催眠前の薬物の服用中止 210
　――と散在 56-57
　――とジョークによる情動の解離 92
　――と性的な興奮の欠如の治療 167
　――とトランスによる支配 191
　――とトランスの定義 93
　――とポリオの後遺症 52, 76
　――とロッシー博士 30, 32
　――の動き 52-53, 58
　――の会話スタイル 158
　――の会話による誘導と型通りの誘導
　　.. 159
　――の幻肢痛の治療 201-208
　――の自信 189
　――の自然と無意識への信頼 ... 32, 135, 136
　――の初期と晩年のスタイル 76-80
　――の創造性 123
　――の付加疑問文 48-50
　――の楽観性 102
　――の利用アプローチ 24

エリクソン財団 60
エリクソン派のアプローチ
　——におけるスキル，リソース，能力の利
　　用 173
　——における無意識の見方 136-137
　——の抵抗の扱い方 22-24
　——のトランス誘導 27
　——のワークショップ 20
嚥下反射 90, 91
エンプティ・ワード 60, 63

か

解決志向アプローチ 120, 173, 190, 206
解決志向催眠 19-63, 118, 119, 145, 147, 150,
　173［▶解決志向アプローチ］
解釈の変更 211, 215
外的・内的な注意の焦点化 53, 72-73, 81
介入 148, 149, 160, 161, 165, 186
解離 33, 49, 90, 92, 94, 95, 101, 118, 138-139,
　145-146, 155, 170, 173, 176-180, 187, 211, 219
　［▶分割］
拡大
　体験の—— 210
　能力やスキルの—— 146, 207
　反応の—— 118, 131, 169
課題処方 161, 165, 167
含意［▶前提］
感覚・生理的プロセスの変容 211
感覚麻痺 33, 69, 100, 101, 107, 161, 211
喚起 31, 119, 150, 161, 169
　記憶の—— 127, 211
　体験の—— 32, 33, 50, 61, 74, 126, 146, 147,
　　150, 166-167, 217
　トランス現象の—— 93, 96, 118-120, 161
　トランス様の体験の再—— 31, 55
　——による誘導 78-80
　能力，スキル，リソースの—— 145, 149,
　　150, 165, 187, 209-210
観察 30-32, 49, 55
関心 23, 30-32, 173, 177
間接的 34-35, 58, 203
観念運動 91, 101, 104
記憶過多 101, 104

喫煙と催眠 142-143
気づき 31, 44, 99, 119
強迫 143-144
許容 23, 29, 30-32, 50, 114, 206
　——語 22, 23, 31
　——的アプローチ 21
　——的で力を与える言葉 31, 47-48
　——と分割を用いた誘導 80-81, 85-87
緊張 36, 107, 150, 199
空間の定位 101, 104
区別 172, 174, 175, 177
グループ・トランス 113
クロス・ミラーリング［▶ミラーリングとクロ
　ス・ミラーリング］
グローブ状麻痺 65, 69
ゲシュタルトの図と地 149
言語と非言語 ... 31, 39, 43, 52-53, 71, 81, 91, 119,
　120, 152, 210
幻肢痛 201
健忘 33, 65, 100, 101, 104, 107, 211
　性的虐待の事例における—— 174-184,
　　187
硬直 90, 91, 101, 104
言葉でのフィードバック 180, 223
混乱技法 60, 62-63, 73, 77

さ

催眠
　——と脳波 39
　——と法律 186
　——と薬物への対処 212
　——の定義 32, 60
　——療法［▶解決志向催眠］
　自然な—— 32
　——スタイル 21-22
　相互の—— 193
『催眠的現実』 49
散在 31, 56-60, 119, 120
　痛みのコントロールのための——技法
　　.. 199-201
視覚化 35, 127, 180
視覚の変化 107, 194

時間歪曲 33, 65-67, 100, 101, 104, 161, 169, 211, 215
自己催眠 144-145, 175
自然アプローチ 32
自然な能力 33
自動的 50, 53, 83, 88, 121, 137-138, 141, 151, 169, 184, 187, 207, 219
出眠状態 94
小説的表現 97, 150
状態派と非状態派の研究者 39
奨励と制限 176
除反応 191
自律訓練法 83
資料
　1-1：解決志向誘導の原則 31
　1-2：催眠における前提の使用 38
　2-1：トランスの指標 90
　2-2：トランスへの四つの入り口 94
　3-1：代表的なトランス現象 100
　3-2：トランス現象の諸相 101
　3-3：解決志向催眠における喚起技法
　　　 119
　4-1：催眠の適用基準 140
　5-1：問題のクラス・解決のクラス・モデル
　　　 161
　7-1：痛みのコントロール法 211
身体的問題 140, 143, 199-224
信念システム 24
随意的・不随意的訴え 139-144, 148-149, 169
政治家言葉 31, 47, 112
性的虐待 138, 143, 147, 172-198
正の幻覚 101, 103, 127, 211
接続詞 54
選択の幻想 31, 38, 179
前提 31, 34-44, 85, 86, 119, 120, 122, 150, 179, 211
　——を用いた誘導 76-78
創造的視覚法 .... 35［▶視覚化］

た

多重レベルのコミュニケーション 57
注意 199
　——集中の狭まり 46, 72, 94

　——の焦点化 60, 96
　——のそらし 70, 85, 131, 211, 214
　——の低下 93, 94, 96
　——の分割 60-61, 63, 67, 95
抵抗 23, 24, 109, 123, 203
程度 31, 38, 44, 119
デカルトと心身の分割 52
デモンストレーション
　(1) 基本的な誘導 64-75
　(2) トランス現象の促進 105-118
　(3) 痛みと身体の問題の治療 213-223
転移 161, 167, 168
伝統的アプローチ 21-22
トランス 27-29, 39-44, 65, 71, 98, 100-101, 105-112, 185
　会話による——誘導 33, 60-62, 185
　——現象 33, 100-135, 144, 155, 161, 169
　——の確認 100-102
　——中毒 98, 129, 134
　治療者の——体験 72, 193-198
　——と言語的・非言語的合図 43-44
　——と心についての空間的なメタファー
　　　 .... 41, 192
　——と統合体験 110
　——に対する神秘性の除去 29, 37, 192
　日常生活における—— 33, 42, 56
　——のエリクソン派アプローチと伝統的アプローチ 21-22, 27
　——の自動的な結果 184
　——の指標 39, 41, 90, 115, 116, 170-171
　——の終了 192
　——の定義 46, 93
　——の目的 136-159
　——誘導 24, 35-36, 50-51, 53, 64-70, 76-78, 78-80, 80-82, 85-87, 93-97, 130-133, 156-157, 176-177, 209
取り込み 55

な

入眠状態 93, 94
年齢進行 100-102, 104, 170, 211
年齢退行 60, 61, 101, 102, 104, 127

は

バイオフィードバック 83
パッケージ・ワード 47
反応性 21, 27, 30, 32, 134
反応の強化 78, 125-126, 154
被暗示性［▶被催眠性］
非言語［▶言語と非言語］
被催眠性 21-22, 143
ビデオテープ
　（1）前提を用いた誘導（エリクソン）
　　.. 76-78
　（2）喚起による誘導（エリクソン）.... 78-80
　（3）腕浮揚（エリクソン, 1958）...... 121-126
　（4）腕浮揚（エリクソン, 1975）...... 126-130
　（5）性的虐待の後遺症への催眠療法（オハンロン）............................... 174-184
描写 31, 46, 161
描写的マッチング 46
不随意的訴え［▶随意的・不随意的訴え］
負の幻覚 101, 103-104, 121, 125, 128, 145, 169
負の刺激 202
ブリーフセラピー 226
ブリッジング 31, 55
フロイト派 136
　──の前意識 136
分割 .... 31, 51-54, 56, 60, 63, 80, 85, 94, 95, 146, 173, 177, 178［▶解離］
文脈的合図 31, 34, 43, 44, 71
変化 102, 144, 145, 181, 211, 213

ま

マッチング 31, 45, 58, 63
ミラーリングとクロス・ミラーリング
　　... 31, 45, 73
ミラノ派の家族療法家 49
『ミルトン・エリクソンの芸術的手法』... 42
無意識の心 19, 38, 63, 69, 81, 136-139, 141, 207, 214, 217
無痛 33, 100, 101, 211
メタファー 41, 192, 211

や

多重埋め込み── 207
もじり 119
問題のクラス・解決のクラス 160-171, 186, 203

や

誘導ファンタジー 83

ら

リズム化・パターン化された行動 94, 96
リテラリズム 91-92
利用 30-32
利用アプローチ 22-30, 55
リラックス 23, 57-58, 106, 146, 150, 199-200
倫理的配慮 59, 186
連結 31, 54-56, 77, 80, 124, 125, 127, 146, 147, 149, 178, 181, 205, 224
　随伴性の── 54
練習
　（1）許容と分割を用いた誘導 80-84
　（2）アナロジーと逸話を用いたトランス誘導 93-99
　（3）腕浮揚の試み 130-135
　（4）腕浮揚の喚起 150-159
　（5）相互の催眠 193-198
　（6）身体の解離 223-224
連想の誘導と注意の方向づけ 31, 63
録音テープ［▶ビデオテープ］
　（1）基本的誘導（エリクソン）............ 50-51
　（2）会話による誘導（ザイク）............ 60-62
　（3）許容と分割を用いた誘導（エリクソン）.. 85
　（4）痛みのコントロールのための散在技法（バーバー）............................ 199-201
　（5）耳なりと幻肢痛の治療（エリクソン）
　　.. 201-208

わ

ワンウェイ・ミラー 79

監訳者略歴

宮田 敬一……みやた けいいち

石川県に生まれる
1973年　金沢大学教育学部卒業
1977年　九州大学大学院博士課程中退
2005年　大阪大学大学院人間科学研究科教授，臨床心理士
2011年　逝去

主要著訳書──『ブリーフセラピー入門』(編著)，『解決志向ブリーフセラピーの実際』(編著)，『学校におけるブリーフセラピー』(編著)，『医療におけるブリーフセラピー』(編著)(以上，金剛出版)。『ミルトン・エリクソンの心理療法セミナー』(訳・星和書店)，『可能性療法』(共訳・誠信書房)。『ブリーフセラピーへの招待』(監訳)，『ミルトン・エリクソンの催眠誘導』(共訳，ビデオテープ)(以上，亀田ブックサービス)ほか。

訳者略歴

津川 秀夫……つがわ ひでお

東京都に生まれる
1992年　青山学院大学文学部卒業
2000年　慶應義塾大学大学院後期博士課程単位取得退学
現在　　吉備国際大学心理学部教授，臨床心理士

主要著訳書──『認知行動療法とブリーフセラピーの接点』(編著・日本評論社)。『ポジティブ認知行動療法』(監訳・北大路書房)，『軽度発達障害へのブリーフセラピー』(分担執筆・金剛出版)，『エリクソン催眠・心理療法トレーニング』(共編・ビデオテープ・亀田ブックサービス)ほか。

新装版
ミルトン・エリクソンの催眠療法入門

2001年 5月10日	初版第1刷発行
2016年 4月10日	新装版第1刷発行
2025年 1月20日	新装版第8刷発行

著者―――― W・H・オハンロン
　　　　　　 M・マーチン
監訳者――― 宮田敬一
訳者―――― 津川秀夫
発行者――― 立石正信
発行所――― 株式会社 金剛出版
　　　　　　 〒112-0005 東京都文京区水道1-5-16
　　　　　　 電話 03-3815-6661
　　　　　　 振替 00120-6-34848

装丁◉山田知子 [chichols]
本文組版◉石倉康次
印刷・製本◉シナノ印刷

©2016 Printed in Japan
ISBN978-4-7724-1483-8 C3011

ミルトン・エリクソンの催眠の現実
臨床催眠と間接暗示の手引き

［著］＝M・H・エリクソン　E・L・ロッシ　S・I・ロッシ　　［訳］＝横井勝美

●A5判　●上製　●368頁　●定価 **5,940** 円
● ISBN978-4-7724-1491-3 C3011

ミルトン・エリクソンによる催眠セッションの逐語録に解説を加えた、
催眠暗示テクニックを使った催眠誘導を学習するための
最も優れた手引き。

ミルトン・エリクソンの催眠の経験
変性状態への治療的アプローチ

［著］＝M・H・エリクソン　E・L・ロッシ　　［訳］＝横井勝美

●A5判　●上製　●316頁　●定価 **5,940** 円
● ISBN978-4-7724-1558-3 C3011

エリクソンとロッシ3部作の第2弾！
前著に続いて催眠テクニックの応用の実際から、
催眠療法の創造的なプロセスを達成する方法を深めていく。

ミルトン・エリクソンの催眠療法ケースブック

［著］＝M・H・エリクソン　E・L・ロッシ
［訳］＝横井勝美

●A5判　●上製　●524頁　●定価 **7,920** 円
● ISBN978-4-7724-1668-9 C3011

著者二人の逐語録を基に、
エリクソン催眠の基本的なテクニックをあますところなく紹介する。
エリクソンとロッシの共著三部作が完結！

価格は10％税込です。

ミルトン・エリクソン／アメリカン・ヒーラー

［編］＝B・アリス・エリクソン　B・キーニー
［訳］＝横井勝美　中田美綾

●A5判　●上製　●358頁　●定価 **5,720**円
● ISBN978-4-7724-1863-8 C3011

若き日の日記や家族との手紙，共同研究の記録，関係者らの証言など
貴重な資料が収められたエリクソンの全容を知るための一冊。
面接記録の DVD 付。

エリクソニアン催眠誘導
体験喚起のアプローチ

［著］＝J・K・ザイグ　　［訳］＝上地明彦

●四六判　●並製　●376頁　●定価 **4,620**円
● ISBN978-4-7724-1719-8 C3011

世界最高峰の催眠療法レクチャー。
ミルトン・H・エリクソンの管財人ジェフリー・ザイグの最新講義
ここに開講。

ミルトン・エリクソンの二月の男
彼女は，なぜ水を怖がるようになったのか

［著］＝M・H・エリクソン　E・L・ロッシ　［訳］＝横井勝美

●四六判　●上製　●450頁　●定価 **5,940**円
● ISBN978-4-7724-1295-7 C3011

ミルトン・エリクソン伝説の事例
「二月の男」4セッションの逐語録。
高弟ロッシとエリクソン自身の解説を加えて編集された
特異な位置を占める「エリクソニアン」文献。

価格は10％税込です。

催眠誘導ハンドブック
基礎から高等テクニックまで

［著］= I・レドチャウスキー　［訳］= 大谷 彰

●A5判　●並製　●160頁　●定価 **2,860**円
● ISBN978-4-7724-1075-5 C3011

トランスサイン，ラポール，カリブレーション（観察），
暗示の組み立て方，即効誘導法，
深化法，言語パターンなどのテクニックを解説した
催眠スキル習得のための実践ガイド。

催眠心理面接法

［編著］= 田中新正　鶴 光代　松木 繁

●A5判　●並製　●250頁　●定価 **3,740**円
● ISBN978-4-7724-1782-2 C3011

催眠の知見の習得は，
すべての心理面接技法のスキルアップにつながる。
実践や研究に役立つ催眠に関する情報を
事例と共に提供。

解決のための面接技法 第4版
ソリューション・フォーカストアプローチの手引き

［著］= P・ディヤング　I・K・バーグ　［訳］= 桐田弘江　住谷祐子　玉真慎子

●B5判　●並製　●430頁　●定価 **6,600**円
● ISBN978-4-7724-1464-7 C3011

解決構築特有の質問を文脈に応じて適用するために
援助者が身につけておくべき基本的な形式を網羅して
クライアントの解決の構築に向けて学習できるよう構成された実践書。
面接場面の理解を助ける DVD 付。

価格は10%税込です。